Hedwig Kellner

Rhetorik

Hart verhandeln –
erfolgreich argumentieren

HANSER

Die Autorin:

Hedwig Kellner, Halstenbek

www.hanser.de

Die Deutsche Bibliothek – CIP-Einheitsaufnahme

Ein Titeldatensatz für diese Publikation
ist bei Der Deutschen Bibliothek erhältlich

© 2000 Carl Hanser Verlag München Wien
Lektorat: Martin Janik
Herstellung: Irene Weilhart
Illustrationen: Khalil Balbisi, Halstenbek
Umschlaggestaltung: Parzhuber & Partner GmbH, München
Satz: Makengo Studios, München
Druck und Bindung: Druckhaus "Thomas Müntzer" GmbH, Bad Langensalza
Printed in Germany

ISBN 3-446-21489-5

Einführung

Liebe Leserin, lieber Leser,

in Ihrem Beruf und in Ihrem Privatleben werden Sie immer wieder mit anderen Menschen über Dinge zu verhandeln haben. Die Idealvorstellung ist, daß man sich in Ruhe und fairer Vernunft mit seinen Gesprächspartnern austauscht und schließlich zu einem guten Ergebnis kommt. So funktioniert es leider nicht immer. Andere wollen etwas von Ihnen, was Sie nicht wollen – und umgekehrt. Sie wollen andere von etwas überzeugen, wogegen diese sich sperren – und umgekehrt.

Bei Verhandlungen geht es nie nur um den Austausch von Argumenten und schlüssigen Beweisen. Psychologische Phänomene, Machtstrukturen und ganz menschliche Schwächen wie Neigung zu Dominanz, Eitelkeit, Rechthaberei etc. spielen oft eine viel wichtigere Rolle als die eigentlich zur Verhandlung anstehenden Themen.

Manche Menschen können ohne besondere Strategien, jedoch mit sicherem Instinkt, hervorragend verhandeln. Sie haben das Glück, in dieser Richtung begabt zu sein. Andere müssen sich ihre rhetorischen Fähigkeiten mühsam erarbeiten und ständig trainieren. Es gibt natürlich auch die Menschen, die es gar nicht nötig haben, gute Rhetoriker zu sein. Sie können allein durch ihre überlegene Macht das durchsetzen, was sie wollen. Das sind aber nur die wenigsten. Für die meisten von uns gilt: Wer sich in wichtigen Verhandlungen nicht behaupten kann, zieht beruflich und privat immer wieder den kürzeren.

Vielleicht haben auch Sie manchmal das Gefühl, daß andere Ihnen gegenüber mit rhetorischen Tricks und hinterhältigen Manipulationstechniken auftreten und sich dadurch unfaire Vorteile verschaffen. Der Eindruck trügt in vielen Fällen durchaus nicht. Manchmal ist Ihnen vielleicht auch Ihr eigenes Anliegen so wichtig, daß Sie selbst im Interesse Ihrer Ziele zu Tricks bereit wären – wenn Sie wüßten, wie man es macht.

Sie sollten sich unbedingt im Gebrauch fairer und auch unfairer rhetorischer Techniken fit machen. Sie sollten vorbereitet und strategisch an Verhandlungen herangehen. Sie müssen in der Lage sein, unfaire Techniken zu erkennen und sinnvoll abzuwehren.

Aber auch wenn Sie endlich alle rhetorischen Techniken und Tricks kennen, wird jede Verhandlung immer wieder ihre Überraschungen bringen. Es gibt kein Patentrezept, nach dem man bei jedem Gesprächspartner Erfolg haben kann. Rhetorik ist nur ein Teil, mindestens so wichtig ist auch die Psychologie der Verhandlungskunst. Üben Sie sich bewußt in beidem, der Kunst der Rhetorik und der Kunst der Menschenkenntnis.

Inhaltsverzeichnis

1 Aushandeln und verhandeln

1.1 Wer nicht reden kann, kann auch nichts werden

Rhetorische Kompetenz gehört zu den Grundqualifikationen einer Führungskraft, eines Managers und auch eines Fachexperten, der mehr sein will als nur Ausführender dessen, was andere entschieden haben.

Sie müssen sich in Konferenzen, Besprechungen und Verhandlungen mit Ihrer Meinung und mit Ihren Zielen durchsetzen. Sie müssen auch im sehr harten rhetorischen Schlagabtausch bestehen und Ihre Ziele erreichen. Dabei können Sie sich nicht immer auf die Fairneß anderer verlassen. Man spricht zwar gerne von „Verhandlungspartnern", hat es in der Realität jedoch oft auch mit „Verhandlungsgegnern" zu tun.

Gute Ideen zu haben, über viel Wissen zu verfügen und analytisch auch komplexe Sachverhalte durchdenken zu können – das alles reicht nicht aus, wenn man es rhetorisch nicht so vermitteln kann, daß es andere überzeugt. Und manchmal wird auch Ihnen nichts anderes übrigbleiben, als auf das Überzeugen zu verzichten und es auf ein rhetorisches Kräftemessen ankommen zu lassen.

Für Ihre persönliche Karriere hat Ihre rhetorische Kompetenz entscheidende Bedeutung. Wenn Sie sich *Gehör verschaffen können*, dann werden Sie auch Positionen erreichen, in denen Sie *das Sagen haben* und nicht immer nur gehorchen müssen.

Gegenüber Konkurrenten müssen Sie manchmal auch in heftigen Wortgefechten bestehen. Manchmal müssen Sie dafür sorgen, daß Sie das letzte Wort haben. Sehr viel häufiger müssen Sie das Kunststück schaffen, daß Sie sich einerseits mit Ihrem Standpunkt durchsetzen und andererseits dafür sorgen, daß die Gegenseite nicht so erbost ist, daß sie in Zukunft nicht mehr mit Ihnen zusammenarbeiten will. Auch das gehört zur rhetorischen Kompetenz.

Die rhetorische Kompetenz schließt ein:

- Präsentationen und Vorträge,
- Gesprächsführung und Beziehungspflege,
- Moderationen und Leitung von Gesprächskreisen,
- Verkaufs- und Überzeugungstechniken,
- Fragetechniken und die Kunst des richtigen Zuhörens,
- Verhandlungstechniken mit den Künsten der Konfliktlösung, des Feilschens, der Kompromißfindung und der Durchsetzung von Standpunkten.

Zu Ihrer Verhandlungskompetenz gehört, daß Sie

- Ihre Anliegen durch überzeugende Argumente zum Ausdruck bringen,
- die Argumente der Gegenseite richtig aufnehmen und interpretieren,

- eigene verbale und nonverbale Botschaften richtig in Einklang bringen und die der Gegenseite richtig deuten,
- auch im Streß harter Wortwechsel in scheinfreundlicher Atmosphäre von manipulativer Harmonie und Schmeichelei Ihre Ziele nicht aus den Augen verlieren,
- Ihre unmittelbaren Verhandlungsziele und Ihre strategischen Ziele mit dem Partner konsequent verfolgen und in Einklang bringen,
- den Respekt und – wenn wünschenswert – die Sympathie Ihres Gesprächspartners gewinnen/erhalten,
- Verhandlungen mit Einzelpersonen und mit Verhandlungsteams zum Erfolg führen,
- Verhandlungstechniken und -taktiken gezielt und sinnvoll anwenden,
- unfaire Methoden der Gegenseite erkennen und richtig darauf eingehen,
- Ihrerseits unfaire Methoden anwenden (Das heißt nicht, daß Sie sie anwenden sollten! Sie gar nicht zu beherrschen ist jedoch auf jeden Fall Inkompetenz!),
- mit den rhetorischen Stärken und Schwächen Ihrer Verhandlungspartner geschickt und fair umgehen,
- rechtzeitig erkennen, wann Sie in einer Verhandlung auf Sieg setzen oder den geordneten Rückzug antreten sollten und das dann auch erfolgreich tun,
- nach einer erfolgreichen Verhandlung das erreichte Ergebnis sichern.

Sie selbst wollen in einer Verhandlung nicht *mundtot* gemacht werden, aber auch Ihrer Gegenseite sollten Sie das nicht antun, wenn Sie an einer weiteren Zusammenarbeit und an weiteren Geschäftsbeziehungen interessiert sind. Darin besteht oft die größte Kunst der Verhandlungsführung. Es nutzt wenig, wenn Sie zwar rhetorisch topfit jeden Gesprächspartner oder -gegner „in Grund und Boden reden" können, sich damit jedoch selbst ins Aus manövrieren.

Sie sollten im Interesse Ihrer Ziele und Ihres Berufsweges unbedingt die Kunst der Verhandlungsführung mit allen fairen und unfairen Methoden beherrschen. Wann und wie Sie die jeweiligen Methoden im konkreten Fall anwenden, das gehört dann auch zu Ihrer sozialen und strategischen Kompetenz. Rhetorik ist wichtig, aber nicht alles!

1.2 Rhetorische Kriegsführung – lügen und betrügen?

Die meisten Menschen lehnen es für sich persönlich ab, mit unfairen Mitteln wie Druck oder gar Manipulation zu verhandeln. Gleichzeitig sind sie jedoch davon überzeugt, daß andere das mit ihnen tun. Nicht selten stimmt das sogar, allerdings auf beiden Seiten. Viel häufiger als man denkt, sind Verhandlungen eigentlich kein rhetorischer Austausch von Argumenten unter Gesprächspartnern mit gleichen Chancen auf Durchsetzung ihres jeweiligen Standpunktes. In der Realität gewinnt fast immer der stärkere der Beteiligten.

Das kann innerhalb des Unternehmens der Ranghöchste sein oder derjenige, der ranghöhere Personen auf seiner Seite weiß. Bei Verkaufsverhandlungen hängt die Stärke häufig davon ab, ob es sich um einen Käufer- oder um einen Anbietermarkt handelt. In einer Ehe gewinnt in der Regel die Person eine Verhandlung, die es am leichtesten ertragen kann, wenn der andere mit Liebesentzug droht. Zwischen Eltern und Kindern ändern sich mit zunehmendem Alter der Kinder die Machtverhältnisse und damit auch zunächst die Bereitschaft der Eltern, überhaupt zu verhandeln, und zunehmend die Bereitschaft zu Kompromissen, bis es die Kinder irgendwann nicht mehr nötig haben, sich auf Kompromisse einzulassen. Das hört sich nicht sehr liebevoll an, ist in den Familien jedoch Realität.

In der Regel gehen bei Verhandlungen beide Seiten davon aus, daß sie selbst bereit sind, vernünftig mit der Gegenseite zu reden. Der mächtigere Teil hat jedoch oft nicht die Geduld oder die notwendige partnerschaftliche Einstellung, sich den „Unsinn" der Gegenseite anzuhören oder gar sich davon beeindrucken zu lassen. Das hat man schließlich nicht nötig. Der schwächere Teil hingegen fühlt sich ausgeliefert und möchte über rhetorische Mittel das ausgleichen, was an tatsächlicher Entscheidungsmacht fehlt.

Rhetoriktrainer erleben immer wieder, daß nicht unbedingt die „Mächtigen" an ihren Seminaren teilnehmen. Vielmehr werden die Seminare von denjenigen besucht, die sich gegen Personen durchsetzen müssen, die man nicht zwingen kann, sich anderen Ansichten anzuschließen.

Wahrscheinlich geht es Ihnen ähnlich. Im Hinblick auf die Personen, denen gegenüber Sie ohnehin weisungsbefugt sind oder die sich Ihren Entscheidungen fügen müssen, machen Sie sich viel weniger Gedanken über Ihre rhetorischen Kompetenzen als gegenüber den Personen, denen Sie sich unterlegen fühlen.

> Übertragen Sie den Gedanken auf die Politik. Dort kann man immer wieder beobachten, daß es überhaupt erst zu Verhandlungen kommt, wenn beide Parteien erkannt haben, daß sie die andere Seite nicht bezwingen können. Denken Sie zum Beispiel an das alte Südafrika. Die mächtigen weißen Politiker haben jahrzehntelang nicht im Traum daran gedacht, mit den Vertretern der Schwarzen und der Asiaten zu verhandeln. Das hatten sie gar nicht nötig. Erst als die eigene Übermacht durch ein Erstarken der Gegner und durch den internationalen Druck wackelig wurde, war man auf der Seite der Weißen zu Verhandlungen bereit. Oder denken Sie an die Palästinenser und Israel. Auch da kommt es immer wieder zu dem Phänomen, daß die Seite, die sich gerade in der stärkeren Position sieht, Verhandlungen einfach platzen läßt, bisherige Verhandlungsergebnisse ignoriert oder den Gegner trotz Verhandlungen doch wieder mit Waffen angreift. Das gleiche trifft zu für die Parteien des ehemaligen Jugoslawien, an die USA und Saddam Hussein, an die traditionellen westdeutschen Parteien und an die Grünen und später die PDS ...

Verhandelt wird häufig erst dann, wenn beide Seiten erkennen, daß man den anderen weder ignorieren noch zwingen noch ganz einfach überfallen und vernichten kann. Das mag traurig sein, aber es entspricht der Realität.

Bedenken Sie deshalb für Ihre Verhandlungsführung immer auch die realen Machtverhältnisse. Je schwächer Sie sind, desto geringer sind Ihre Chancen, sich mit Ihren Standpunkten durchzusetzen, Rhetorik hin oder her. Vor allem im Hinblick auf Ihre Karriere im eigenen Unternehmen sollten Sie dafür sorgen, daß Sie nicht nur Ihre rhetorischen Fähigkeiten ausbauen, sondern auch Ihren Status. Dabei kann es sich um Ihren Status als Profi in einem bestimmten Fachbereich handeln, um Ihre guten Beziehungen zu den „richtigen" Leuten oder um Ihre persönliche Standfestigkeit.

Wenn Sie allerdings mit Personen verhandeln müssen, denen Sie sich unterlegen fühlen, dann kann es manchmal notwendig werden, daß Sie einen Mangel an persönlicher „Macht" mit überlegenen rhetorischen Fähigkeiten und manchmal auch mit Tricks ausgleichen.

Deshalb gehört zu Ihrer Verhandlungskompetenz auch, daß Sie

- Ihren Standpunkt, Ihre Meinung und Ihre Vorschläge so verkaufen können, daß der andere sie Ihnen freiwillig abnimmt,
- die Wünsche und Motive der Gegenseite richtig erkennen und bei Ihrer Argumentation berücksichtigen,
- Einwände der Gegenseite nicht bekämpfen oder widerlegen, sondern geschickt auffangen und ohne rechthaberische Wortgefechte in Ihre Argumente wieder einbauen,
- Ihren Standpunkt und Ihre Meinung so darstellen, daß die andere Seite Interesse dafür entwickelt, sie wohlwollend anhört und schließlich positiv dazu steht.

Wo Sie nicht zwingen können, sollten Sie auch auf das Überreden verzichten. Überredete Menschen fühlen sich im Nachhinein immer hereingelegt, machen Rückzieher oder rächen sich an anderer Stelle. Ihr Ziel muß es sein, die Person, die eigentlich mächtiger ist als Sie, im Rahmen der Verhandlung davon zu überzeugen, daß Ihre Meinung gut ist und akzeptiert werden sollte. Dazu müssen Sie sich aus der Sicht des anderen folgende Gedanken machen:

- Was klingt für den anderen glaubhaft und sinnvoll?
  (Und nicht: Was ist glaubhaft und sinnvoll?)
- Was überzeugt den anderen?
  (Und nicht: Was sollte den anderen gefälligst überzeugen?)
- Was könnte der andere sich wünschen?
  (Und nicht: Was will ich vom anderen?)
- Wie mache ich ihm klar, daß meine Vorschläge seinen Wünschen entgegenkommen?
  (Und nicht: Wie formuliere ich es, daß meine Vorschläge perfekt sind?)

Ein wichtiger Aspekt in vielen Verhandlungen ist auch das Ehrgefühl Ihres Gesprächspartners. Der andere hat vielleicht vor der Verhandlung mit Ihnen schon im eigenen Umfeld deutlich gemacht, daß er sich niemals von Ihnen „kleinkriegen", „über den Tisch ziehen" oder „umdrehen" lassen wird. Dann besteht die Gefahr, daß während der Verhandlung Ihre Rhetorik zwar so überzeugend ist, daß der andere Ihnen eigentlich zustimmen möchte, es jedoch aus Angst vor seinen Freunden, Geschäftspartnern oder Parteigenossen nicht wagt. Dann wird er sich stur stellen. Sie können sich den Mund fusselig reden, und es kommt trotzdem zu keiner Einigung. Rhetorische Auseinandersetzungen beschränken sich nie nur auf die Verhandlung selbst, dazu gehören immer auch die Umfelder der jeweiligen Verhandler.

Fragen Sie sich deshalb immer, ob es dem anderen vor Dritten im Nachhinein peinlich sein könnte, sich mit Ihnen geeinigt zu haben, oder ob der andere im eigenen Lager mit der Einigung Schwierigkeiten bekommen könnte. Wenn dem so ist, müssen Sie nicht nur überzeugend argumentieren, Sie müssen dem anderen auch schlüssige Argumente für sein eigenes Umfeld mitgeben.

Auch bei allerbesten Argumenten und edelsten Absichten läßt sich nicht immer vermeiden, daß es bei Verhandlungen auch zu Techniken „rhetorischer Kriegsführung" kommt. Dazu gehören Druck, Drohungen, Tricks, Täuschungen, falsche Versprechungen, persönliche Angriffe, Schmeicheleien ... Man spricht ja auch von „Schlagfertigkeit". Damit sind nicht unbedingt Schläge gemeint, sondern die Fähigkeit, blitzschnell auf das Faire oder Unfaire des anderen reagieren zu können. Demnach gehören zwei Dinge auch zu Ihrer Verhandlungskompetenz:

1. Sie müssen Manipulationstechniken kennen und im konkreten Fall als solche erkennen und abwehren können. Sie müssen sie auch selbst erfolgreich anwenden können und wissen, wann und wie diese Techniken für Sie sinnvoll sind.

2. Sie müssen schnell denken und schnell reagieren können.

Darüber hinaus ist es auch notwendig, daß Sie durch eine feste Stimme, durch eine selbstbewußte Gestik und Haltung, durch großen Wortschatz und geschmeidige Formulierungsfähigkeit Ihre Position so vertreten, daß der andere möglichst gar nicht in Versuchung gerät, Ihnen gegenüber seine Macht auszuspielen. „Rhetorische Kriegsführung" kann notwendig sein, ist jedoch weniger wichtig als die persönliche Darstellung der eigenen „Machtposition". Ob das fair ist, darüber kann man streiten. Erfolgreich ist es auf jeden Fall. Der Stärkere – oder wer dafür gehalten wird! – gewinnt fast immer.

1.3 Woran Verhandlungen scheitern

Verhandlungen scheitern selten an den rhetorischen Schwächen einer Partei. Es sind menschliche Schwächen wie Eitelkeit, Egotrips, Angst vor Niederlagen, Machtgelüste, Rivalitäten, verletzte Gefühle, kindischer Spaß an wortklauberischen Spitzfindigkeiten und „Chemieprobleme" zwischen den Personen, die viel zu oft ein akzeptables Ergebnis verhindern.

Fusionen und Unternehmenskäufe platzen, Kunden- und Lieferantenbeziehungen
zerbrechen, Karrieren werden vernichtet, Parteikoalitionen kommen nicht zustande, Kriege flackern durch Terroranschläge immer wieder auf, Meetings ziehen
sich endlos bis in die Nächte hin und führen doch nur zu einem Folgetermin ...

Es wird verhandelt, besprochen, argumentiert, provoziert, beschwichtigt, vermittelt, gefeilscht und wieder verhandelt. Anstatt zu einem sinnvollen und für
alle Beteiligten akzeptablen Ergebnis zu kommen, enden viele als „Verhandlungen" bezeichnete rhetorische Schaukämpfe der Macht und Selbstdarstellung

- mit verhärteten Fronten, die sich erst wieder aufbrechen lassen, wenn sich
  bei einer der Parteien die Köpfe ändern.
- als erregte Wortwechsel beleidigter Manager oder Politiker.
- mit einem triumphierenden Sieger und einem rachsüchtigen Verlierer.
- vor dem Schlichter oder sogar Richter.

Gehören Sie vielleicht auch zu den Managern und Karrieristen, die sich selbst
so gerne als Rationalisten und Pragmatiker ohne „Gefühlsstörungen" und
„Empfindlichkeiten" sehen? Halten auch Sie sich selbst für einen Strategen mit
kühlem Kopf und klarem Blick für Langfristziele und Prioritäten?

> Tatsächlich sitzen sich in Verhandlungen nur selten pragmatische Strategen und
> kühle Denker gegenüber. Daß sich überzeugte Politiker aufgrund ihrer festen
> Überzeugungen und/oder ihrer Machtgier in unkluge Gefühle steigern, das sieht
> man leicht ein und kann es im Fernsehen ausreichend oft beobachten. Aber auch
> Manager und erfolgreiche Aufsteiger sind viel emotionaler, als sie selbst wahrha-
> ben wollen. Unternehmens- und Personalberater stellen immer wieder fest, daß
> die eher gefühlskalten Pragmatiker und rein logisch orientierten Denker häufig
> auf ihrem Karriereweg irgendwo durch Fleiß und Perfektionismus in mehr oder
> weniger bedeutsamer Sacharbeit steckenbleiben. Es sind die Leidenschaftlichen,
> die Kämpfernaturen und „Siegertypen" mit ihrem brennenden Eroberungsstre-
> ben, ihrer Wettbewerbsorientierung und ihrer starken Neigung zur Rivalität, die
> es schaffen, sich überhaupt in die Hierarchieebenen zu boxen, in denen die wich-
> tigen Verhandlungen stattfinden.

Also sitzen sich in den Verhandlungen der Mächtigen eben nicht die pragmati-
schen Logiker, sondern die leidenschaftlichen Kämpfer gegenüber. Man sieht
sich gegenseitig als Feind, den es zu besiegen gilt. Die eigene Eitelkeit braucht
den Sieg und fürchtet das Gespött der Unbeteiligten und den Hohn des Gegners
nach einer Niederlage. Außerdem hat jeder im eigenen Lager eine Position als
erfolgreicher Verhandler zu vertreten und muß schon deshalb aus rhetorischen
Auseinandersetzungen als Sieger hervorgehen, um nicht die eigenen Anhänger
zu verlieren.

Vordergründig soll eine Verhandlung partnerschaftlich und unter Einsatz fairer
Mittel zu einem gemeinsamen Ergebnis führen. Tatsächlich denken ganz besonders Manager, Gewerkschaftler und Politiker viel zu sehr in „Gewinner-Verlie-
rer-Kategorien". Sie behaupten, daß sie sich für die richtige Sache oder das
Wohlergehen anderer, des Unternehmens oder Staates einsetzen, und brauchen
in Wirklichkeit den „Sieg" für ihr ganz persönliches Prestige.

Aber auch das sollte man nicht verachten. Wer sich nicht durch „siegreiche" Verhandlungen im eigenen Lager Prestige verschaffen kann, kann sich auf die Dauer nicht in einflußreicher Position halten. Das müssen Politiker, Manager und auch Sie im Interesse Ihrer Karriere berücksichtigen!

Vor allem Frauen tun sich oft schwer mit der Tatsache, daß eine Verhandlung immer auch eine Arena der Selbstdarstellung im Interesse der eigenen Karriere ist. Das mag unvernünftig und schädlich für die Verhandlung sein, entspricht jedoch der menschlichen Natur und den ungeschriebenen Spielregeln der Macht. Hirsche im Wald knallen mit den Geweihen gegeneinander, Manager setzen für ähnliche Zwecke die Rhetorik ein.

Sie sollten sich wenigstens bewußt machen, daß manche Verhandlung auch bei perfektester Rhetorik nicht zum Erfolg führen kann, weil menschliche Schwächen dagegen wirken. Die häufigsten Gründe für das Scheitern liegen bei den Beteiligten im Gefühlsbereich oder auch im Unterbewußten. Damit sind entwicklungsgeschichtlich sehr alte Gehirnbereiche betroffen. Das Argumentieren und das Suchen nach den richtigen Formulierungen spielt sich hingegen im vergleichsweise „jungen" Großhirnbereich ab.

Sie selbst haben sicher auch schon die Erfahrung gemacht, daß Sie vor Wut und Ärger oder aus Angst und Nervosität oder aus heftiger Verliebtheit und Begeisterung (alles Gefühle aus dem „alten" Zwischenhirn) Dinge gesagt oder getan haben, die Ihnen bei klarem Verstand (im „jungen" Großhirn) nie über die Lippen gekommen oder passiert wären. Das „alte" Zwischenhirn ist bei Gefühlsregungen fast immer sofort stärker als das „junge" Großhirn, das nur dann vernünftig arbeiten kann, wenn keine Gefühle stören.

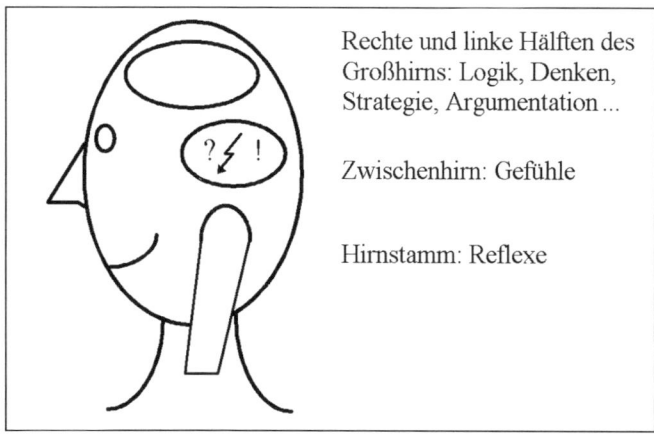

Rechte und linke Hälften des Großhirns: Logik, Denken, Strategie, Argumentation ...

Zwischenhirn: Gefühle

Hirnstamm: Reflexe

Abbildung 1: Gefühle und rhetorische Logik der Verhandlung

Rechnen Sie deshalb bei sich selbst und bei Ihren Verhandlungspartnern damit, daß jederzeit die Kontrolle über Verhalten und Worte vom Großhirn ins Zwischenhirn, vom Verstand in die Emotionen „rutschen" kann. Wenn dann auch noch einer sagt: „Wir sollten doch sachlich bleiben!" oder einer den anderen ermahnt, sich doch bitte zu beherrschen, dann geht die Kontrolle gar nicht mehr ins Großhirn. Dann kocht das Zwischenhirn! Dann kann es laut werden, böse, giftig, aufgeregt und fies.

Man kann emotionalisierte Menschen nicht dadurch „beruhigen", daß man ihnen empfiehlt, sich doch zu beherrschen und sachlich zu bleiben. Solch ein Versuch ist nichts weiter als die eitle Selbstdarstellung: „Ach schauen Sie doch mal, wie schön ich mich im Griff habe!"

Sie können davon ausgehen, daß bei etwa 85% der Menschen, mit denen Sie verhandeln müssen oder sonstwie zu tun haben, immer die Gefahr besteht, daß sie sofort „unlogisch" und „unvernünftig" werden, wenn man ihre Gefühle anspricht. Das kann durch Beleidigung, Schmeichelei, Drohungen oder Appelle ans Mitleid passieren. Nur 15% Ihrer Mitmenschen lassen sich nicht durch Gefühle blenden und zu „unvernünftigen" Dingen hinreißen. Das sind die „kalten Fische", die niemals cholerisch toben, zu Tränen gerührt sind, blind vor Wut oder Liebe werden, aus Mitleid Nachsicht üben oder vor Eifersucht und Neid kochen. Wenn es nur solche „gefühlskalten" Menschen gäbe, könnte man wundervoll vernünftige Verhandlungen mit guter Rhetorik zielsicher zu einem erfolgreichen und für alle akzeptablen Abschluß führen. Vor allem in der Politik und in Unternehmen ist das Pech dieser Menschen jedoch, daß sie mit ihren Karrieren fast immer irgendwo in der Sacharbeit steckenbleiben. Man bewundert ihre kühle Selbstbeherrschung, fürchtet ihre kalte Ruhe – und mag sie als Menschen nicht.

Nach oben kommen statt der „kalten Fische" hingegen die besonders heftig von kämpferischen Gefühlen gesteuerten Personen. Diese stellen einen Bruchteil jener 85% dar, von denen sich viele bei ihrer Karriere mit Gefühlen wie Sucht nach Beliebtheit, Angst vor Risiken etc. selbst im Wege stehen.

> Schauen Sie sich in Ihrem eigenen Unternehmen um: Wo sitzen die Leidenschaftlichen, die Draufgänger und Choleriker? Wo sitzen die Kalten, die ohne Miene zu verziehen den Unsinn dieser Welt betrachten? Erstere wahrscheinlich bevorzugt in den Führungsetagen und im Vertrieb, letztere in der Revision, der Forschung, dem Labor, der Buchhaltung, EDV und Sachbearbeitung.

Wie gesagt, in wirklich wichtigen Verhandlungen der oberen Hierarchieebenen stehen sich Gefühlsmenschen mit Kampfeslust und Siegeswillen gegenüber. Und so bringen sie ihre Verhandlungen bevorzugt zum Scheitern:

1. Eitle Selbstdarstellungen

- Monologe und weitschweifige Belehrungen
- „name dropping" und Heldengeschichten aus der eigenen Vergangenheit

Damit wird mehr Aufmerksamkeit auf die eigene Person und ihren Glanz verwendet als auf die Inhalte und die Argumente der Verhandlung. Hinzu kommt, daß Belehrungen und Imponiergehabe den Gesprächspartner verärgern und dadurch ebenfalls aus der „Logik des Großhirns" in die „Gefühlswelt des Zwischenhirns" treiben. Nach einiger Zeit vergessen beide Parteien das Thema der Verhandlung und ärgern sich nur noch übereinander.

2. Rivalität

- Konkurrenzdenken und der Eifer, mehr aus der Sache herauszuholen als der andere
- Machtbewußtsein und Mißbrauch der Verhandlung als Machtkampf um Ziele, die mit dem eigentlichen Thema nichts mehr zu tun haben

> Zwei Abteilungsleiter verhandeln um die Aufteilung von Projektkosten – aber unterschwellig um die bald zu besetzende Position des Hauptabteilungsleiters.

Die Rivalität führt zur Verhärtung der Fronten. Jedes Verständnis für die Belange der anderen Seite wird für Schwäche gehalten. Es wäre klug, zu einem für beide Seiten befriedigenden Ergebnis zu kommen, aber man fürchtet den Triumph des anderen und sehnt sich danach, selber als strahlender Sieger über dem „geschlagenen Feind" zu stehen.

3. Chemieprobleme

- Unterschiedliche Temperamente führen zu gegenseitiger Abneigung. Der Extravertierte hält den Introvertierten für eine „trübe Tasse" mit eingebauter Denkbremse. Der Introvertierte verachtet den Extravertierten als „Blender", der sowieso nur undurchdachte Schnellschüsse von sich gibt.
- Negative Voreinstellungen zu den miesen Absichten und finsteren Charakteren der Gegenseite (z. B. Betriebsrat gegen Geschäftsführung, Grüne gegen CDU, Vertreter der katholischen Kirche gegen Vertreter der Schwulenverbände) verhindern das vorurteilslose Aufeinanderzugehen. Eigene Sturheit wird für Charakterfestigkeit und Verteidigung wahrer Werte gehalten, und man hat gar nicht die Absicht, sich den „Schurken" der Gegenseite anzunähern. Die sollen sich gefälligst unterwerfen, weil deren Standpunkt sowieso schlecht und böse ist.
- Das Wissen zum Beispiel über Hobbys oder ähnliches kann ernsthafte Verhandlungen verhindern. Man stelle sich vor, ein leidenschaftlicher Tierschützer soll mit einem passionierten Jäger – womöglich in dessen mit Geweihen geschmückten Konferenzraum – über Lieferbedingungen verhandeln!
- Der Ton zwischen den Verhandlungspartnern kann zu Störungen in der „Chemie" führen. Wenn ein älterer Verhandler mit dem forschen Jungakademiker der Gegenseite womöglich in daddyhafter Nettigkeit spricht, dann kann dieser vor Ärger über den Ton kaum noch die Inhalte hören. Umgekehrt kann der ältere Partner sich vielleicht über den belehrenden Ton des frisch von der Uni kommenden Milchgesichts ärgern.

- Unterschiedliche Vorstellungen von Geschmack und Benehmen können Barrieren der Kommunikation aufbauen. Anstatt sich auf die Argumente zu konzentrieren, starrt man wie gebannt auf den albernen Ohrring und die Entchen-Krawatte des anderen. Man ärgert sich über dessen „flegelhafte" Sitzhaltung und weicht zurück, wenn er mit Schokoplätzchen im Mund seinen Standpunkt darlegt.

4. Tricks und Manipulationen

Man wittert und verübelt dem Gegner fiese Manipulationstricks und fühlt sich dadurch berechtigt, selbst auch in die Trickkiste zu greifen. Vielleicht hat man auch gerade ein Rhetorik-Seminar besucht oder ein Buch zum Thema gelesen und fühlt sich vom Drang beseelt, nun am lebenden Beispiel die frisch gelernten Tricks auszuprobieren. Aus der geplanten Verhandlung wird ein intellektuelles Kräftemessen rhetorischer Taschenspieler.

5. Persönliches Fehlverhalten

- Arroganz, Prahlerei und gnädige Herablassung
- Zynismus und hinterhältiger „Humor" auf Kosten des anderen
- Rechthaberei, Wortklauberei und Spitzfindigkeiten
- Aggressivität in Wortwahl und Drohgebärden
- Sensibilität und elfenhafte Empfindlichkeit
- Monologisieren, kombiniert mit „Pädagogik":
  „Lassen Sie mich bitte ausreden!"

Aus Ihrer eigenen Erfahrung kennen Sie sicherlich noch weitere Möglichkeiten, wie man Verhandlungen zum Scheitern bringen kann. Machen Sie sich bitte bewußt, daß es grundsätzlich niemals zu fairen Verhandlungen mit partnerschaftlicher Ergebnisfindung kommen kann, wenn auch nur eine Partei (bewußt oder unbewußt) kein faires Ergebnis im Interesse beider Parteien will, sondern die Durchsetzung des eigenen Standpunktes oder maximal einen Kompromiß mit höherem „Sieganteil" für sich selbst. Dann wird es immer zu einem Kräftemessen kommen, oder man braucht einen neutralen Schlichter, der von beiden Seiten akzeptiert wird.

1.4 Verhandlungen – Spiele der Macht

Verhandlungen im eigenen Unternehmen mit internen oder (im Interesse des Unternehmens) mit externen Partnern bieten Chancen für Sie, Ihre Kompetenzen zu beweisen. Je besser und erfolgreicher Sie verhandeln, desto größer sind Ihre Aufstiegschancen und desto wichtiger die Verhandlungen, die Sie mit Entscheidungsspielraum führen dürfen. Wenn Sie sich in Verhandlungen behaupten können, wird man Ihnen auch Erfolg in Machtpositionen zutrauen.

Per Definition sind Verhandlungen Aussprachen zwischen Parteien mit unterschiedlichen Zielen, Interessen, Absichten, Meinungen etc. Verhandlungen werden geführt, um zu einem für alle Seiten verbindlichen Ergebnis, zu einem gemeinsamen Entschluß, zu einer Angleichung der Interessen zu kommen. Dabei will jede der Parteien möglichst viel von den jeweils eigenen Interessen durchsetzen.

Theoretisch könnten drei oder mehr Parteien an einer Verhandlung teilnehmen. Praktisch werden sich jedoch in der Regel zwei Parteien gegenüberstehen. Auch wenn mehrere Parteien anwesend sind, werden sich fast automatisch Koalitionen bilden, so daß es zu zwei „Lagern" kommt.

> Wenn nach einer Wahl drei Parteien gemeinsam die Regierung bilden müssen, handelt es sich zunächst bei den Verhandlungen zur Festlegung der gemeinsamen Politik um drei Parteien. Kommt es jedoch zu den einzelnen Punkten (z.B. Atomkraft, Mehrwertsteuer, doppelte Staatsbürgerschaft ...), entwickeln sich fast automatisch wieder jeweils zwei Meinungspole.

Die Kunst der Verhandlung ist zunächst die Kunst der Rhetorik und der Dialektik. Dahinter verbergen sich jedoch auch andere Künste: Strategisches Denken, logisches und analytisches Denken, Selbstkontrolle, Schauspielerei, Menschenkenntnis ...

Wer erfolgreich verhandeln will, muß

- sich selbst und die eigene Ausstrahlung gut kennen und bewußt steuern (Selbstbeherrschung und Schauspielerei!),
- andere Menschen in ihren Gefühlen und Denkweisen verstehen und gezielt beeinflussen (Psychologie!),
- klare und folgerichtige Gedanken fassen (Logik!),
- mehr Möglichkeiten erkennen als nur Sieg, Niederlage oder Kompromiß (Kreativität!),
- sich gewandt und angemessen verbal und nonverbal ausdrücken (Kommunikation!),
- die Sprache treffen, die der andere verstehen kann (Linguistik und Hermeneutik!).

Bei einer Verhandlung brauchen Sie einen kühlen Kopf, emotionale Distanz und eiserne Nerven. Egal, wie der andere Sie nervt, provoziert, einwickelt oder mit Nettigkeiten einseift, Sie müssen sich stets vor Augen halten:

- Ich will hier etwas erreichen.
- Der andere will auch etwas erreichen.
- Irgendwo müssen wir uns zu einem gemeinsamen Ergebnis treffen, sonst gelten wir beide als gescheiterte Verhandler.
- Wir müssen uns möglichst da treffen, wo ich mich als Erfolgsverhandler darstellen kann.
- Wir müssen uns möglichst da treffen, wo der andere sich ebenfalls als erfolgreich wahrnimmt, damit er nicht im Nachhinein Rückzieher macht oder sich auf anderem Gebiet rächt.

Sie müssen taktieren können. Aus den Worten und dem Verhalten des anderen ziehen Sie blitzschnell Schlüsse für Ihr eigenes weiteres Verhandeln. Sie müssen wissen, wie weit Sie Zugeständnisse machen können und was die andere Seite Ihnen dafür mindestens bieten muß. Sie müssen richtig einschätzen, welchen Verhandlungsspielraum der andere hat und in welchen Schritten er Ihnen entgegenkommen kann oder will.

Man kann sagen, daß Verhandlungen Spiele der Macht sind. Häufig handelt es sich dabei jedoch um geistiges Kräftemessen. Dumme und Unbeherrschte sind niemals gute Verhandler. Aber wer gut verhandeln kann, kann in der Regel auch gut mit Macht umgehen.

1.5 Durchsetzen und kooperieren

Wenn Verhandlungen dem Zwecke dienen, im Rahmen einer Aussprache zu einem gemeinsamen Entschluß und einer Angleichung der Interessen zu kommen, dann stehen sie immer im Spannungsfeld zwischen Durchsetzungs- und Einigungswillen.

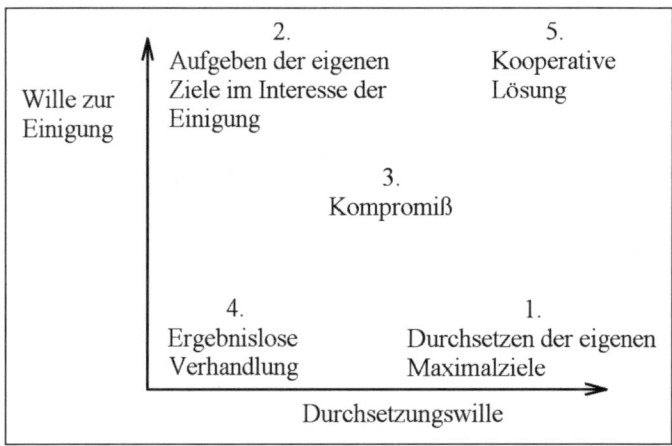

Abbildung 2: Spannungsfeld einer Verhandlung

Die einzelnen Bereiche einer Verhandlung, die in Abbildung 2 schematisch dargestellt sind, werden im Folgenden genauer beschrieben.

1. Durchsetzen der eigenen Maximalziele

Auf den ersten Blick sieht dieses Ergebnis wie ein absoluter Sieg der betreffenden Partei aus. Das muß jedoch nicht so sein. Theoretisch ist auch denkbar, daß der andere Verhandlungspartner hier aus taktischen Gründen den „Sieg" zugelassen hat. Das macht ein Taktierer gelegentlich, um den Gegner in Sicherheit und unkluger Selbstüberschätzung zu wiegen, um ihm später in einer wichtigeren Sache eine Niederlage zuzufügen. Manchmal läßt man einen Verhandlungspartner auch gewinnen, um ihm später moralisch Druck machen zu können: „Damals bin ich Ihnen entgegengekommen, dann sollten Sie so fair sein, mir jetzt in dieser Sache auch entgegenzukommen."

Häufig kommt es jedoch zur Durchsetzung eigener Maximalziele durch harte Verhandlungstaktiken wie geschickte Rhetorik, Druck, Erpressung, Täuschung, Machtausübung, Manipulation oder auch unwiderstehliche Schmeichelei.

Sehr beharrliche Menschen mit Neigung zu unermüdlicher Rechthaberei können gelegentlich auch allein deshalb ihre Ziele voll durchsetzen, weil die Gegenseite irgendwann keine Lust mehr auf die Auseinandersetzung hat.

Wenn Sie bei Verhandlungen zum Durchsetzen Ihrer Maximalziele neigen, sollten Sie sich bewußt machen, daß solche „Siege" oft nur kurzfristige Scheinsiege sind. Sie gewinnen in der Sache und verlieren womöglich die Sympathien der Menschen, mit denen Sie eigentlich noch gut zusammenarbeiten sollten. Auch unbeteiligte Dritte nehmen sehr wohl zur Kenntnis, wer mit welchen Mitteln immer wieder den eigenen Willen durchsetzt. Vor allem im Hinblick auf Ihre Karriere sollten Sie vorsichtig sein. Man könnte an Ihrer Teamorientierung, Ihrem diplomatischen Geschick, Ihrem strategischen Denkvermögen, Ihrer Kooperationsfähigkeit und Ihrer Intelligenz zweifeln und Sie statt dessen für einen kurzsichtigen, verbissenen Rechthaber halten.

2. Aufgeben der eigenen Ziele im Interesse der Einigung

Das ist die Gegenposition zum Sieger, der seine Ziele voll durchgesetzt hat. Man kann, wie oben gesagt, aus taktischen Gründen nachgeben. Man kann natürlich auch im Rahmen einer Verhandlung erkennen, daß die Gegenseite mit ihren Argumenten tatsächlich Recht hat. Dann wäre es dumm, sich weiterhin der besseren Erkenntnis zu verschließen. Manchmal gibt man auch nach, weil einem die Sache für eine harte Verhandlung nicht wichtig genug ist. Man hat es halt mal probiert, stößt auf Widerstand und läßt es wegen Belanglosigkeit sein. Es wäre dumm, sich wegen jedem Kleinkram in heftige rhetorische Gefechte zu stürzen, wenn man die darauf verwendete Zeit und die Kraft auch anders nutzen könnte.

Sehr harmoniebedürftige Menschen und solche mit mangelndem Selbstbewußtsein neigen allerdings viel zu oft dazu, um des lieben Friedens willen nachzugeben. Sie fürchten, der andere könne sie nicht mehr leiden, wenn sie auch einmal so „egoistisch" sind, hart um ihre Ziele zu kämpfen.

> Achtung, das ist eine typische Karrierefalle für Frauen!
> Wenn Sie eine Frau sind, sollten Sie bei jeder Verhandlung damit rechnen, daß die Gegenseite versucht, Sie mit fiesen Tricks unter Druck zu setzen. Man redet Ihnen ein, daß es egoistisch ist, wenn Sie „nur" an sich selbst denken, daß Sie

durch Härte Ihren „netten Charme" verlieren oder gar den „gräßlichen Emanzen" so ähnlich werden. Lassen Sie sich davon nicht beeindrucken! Der männliche Verhandlungspartner lacht sich ins Fäustchen, wenn Sie sich auf diese Weise brav in die „friedfertige" Weibchenrolle zurückdrängen lassen. Später heißt es dann auch zum Schaden Ihrer Karriere: „Frauen haben so wundervolle soziale Intelligenz und so einen hohen EQ. Aber leider kann man sie nicht in die wirklichen Machtpositionen lassen. Dafür fehlt ihnen dann doch die notwendige Härte und Durchsetzungskraft. "

Beachten Sie bitte, daß vor allem unbeteiligte Dritte einen sehr klaren Blick dafür haben, ob Sie als Taktierer oder Verlierer Ihre Verhandlungsziele im Interesse der Einigung aufgegeben haben. Wenn Sie sich zu oft damit zufriedengeben, könnte man an Ihrer Durchsetzungskraft, Ihrem Selbstbewußtsein, Ihrer Standfestigkeit, Ihrer inneren Unabhängigkeit, Ihrem moralischen Rückgrat, Ihrer Schlagfertigkeit und natürlich Ihren Verhandlungskompetenzen zweifeln.

Menschen mit starker hierarchischer Orientierung neigen sowohl zur ersten als auch zur zweiten Position. Dann kommt es leicht zu einem Verhalten, das man als „Radfahrerverhalten" bezeichnet. Bei Verhandlungen mit Ranghöheren, Würdenträgern, Reichen, Mächtigen, „Studierteren", Prominenten etc. ziehen sich solche Personen sofort auf den Standpunkt zurück, daß sie diesen Leuten nicht widersprechen dürfen. Bei Verhandlungen mit Menschen, die sie als Unterlegene wahrnehmen, verlangen sie hingegen, daß man ihnen den absoluten Durchsetzungssieg läßt. In Witzen und in der Literatur kennt man diese Menschen als Katzbuckler vor dem Chef und als Despoten zu Hause.

3. Kompromiß

Ein Kompromiß ist das schrittweise Entgegenkommen beider Verhandlungspartner. Jeder gibt ein wenig nach und verlangt dafür Gegenleistungen. Das muß immer sehr geschickt Zug um Zug vorgehen, sonst wird daraus schnell ein unfairer Kompromiß zwischen einer begünstigteren Seite und einer Seite, die zuviel aufgegeben hat.

Auch Sie müssen rhetorisch und taktisch in der Lage sein, gute Kompromisse auszuhandeln. Dazu müssen Sie die Kunst des Feilschens beherrschen.

Von einem „faulen" Kompromiß" spricht man, wenn es aus Mangel an Kreativität und Phantasie zu einem Kompromiß gekommen ist, weil man sich zwischen den Alternativen der Position 1 und 2 nichts anderes vorstellen konnte. Oft ergeben sich jedoch durch etwas Nachdenken ganz neue Möglichkeiten, an die weder der eine, noch der andere Verhandlungspartner vorher gedacht hat.

> Ein Ehepaar setzt sich zur Verhandlung um den Urlaubsort zusammen. Der Mann will nach Bayern zum Bergwandern. Die Frau will in der Nordsee baden. Der Kompromiß wäre dann eine Kneippkur mit Wassertreten in Paderborn? Es sollte doch wirklich noch ein paar andere Möglichkeiten geben!

4. Ergebnislose Verhandlung

Keiner gibt nach, keiner setzt sich durch. Das muß nicht unbedingt falsch sein. Manchmal werden Verhandlungen bewußt so geführt, daß kein Ergebnis zustande kommt. Es kann eine Verzögerungstaktik dahinterstecken.

Wenn es Ihnen jedoch öfter passiert, daß Sie aus einer Verhandlung nichts anderes mitbringen als den Termin für eine neue Sitzung mit dem Verhandlungspartner, dann zeugt das eher von Inkompetenz. Außenstehende fragen sich dann, ob Sturheit auf beiden Seiten, Mangel an Zielorientierung, Plaudersucht oder Entscheidungsscheu die Ursachen sein könnten. Im Unternehmen kennt man dieses Phänomen als typisches Konferenzfieber oder Meetingeritis.

5. Kooperative Lösung

Das anzustrebende Ideal ist natürlich die kooperativ erarbeitete Lösung – ein Ergebnis, welches für beide Parteien eine Erfüllung der jeweiligen Ziele bedeutet. Dieses Ideal läßt sich im konkreten Fall oft nicht erreichen, sollte jedoch als Maxime angestrebt werden.

Merke: „Man muß das Unmögliche versuchen, um wenigstens das Mögliche zu erreichen."

Um zu einer Kooperation zu kommen, müssen sich beide Parteien zunächst von den Standpunkten entfernen, auf die sie sich vielleicht schon viel zu sehr versteift haben. Sie sollten in einer Art Brainstroming zunächst gemeinsam Kriterien sammeln, nach denen sie ihre Zufriedenheit mit dem späteren Verhandlungsergebnis beurteilen wollen. Diese Kriterien sollten gewichtet werden:

- muß unbedingt erfüllt sein
- sollte erfüllt sein
- hätte ich liebend gerne
- wäre auch gut, könnte jedoch notfalls darauf verzichten

Gut ist es, wenn eine neutrale Person als Moderator (nicht als Schlichter, Vermittler oder Richter!) mit Kreativitätstechniken den oft schon sehr verengt denkenden Verhandlern hilft.

> Um noch einmal auf das Beispiel „Bayern-oder-Nordsee-Urlaub" zurückzukommen – hier könnten Kriterien sein:
> – Ich will braun werden.
> – Ich will mich sportlich betätigen.
> – Ich will auch bei Regen noch meinen Spaß haben.
> – Ich will mich wieder einmal an Knödeln satt essen können.
> – Ich will nicht mehr als 3000,- DM pro Person ausgeben.
> – Ich will Muscheln sammeln können.
> Manchmal wird auch eine Liste mit Negativ-Kriterien angelegt:
> – Ich will nicht mit einem Rucksack herumlaufen.
> – Ich will nicht immer Fischgeruch um mich haben.

Im zweiten Schritt sollten die Parteien sich jeweils mindestens drei Lösungsvarianten ausmalen, die alle nicht mit den bisherigen alten Standpunkten identisch sind, die jedoch Kriterien beider Parteien möglichst gut erfüllen. Auch hierbei können Moderatoren helfen.

> Beim Thema Urlaub zeichnet sich jetzt vielleicht ab, daß man zum Beispiel nach Cypern fliegen könnte. Da gibt es Berge und Strand. Knödel könnte man bei einem zweitägigen Zwischenstopp in München essen. Eine andere Lösung wären getrennte Reisen. Ein dritte Lösung könnte sein: Zwei Wochen im Sommer an die Nordsee und zwei Wochen im Herbst nach Bayern.

Im dritten Schritt werden die verschiedenen Lösungsvarianten (inklusive der alten Standpunkte) sorgfältig geprüft, eventuell in Teilbereichen kombiniert etc., bis ein für beide Seiten akzeptables Ergebnis herauskommt.

Durch dieses zunächst langwierig wirkende Verfahren wird oft viel an Aggressionen aus den zuvor festgefahrenen Fronten herausgelassen. Außerdem hat es den Effekt, daß die Parteien sich nicht gleich wie Kampfhähne aufeinander stürzen und um ihre Positionen kämpfen. Zunächst einmal müssen sie sich einigen, wer moderieren soll, dann besprechen sie mit dem Moderator die Methoden der Ideensammlungen ... Schon allein das fördert die Gewöhnung an den zuvor als Gegner wahrgenommenen Verhandlungspartner und die Bereitschaft zur Zusammenarbeit.

Wenn im Unternehmen um Dienstwagen, Projektkosten und Marketingbudgets verhandelt wird, ist dieses Verfahren natürlich meistens viel zu aufwendig. Bei politischen Verhandlungen wird es jedoch angewandt.

> Bevor sich die Israelis und die Palästinenser ans Verhandeln machen, klären die Unterhändler erst einmal, wo und mit welchen Kaffeepausen das Ganze stattfinden soll.
> Erst viel später wird festgelegt, welche Themen zu verhandeln sind. Geht es nur um den Abzug von Armee-Einheiten oder auch um die grenzüberschreitende Polizeikompetenz und auch noch um Sonderregelungen für getrennte Familien ...?
> Danach werden die Kriterien festgelegt. Dabei kann es um die Sicherheit gehen, um finanzielle Belastungen, um Rücksichtnahme auf Radikale im jeweiligen Lager ...

Bis es zu den tatsächlichen Verhandlungen kommt, geht viel Zeit ins Land.

Wie wir wissen, ist die menschliche Natur leider meistens nicht vernünftig genug, kooperativ ein für beide Seiten gutes Verhandlungsergebnis anzustreben. Im Unterbewußtsein sitzt oft Haß auf die andere Seite und man gönnt es der Gegenseite im Grunde nicht, daß sie sich später ebenfalls über das Ergebnis freut. Tief in der Seele wurzelt vielleicht auch eine so ausgeprägte Vorliebe für die eigene ursprüngliche Zielvorstellung, daß man immer wieder mit neuen Winkelzügen versucht, diese doch noch als Maximalsieg durchzusetzen. Außerdem wird der Verhandler oft noch vom eigenen Lager aufgeputscht: „Laß dich nicht über den Tisch ziehen!" – „... mußt Du mindestens rausholen, bevor Du Dich hier wieder blicken läßt." – „Mach den anderen fertig!"

Dieses Phänomen kennen wir vom Dauerkonflikt im Nahen Osten, wo die Verhandlungen letztlich immer wieder aus solchen Gründen scheitern. Wir kennen es aber auch aus dem Geschäfts- und aus dem Privatleben.

Das Ideal eines kooperativen Verhandlungsergebnisses braucht die Zustimmung *beider* Parteien zu diesem Ideal. Es ist jedoch schon hilfreich, wenn wenigstens *eine* Partei dieses Ideal anstrebt.

Das bedeutet für Sie, daß Sie nicht einfach erwarten, daß die andere Seite so nett ist, mit Ihnen kooperativ zu verhandeln. Fangen *Sie* als Vorleistung damit an. Machen Sie sich immer darüber Gedanken, wie Sie – neben Ihren eigenen Zielen – möglichst auch ein gutes Ergebnis für die Gegenseite erreichen. Damit überwinden Sie eigene Denkblockaden und entwickeln ganz automatisch überzeugendere Argumente.

1.6 Merkmale einer gelungenen Verhandlungsrhetorik

Gelungene Verhandlungsrhetorik wird nicht nur vordergründig daran gemessen, wieviel einer der Verhandler im Vergleich zum anderen für sich „herausgeholt" hat. Andere Kriterien können viel wichtiger sein:

- Dauerhaftigkeit und Qualität des ausgehandelten Ergebnisses,
- strategische Bedeutung des Ergebnisses,
- Konsequenzen für die weitere Beziehung zum anderen oder zu den Personen, die von dem Ergebnis betroffen sind.

> Wenn Sie sich als Kandidat für eine Führungsposition zum Beispiel im Assessment Center beweisen müssen, werden Ihnen wahrscheinlich auch Verhandlungsübungen mit anderen konkurrierenden Kandidaten zugemutet. Dabei wird keinesfalls jener Kandidat als Sieger bewertet, der sich am erfolgreichsten mit den eigenen Zielen durchsetzen konnte. Ein Kandidat jedoch, der seine Ziele gar nicht erreicht, gilt auf jeden Fall als Verlierer.

In Auswahlverfahren für Führungskräfte und Manager wird die individuelle Verhandlungskompetenz im Wesentlichen nach folgenden Kriterien beurteilt:

- Argumentiert treffsicher, logisch folgerichtig und überzeugend.
- Argumentiert offensiv, jedoch immer auch sozial akzeptabel.
- Drückt eigene Erwartungen an den Verhandlungspartner klar und selbstbewußt aus und verzichtet dabei auf „Weichmacher" wie entschuldigendes Lächeln, langatmige Begründungen und Appelle an die Verständnisbereitschaft.
- Dosiert den Gebrauch der eigenen Argumente angemessen und bildet sinnvolle Kombinationen und Argumentketten.
- Formuliert gewandt und verfügt über einen reichen Wortschatz.
- Drückt sich knapp und treffsicher aus und verzichtet auf umständliche Abschweifungen und Monologe.
- Kommt schnell auf den Punkt.

- Unterstreicht verbale Äußerungen angemessen durch nonverbale Signale.
- Steuert das Gespräch durch geschickte Fragetechniken.
- Lenkt das Gespräch geschickt in die eigene Zielrichtung und hält es dauerhaft auf Zielkurs.
- Macht dem Verhandlungspartner Vorschläge und Angebote schmackhaft.
- Zeigt die sichere Beherrschung von Verhandlungstechniken und stellt sich flexibel auf notwendige Änderungen der eigenen Strategie oder Taktik ein.
- Verfolgt die eigenen Ziele konsequent, ohne dabei die Ziele der Gegenseite zu ignorieren.
- Lenkt die Verhandlung in Richtung Durchsetzung der eigenen Ziele.
- Bleibt immer auch offen für Argumente und neue Aspekte der Gegenseite.
- Erkennt die Strategie der Gegenseite und reagiert darauf zielorientiert.
- Wendet Techniken der Manipulation erfolgreich an.
- Erkennt und entwickelt treffsicher verschiedene sinnvolle Varianten akzeptabler Einigungsmöglichkeiten.
- Stellt sich schnell auf den Verhandlungspartner und seine Taktiken ein.
- Erkennt in den Ausführungen des anderen sofort dessen Kernbotschaft.
- Läßt sich von besseren Argumenten der Gegenseite überzeugen.
- Greift Vorschläge und Ideen des Verhandlungspartners auf und nutzt sie für die Entwicklung einer gemeinsamen Lösung.
- Akzeptiert den Verhandlungspartner mit seinem Standpunkt und seinen Werten.
- Zeigt dem anderen persönliche Wertschätzung auch dann, wenn die eigenen Ansichten von denen des anderen abweichen.
- Greift den Verhandlungspartner niemals persönlich an und nutzt auch dessen rhetorische Schwächen nicht in unfairer Weise aus.
- Reagiert sensibel auf Empfindlichkeiten des anderen und verzichtet auf konfliktfördernde Techniken der Kommunikation wie Rechthaberei, Belehrungen, Spitzfindigkeiten und Wortklaubereien.
- Erkennt Emotionen des anderen richtig und kann im Interesse des Verhandlungsergebnisses angemessen darauf reagieren.
- Argumentiert nicht nach eigenen Vorstellungen von richtig oder falsch, sondern erkennt, was auf den anderen überzeugend wirkt.
- Läßt dem anderen ausreichend Raum, seinen Standpunkt darzulegen, und erfaßt diesen richtig durch aufmerksames Zuhören und Mitdenken.
- Deutet die verbalen und nonverbalen Äußerungen des anderen richtig.
- Stellt sich auf den Sprachstil und das inhaltliche Verständnis des anderen ein.
- Vergewissert sich, daß die Gegenseite den eigenen Standpunkt richtig verstanden hat.
- Läßt sich nicht durch Dominanzverhalten der Gegenseite einschüchtern.
- Läßt nicht zu, daß der andere unangemessen monologisiert.
- Erkennt unfaire Taktiken der Gegenseite und kann geschickt darauf reagieren.
- Reagiert schlagfertig auch auf unerwartete Äußerungen des anderen.

- Zieht bei Gedankensprüngen des Verhandlungspartners sofort mit.
- Läßt sich auch bei Abschweifungen nicht vom Thema abbringen oder durch Unwesentliches ablenken.
- Erkennt echte Überzeugungs- oder Verständnisprobleme und unterscheidet sie von rhetorischen Spielereien der Gegenseite.
- Unterscheidet zwischen echten und unechten Einwänden und Bedenken der Gegenseite.
- Reagiert angemessen auf Einwände und Bedenken.
- Überzeugt letztlich den anderen.
- Hat die eigenen Emotionen unter Kontrolle.
- Zeigt keine Denkblockaden durch vorgefaßte Meinungen und Vorurteile.
- Zeigt Signale von Selbstsicherheit und Zuwendung.
- Paßt Lautstärke, Stimmlage und Schnelligkeit der Situation an.
- Hält auch bei langen und schwierigen Verhandlungen ausdauernd mit.
- Zeigt auch bei harten Widerständen und unangenehmen Tricks der Gegenseite keine Streßsymptome.
- Verhandelt sicher mit einem oder mehreren Gesprächspartner/n.
- Bringt sich als Mitglied eines Verhandlungsteams angemessen ein.
- Leitet erfolgreich ein Verhandlungsteam mit verteilten Rollen.
- Kommt – unter Angleichung der Interessen – mit dem Verhandlungspartner zu einem gemeinsamen und befriedigenden Ergebnis.

Ob Sie für Ihre berufliche Laufbahn ein solch guter Verhandler werden müssen, hängt von Ihrer Position und Ihren Zielen ab. Wenn Sie als junger Karrierist in ein Unternehmen einsteigen wollen, sollten Sie gut verhandeln können, damit man Sie überhaupt aufsteigen läßt. Sind Sie jedoch zum Beispiel in Ihrer Branche ein Star oder verfügen als Eigentümer über ein Machtimperium, dann kann es genügen, daß Sie zumindest ausreichend gut verhandeln können, um notfalls Ihre Ziele auch ohne Rücksicht auf die Sympathien der Umwelt durchzusetzen. Dazwischen liegt eine große Bandbreite. Im Zweifel ist es immer gut, ein rhetorisch geschickter Verhandler zu sein – auch dann, wenn man es auf Grund seiner persönlichen Macht eigentlich nicht nötig hätte, sich mit anderen in dieser Weise auszutauschen.

Aber Sie sollten auch, vor allem als Führungskraft, Ihre Verhandlungsbereitschaft nicht übertreiben. Ihre Mitarbeitergespräche, wie zum Beispiel Zielvereinbarungen, Beurteilungen oder Delegationen, dürfen nicht in Verhandlungen ausarten. Das ist immer ein Zeichen von Führungsschwäche. Und ganz sicher dürfen Sie sich mit Ihren Mitarbeitern niemals aufs Feilschen einlassen!

2 Verhandlungskunst: Dialektik und Rhetorik

2.1 Die drei Empfehlungen des Platon für Verhandlungen von heute

Die Kunst der Rhetorik ist uralt. Der griechische Philosoph Platon gründete 387 v. Chr. in Athen eine philosophische Akademie. An dieser Stelle soll jetzt nicht seine Philosophie dargestellt werden. Bemerkenswert ist, daß Platon seine Gedanken nicht systematisch oder in Abhandlungsform niederlegte, sondern als Dialoge. Durch den verbalen Austausch zwischen Personen entwickelt sich die gemeinsame Erkenntnis.

Unter anderem hat Platon drei Empfehlungen hinterlassen, die heute noch unverändert gelten:

1. Sei alterozentriert!

Wenn man etwas erreichen will, muß man auch einmal von sich selbst und den eigenen Interessen und Zielen absehen. Statt dessen muß man sich auf die von der speziellen Sache betroffenen Menschen einstellen, die eventuell eine Rolle spielen und die überzeugt werden müssen.

An dieser geistigen Hürde scheitern oft extrem sachorientierte Menschen und „Technokraten". Sie können sich nicht in das Denken anderer hineinfühlen und deren Persönlichkeit berücksichtigen. Sachverhalte analysieren sie nur aus ihrer eigenen Sicht heraus und kommen zu sehr subjektiven Ansichten über „richtig" und „falsch", „vernünftig" und „unvernünftig". In Diskussionen verbeißen sie sich dann in Rechthaberei und können nicht verstehen, was anderen durch den Kopf geht. Wer ihnen nicht zustimmt, ist dann einfach nur dumm, hat keinen Sachverstand, macht „Denkfehler".

> Ein Beispiel dafür ist die Diskussion in den letzten Jahren um die neue Rechtschreibung. Sprachwissenschaftliche Technokraten haben ein perfektes Rechtschreibsystem entwickelt. Ihnen kam nicht in den Sinn, daß Menschen nicht automatisch begeistert sind, wenn man ihnen einfach nur etwas Perfektes vor die Nase setzt. Die Sprachtechnokraten haben auch in den nachfolgenden Debatten nie begriffen, warum die Menschen – auch solche, die nach der neuen Schreibweise weniger Fehler machen als nach der alten! – sich gegen die Änderung wehrten. Beharrlich haben sie aus eigener Sicht der Sachverständigen immer wieder hieb- und stichfest bewiesen, daß sie doch recht haben!

Nun denken Sie einmal in Ihrem beruflichen Umfeld über Probleme bei Umstellungen nach. Vor allem, wenn es um technische Änderungen ging, ist da nicht oft ähnliches passiert?

Wie oft konnten vernünftige Neuerungen nicht eingeführt werden, weil die Fachleute sich nicht in die Betroffenen hineinversetzen konnten.

Manche wollen sich auch nicht in andere hineinversetzen. Sie fürchten vielleicht, daß das Verstehen anderer Standpunkte bereits eine Zustimmung ist. Dieses Phänomen kann man oft bei Fanatikern und Moralisten politischer und religiöser Lager beobachten. Man hat ein klares Konzept von „gut" und „böse" und argumentiert stur aus diesem Konzept heraus. Wer nicht zustimmt, hat eine falsche Meinung – und damit basta.

2. Sprich die Emotionalität an!

Wie bereits beschrieben, ist jener Teil des menschlichen Gehirns, der für die Gefühle zuständig ist, entwicklungsgeschichtlich älter als der Teil, der die Logik, das rationale und strategische Denken steuert. Auch Sie haben sicher schon oft beobachten können, wie sich Menschen aufgrund von Gefühlen (Zorn, Ärger, Gier, Verliebtheit, Angst, Mitleid etc.) unklug verhalten haben. Auch bei gebildeten und intelligenten Menschen sind die Gefühle fast immer dem Verstand gegenüber dominant.

Das bedeutet für Sie, daß Sie bei der Planung und Durchführung von Verhandlungen nie nur an die Logik oder die sachlichen Hintergründe Ihrer Argumente denken dürfen. Stellen Sie sich immer auch auf die Gefühle des anderen ein. Unterlassen Sie alles, was den anderen in seinen Gefühlen verletzen könnte! Wenn der andere sich erst einmal über Sie oder über eine unbedachte Äußerung von Ihnen geärgert hat, dann können Sie sich jedes weitere Wort sparen. Er wird sich von Ihnen nicht mehr zu irgend etwas überzeugen lassen. Wenn es Ihnen jedoch gelingt, bei dem anderen positive Gefühle anzusprechen, dann ist er schon halb überzeugt. Auf der anderen Seite kann man oft auch die Gefühle anderer bewußt ausnutzen (Appelle ans Mitleid, Aufheizen von Haßgefühlen gegenüber Dritten, ...). Auf die Art wird gezielt manipuliert. Aber Vorsicht: das machen andere mit Ihnen vielleicht auch!

Beachten Sie bitte auch die Gefühle Ihres Verhandlungspartners, die über die eigentliche Gesprächsführung hinausgehen. Könnte er Angst vor Prestigeverlust haben, wenn er Ihnen zustimmen sollte? Wird er im eigenen Lager unter Druck gesetzt? Überlegen Sie, ob Sie ihm helfen können, das mit Ihnen ausgehandelte Ergebnis im eigenen Lager so darzustellen, daß es sein Prestige hebt.

3. Beachte die Intentionen des anderen!

Wenn Sie jemanden von etwas überzeugen oder zu etwas veranlassen wollen, dann gelingt Ihnen das am besten, wenn Sie mit Ihren Argumenten klarmachen können, daß die andere Person damit letztlich ihren eigenen Zielen dient.

> Dabei kann es sich um konkrete Ziele handeln, die jemand anstrebt: „Sie wollen doch ebenfalls in Ihrem Bereich ..." – „Sie sagten selbst, daß es Ihr Plan ist ..."

Die konkreten Ziele Ihres Verhandlungspartners sollten Sie ruhig offen ansprechen und mit Ihren Argumenten verbal verknüpfen.

Es kann sich bei den Intentionen aber auch um Ziele handeln, die man auch als Motive bezeichnet. Die Motive eines Menschen machen das Streben aus, das einen antreibt, bestimmte Dinge zu tun oder zu vermeiden.

> Zu den wichtigsten Motiven in geschäftlichen Verhandlungen gehören: Gewinnstreben oder Scheu vor Kosten, Prestigestreben oder Scheu vor Gesichtsverlust, Machtstreben oder Angst vor dem Ausgebootetwerden, Sicherheitsbedürfnis oder Angst vor Verlust der eigenen Position, Streben nach Beliebtheit bei Ranghöheren oder bei den eigenen Mitarbeitern, Spaß an kämpferischer Auseinandersetzung oder Harmoniestreben, Freude an technischer Perfektion, Wissensdurst und Neugier oder Bequemlichkeit, sich nicht mit etwas befassen zu müssen.

Diese Motive können Sie auch bei einem bisher fremden Gesprächspartner meistens schnell herausfinden. Kleidung, Auftreten, Büroeinrichtung und das, was die Person oft unbewußt neben den themenbezogenen Äußerungen sagt, kann Ihnen vermitteln, ob Sie zum Beispiel einen machtorientierten oder harmoniesüchtigen Menschen vor sich haben, einen mit neugierigem Interesse an Details oder einen mit Lust auf kämpferische Wortgefechte. In den meisten geschäftlichen Verhandlungen sind ein bis zwei der Motive für den anderen wichtig.

Sie müssen diese Motive unbedingt berücksichtigen. Niemals aber dürfen Sie sie offen ansprechen: „Bei Ihrem Machtstreben ..." – „Da Sie ja auch Gesichtsverlust befürchten ..." – „Das kommt auch Ihrem Gewinnstreben entgegen ..." – „Damit können Sie auch Ihr Prestigestreben befriedigen ..." Offenes Aussprechen solcher Motive wirkt als Beleidigung!

Gleichwohl müssen Sie aber darauf achten, daß Sie bei Ihrer Überzeugungsarbeit diese Motive befriedigen: „Damit kommt natürlich eine große Verantwortung auf Sie zu." (Macht- und Prestigestreben) – „Die Einsparungen an Kosten und Personal sind ..." (Gewinnstreben) – „Der Aufwand ist sehr gering." (Bequemlichkeit)

Sie sollten sich möglichst vor einer Verhandlung über die andere Person informieren. Was will sie? Was könnten ihre eigentlichen Motive und ihre konkreten Ziele sein? Was ist ihr vermutlich zuwider? Welcher Persönlichkeitstyp ist mein Verhandlungspartner? Je mehr Sie wissen, desto konsequenter können Sie die Intentionen berücksichtigen.

Ein guter „Psychologe" kann trotz rhetorischer Schwächen oft wesentlich erfolgreicher verhandeln als ein begnadeter Rhetoriker, der nicht nachvollziehen kann, was sein Gesprächspartner eigentlich denkt, fühlt, will. Hier besteht immer die Gefahr, daß wohlformulierte Logik ins Nichts läuft.

Wenn Sie sich diese drei Empfehlungen noch einmal in Ruhe durch den Kopf gehen lassen, dann wird Ihnen klar, warum manche Menschen aus Ihrem Bekanntenkreis oder auch der Öffentlichkeit trotz aller Klugheit und Leistung nicht den Erfolg erreichen konnten, den sie anstrebten. Dann wird auch klar, warum jemand nicht Kanzler werden konnte, ganz egal, wie heftig er darauf pochte, der geeignetste Kandidat aller Zeiten zu sein. Und dann wird aber auch klar, warum ein Betrüger selbst die vermeintlich erfahrensten Bankenfachleute jahrelang erfolgreich um Millionen („Peanuts") betrügen konnte.

Auch für Ihre Ziele – vor allem in Verhandlungen – ist es wichtig, daß Sie nicht nur sich selbst überzeugt haben und nicht nur von sich selbst wissen, was Sie wollen. Sie müssen unbedingt verstehen, wie andere „ticken" und wie Sie deren Denken und Fühlen im Sinne Ihrer Ziele beeinflussen können.

Dafür brauchen Sie die in den folgenden Kapiteln beschriebenen Qualifikationen.

2.2 Erfolgreiches Verhandeln ist immer auch Psychologie

Wie schon gesagt, brauchen Sie für Ihren Verhandlungserfolg unbedingt ein Verständnis dafür, was sich gedanklich und emotional in Ihrem Verhandlungspartner abspielt. Darauf aufbauend, müssen Sie geschickt argumentieren. Und dann können Sie beim anderen etwas verändern und bewirken.

Als „Verhandlungspsychologe" müssen Sie

- *andere verstehen oder durchschauen.*
  Sie dürfen nicht Opfer Ihrer Vorurteile werden. Sie müssen immer das Individuum vor sich sehen, es genau beobachten und aus dem Wahrgenommenen die richtigen Schlüsse ziehen.

  > Wenn Sie mit einer Frau verhandeln, sollten Sie nicht von gewohnten Plattheiten ausgehen, wie „die Frauen" so denken und fühlen. Wenn Sie mit einem eher kleinen Mann zu verhandeln haben, sollten Sie sich nicht von Weisheiten der Allerweltspsychologie über die „typischen Minderwertigkeitskomplexe kleiner Männer" lenken lassen. Und rechnen Sie auch bei einem „typischen Buchhalter" mit geistiger Beweglichkeit und bei einem „Verkäufertypen" mit intellektuellem Tiefgang.

  Viele halten sich für große „Menschenkenner" und verfügen doch nur über ein Repertoire an uralten Vorurteilen.

- *Beziehungen zwischen anderen erkennen.*
  Wenn Sie zum Beispiel mit einem Verhandlungsteam konfrontiert werden, dann müssen Sie erkennen, wer auf der anderen Seite letztlich die Entscheidungen beeinflußt. Das ist oft nicht der Ranghöchste und fast nie die Person, die sich in der Verhandlung am meisten exponiert. Sie müssen auch ein Gespür dafür haben, in welcher Beziehung Ihr Verhandlungspartner zu Personen seines Umfelds steht, die nicht anwesend sind. Es nützt Ihnen nichts, eine Person zu überzeugen, wenn diese innerhalb ihres Umfelds nicht den Einfluß hat, das mit Ihnen Ausgehandelte durchzusetzen. Sie müssen erkennen, ob Sie es mit einem „Meinungsbildner" zu tun haben oder mit einem „Mitläufer".

- *andere beeinflussen können.*
  Jede Verhandlung ist der Versuch, beim anderen etwas zu verändern. Der andere soll sich Ihrer Meinung anschließen, soll Ihrem Anliegen zustimmen, sich mit Ihnen auf etwas einigen, in Ihrem Interesse etwas tun oder lassen ... Ein „Psychologe", der nur beobachten und richtig einschätzen kann, mag als Berater oder Gutachter erfolgreich sein. Verhandler aber müssen auch beeinflussen können.

- *die Wirkung Ihrer eigenen Person, Ihrer Äußerungen und Ihres Verhaltens auf andere richtig einschätzen und bewußt steuern können.*
  Können Sie gezielt Selbstbewußtsein präsentieren? Wissen Sie, ob Sie bedrohlich, sympathisch, vertrauenswürdig, intelligent wirken? Könnten Sie sich notfalls auch glaubhaft dumm stellen und damit den anderen täuschen? Können Sie bluffen?

Zur Psychologie gehört auch die Fähigkeit zum Umgang mit Konflikten. Sie werden gelegentlich in Konfliktsituationen verhandeln oder bei Verhandlungen auf Konflikte stoßen. Manchmal ist es richtiger, einem Konflikt rechtzeitig auszuweichen, manchmal sollten Sie bewußt die Sache eskalieren lassen. Das zu unterscheiden und dann richtig zu reagieren ist die Kunst!

Zu Ihrer Konfliktfähigkeit als Verhandler gehört, daß Sie

- Konfliktquellen frühzeitig erkennen;
- Konflikte vermeiden oder gezielt eingehen können;
- Symptome und Ursachen richtig unterscheiden;
- echte und verschobene Konflikte unterscheiden;
- sich nicht in ungute Konflikte treiben lassen;
- in Konflikten nicht Opfer Ihrer „unklugen Gefühle" werden;
- Konflikte konstruktiv lösen können.

Da nun einmal nicht jeder Psychologie studieren kann, behelfen sich Verhandler, Konfliktmanager, Verkäufer etc. mit Modellen der Menschenkenntnis, die es ihnen leichter machen sollen, schneller den Gesprächspartner zu durchschauen und zu beeinflussen. Diese Modelle arbeiten oft mit sog. Typologien. Die Gefahr ist jedoch hierbei immer, daß ein zu eifriger Anhänger einer bestimmten Typologie sich damit lediglich einen Vorrat wissenschaftlich angehauchter Vorurteile schafft. Wer diese Typologien andererseits als „Schubladendenken" grundsätzlich ablehnt, läuft Gefahr, bei anderen Menschen das eigene Denken und Fühlen vorauszusetzen.

Im nächsten Kapitel können Sie sich über einige Aspekte der Verhandlungspsychologie informieren. Nehmen Sie die Ausführungen als Anregung. Sie sind nicht die einzigen oder die besten zum Thema. Wenn Sie erkannt haben, daß Sie zwar rhetorisch qualifiziert sind, jedoch in Verhandlungen öfter scheitern, weil Sie sich nicht in andere Menschen hineinversetzen können, dann sollten Sie es wenigstens einmal mit einer „Typologie" versuchen. Und tun Sie das auch, wenn Sie immer wieder erleben, daß andere Sie nicht richtig verstehen!

Hilfreiche „Typologien" für Verhandler sind unter anderem:

- PSA – Persönlichkeits-Struktur-Analyse
- DISG – Persönlichkeitsmodell

Literatur dazu finden Sie im GABAL Verlag, Offenbach.

2.3 Kommunikation als Interaktion

Die Grundlage der Verhandlung ist der rhetorische Austausch zwischen den Verhandlungspartnern oder auch -gegnern. Dabei spielen die individuelle Kommunikationsfähigkeit und der individuelle Kommunikationsstil eine große Rolle. Kommunikation ist immer die Interaktion zwischen Menschen. Das umfaßt sowohl die verbale Sprache als auch die Übermittlung nonverbaler Signale, die oft für die Beziehung zwischen den Betroffenen sehr viel wichtiger sind.

Das heute bekannteste Kommunikationsmodell hat Friedemann Schulz von Thun entwickelt und in sehr unterhaltsam geschriebenen Büchern eingängig dargestellt. Nach seinem Modell hat jede Nachricht zwischen dem „Sender" (Sprecher) und dem „Empfänger" (Hörer) vier Seiten. Wir alle kennen die typischen Mißverständnisse und Konflikte, die im täglichen Umgang allein dadurch entstehen, daß Menschen in der Kommunikation diese vier Seiten verwechseln oder sich durch eine Seite der Nachricht blenden lassen und dabei die gewollte Aussage überhören.

> Viele der Sketche von Loriot ziehen ihre Erfolge aus diesem Phänomen. Auch Sie kennen Dialoge wie die folgenden:
> „Wie spät ist es?" – „Fang bloß nicht an, zu hetzen!"
> „Wann gibt es Mittagessen?" – „Bin ich dein Dienstmädchen?"
> „Was kostet die Bluse?" – „Die günstigeren Angebote sind im Erdgeschoß."

Das Phänomen besteht darin, daß eine Person etwas sagt, die andere jedoch etwas ganz anderes hört. Dieses Andere kann falsch oder auch richtig sein. Wenn jemand beispielsweise nach der Uhrzeit fragt, kann sich dahinter vielleicht wirklich der Wunsch verbergen, der andere möge sich doch bitte beeilen.

> Schulz von Thun zitiert einen nicht ungewöhnlichen Dialogs zwischen Autofahrer und Beifahrer. Wenn der Beifahrer sagt, daß die Ampel grün ist, dann verbirgt sich dahinter vielleicht eine der folgenden Botschaften: „Fahr endlich los." – „Du bist zu dumm zum Autofahren." – „Ich habe Angst, mit Dir im Auto zu sitzen." – „Wahrscheinlich träumst Du wieder." – „Ich möchte lieber selbst fahren." Wenn der Autofahrer sich jedoch stur auf den tatsächlichen Inhalt der Aussage „Die Ampel ist grün." bezieht, dann könnte er antworten: „Das sieht mehr wie ein Türkis aus." Der Beifahrer würde sich vermutlich mißverstanden fühlen.

> Manchmal möchten wir nicht gerne deutlich sagen, was wir eigentlich meinen. Wenn sich bei Ihnen zum Beispiel nach der Party noch ein paar Gäste „festgesessen" haben, obwohl Sie längst ins Bett möchten, dann sagen Sie nicht: „Bitte geht nach Hause. Wir sind müde." Sondern Sie gähnen vielleicht oder sagen: „Wie schrecklich, daß wir morgen so früh aufstehen müssen." Und dann hoffen Sie, daß die Botschaft richtig ankommt.

Nach dem Modell von Schulz von Thun hat jede Nachricht vier Seiten:

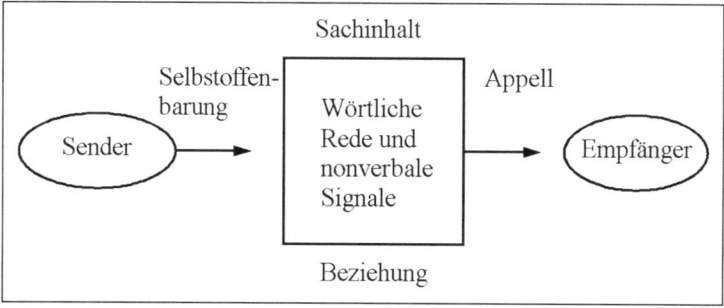

Abbildung 3: Die vier Seiten einer Nachricht nach Schulz von Thun

* *Sachinhalt*
  Das ist der sachliche Inhalt, wie zum Beispiel die Information über die Ampelfarbe oder die Frage nach der Uhrzeit.

* *Selbstoffenbarung*
  Das ist das, was der „Sender" über sich selbst vermittelt. Das kann die Information sein, daß es ihn nervt, nicht selbst am Steuer zu sitzen, oder daß er langsam ungeduldig wird.

* *Beziehung*
  Das ist der Ausdruck der Beziehung zwischen dem „Sender" und dem „Empfänger". Vielleicht ist der eine ranghöher und kann sich einen leichten Befehlston leisten. Vielleicht steht man in freundschaftlicher Beziehung zueinander und bemüht sich um sehr nette Formulierungen und ein begleitendes Lächeln. Vielleicht lebt man seit Jahren in einer Gewohnheitsehe und nörgelt sich nur noch an.

* *Appell*
  Das ist die Absicht, die hinter einer Nachricht steht. Das kann der Wunsch sein, die Gäste mögen sich doch bitte verabschieden, oder die Aufforderung an den Autofahrer, Gas zu geben.

Zur gelungenen Kommunikation gehört, daß beide Parteien sich verbal und nonverbal stets so äußern, daß jeweils auf der anderen Seite die richtige Botschaft im richtigen Ton ankommt. Mißverständnisse und Mißstimmigkeiten sollten vermieden werden. Das führt nämlich sehr schnell bei Verhandlungen zu Wortklaubereien und Nebenkriegschauplätzen und schließlich zu der Erkenntnis: „Mit dem kann man nicht reden!"

Achten Sie deshalb immer auch auf die nonverbalen Botschaften, auf Körpersprache, Mimik und Tonfall. Beobachten Sie den anderen, und sorgen Sie bei sich selbst dafür, daß Sie in dem, was Sie – eventuell über die Worte hinaus – zum Ausdruck bringen wollen, richtig verstanden werden.

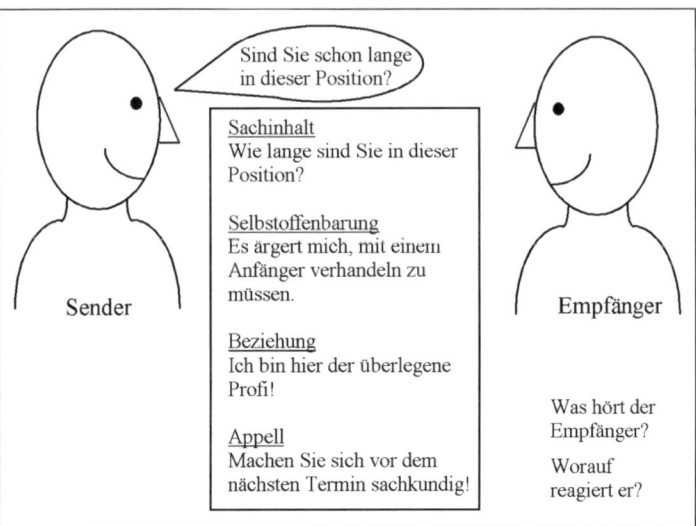

Abbildung 4: Ursachen vieler Kommunikationsstörungen

2.4 Hermeneutik – die Wissenschaft von der Verständigung

Daß Sie und Ihr Verhandlungspartner sich untereinander überhaupt verstehen, ist zwingende Voraussetzung. Das ist auch dann nicht immer einfach, wenn Sie beide in Ihrer Muttersprache sprechen und beide diese perfekt beherrschen. Sie interpretieren in die Worte Ihres Gesprächspartners Dinge hinein, von denen Sie nicht wissen, ob sie so gemeint sind, und dem anderen geht es genauso mit dem, was Sie sagen.

Es können in der Kommunikation Störungen entstehen, wenn nicht klar ist, welche der vier Seiten einer Nachricht gemeint sind. Es können jedoch auch dadurch Mißverständnisse auftreten, daß Begriffe oder Formulierungen auf beiden Verhandlungsseiten unterschiedlich verstanden werden.

> Ein Elektriker versteht unter „Impulsen" etwas anderes als ein Psychologe. Unter dem Begriff „clever" versteht der eine wertneutral „klug" oder „gescheit" und würde das, auf sich bezogen, als Kompliment auffassen. Der andere versteht unter dem Begriff im negativen Sinne eine „hinterhältige Gerissenheit" und könnte sich beleidigt fühlen, würde man ihn als „clever" bezeichnen.

Unter Hermeneutik versteht man die Wissenschaft der Auslegung von Schriften und Reden. Daher spricht man zum Beispiel im Judentum und im Islam auch von „Schriftgelehrten". Sie geben vor, wie die heiligen Schriften auszulegen und das Geschriebene zu interpretieren ist. Auch im Christentum haben sich etliche Sekten dadurch entwickeln können, daß das Alte und das Neue Testament von verschiedenen Menschen unterschiedlich gedeutet wurde.

Die eine Sekte nimmt die Bibel wörtlich und geht davon aus, daß die Erde tatsächlich in sieben Tagen erschaffen wurde und daß die Menschheit letztlich auf zwei Personen – Adam und Eva – zurückgeht. Für diese Menschen ist es Sünde, zu glauben, daß wir uns über einen langen Zeitraum hinweg letztlich von der Tierwelt her entwickelt haben. Die anderen interpretieren die Bibel nicht so wörtlich, sondern legen ihren Schwerpunkt darauf, daß Gott der Schöpfer ist und auch die Menschen im Rahmen der allgemeinen Gestaltung von Himmel und Erde geschaffen hat. Die Geschichten von Eva und Adams Rippe oder von der Schlange und dem Apfel sehen sie eher als Veranschaulichungen.

Im Berufsleben haben wir hermeneutische Fragen zu lösen, wenn wir zum Beispiel Arbeitszeugnisse lesen. Was verbirgt sich hinter Formulierungen wie: „war stets höflich und zuvorkommend", „hatte einen sehr guten Kontakt zu den Kunden"? Sind das positive oder eher vernichtende Aussagen? Und bei jedem Vertrag, den uns zum Beispiel eine Versicherung unterschreiben lassen möchte, sollte man vor allem im Kleingedruckten nach hermeneutischen „Kunststücken" fahnden.

In Diktaturen vollbringen Literaten, Liedermacher, Journalisten und Kabarettisten oft hermeneutische Glanzleistungen. Sie stellen Dinge so dar, daß die Zuhörer oder Leser die Botschaft verstehen, die Zensurbehörden jedoch nichts merken oder nichts dagegen unternehmen können.

Noch Jahre nach dem Fall der Mauer mußten sich die Zeitungen in Deutschland darauf einstellen, daß in Ost und West völlig unterschiedlich gelesen und interpretiert wurde. Im Westen haben die Leser eher die Neigung, grob über die Texte hinwegzulesen und vieles für glatte Übertreibung reißerischer Reporter zu halten. Im Osten wurde statt dessen sorgfältig Zeile für Zeile gelesen und jedes Wort auf die Goldwaage gelegt und immer eine tiefe Bedeutung hinter den Zeilen gesucht. Je nach Grad des individuellen Mißtrauens hat man dann dieses oder jenes in die Artikel hineininterpretiert.

Hermeneutische Probleme können auch Ihre Verhandlungserfolge gefährden. Wissen Sie immer, wie Ihr Gesprächspartner Ihre Ausführungen deutet? Oder sind Sie sicher, daß der andere wirklich das gemeint hat, was Sie in seine Worte hineinlegen?

Zu den hermeneutischen Rahmenbedingungen, die Ihre Verhandlungen gefährden oder fördern können, gehören:

- das Interesse am verhandelten Thema
- die Erkenntnisse und das Wissen zum Thema
- Werteorientierungen wie religiöse und politische Vorstellungen
- positive oder negative Erwartungen
- Weltbild und Wahrnehmung der Gesellschaft, der Geschichte etc.
- Motivationen und Ziele
- Vorurteile, Befürchtungen, Illusionen etc.

Eine klassische Form des Mißverstehens besteht in diesem Zusammenhang darin, daß Sie etwas sagen und Ihr Gesprächspartner daraus nur selektiv das wahrnimmt,

- was ihn speziell interessiert.
- was seine Vorurteile über Sie oder Ihr Anliegen bestätigt.
- was mehr zur Konfrontation als zur Einigung beiträgt.

Achten Sie deshalb ganz bewußt darauf, ob zwischen Ihnen und Ihrem Verhandlungspartner wirklich die jeweils gemeinten Botschaften unverfälscht hin- und hergehen und ob eventuell hermeneutische Probleme den Erfolg Ihrer Verhandlungen gefährden. Fragen Sie sich:

- Wie könnte der andere – im ungünstigsten Fall – meine Angebote oder Forderungen mißverstehen?
- Mit welchen Vorurteilen muß ich vielleicht schon von vornherein rechnen?
- Auf welche Empfindlichkeiten und „Hellhörigkeiten" sollte ich mich einstellen?
- Wie kann ich meine Argumente so formulieren, daß der andere sie nach meinen Absichten richtig auslegt?
- Habe ich selbst Vorteile und „weiß" schon vorab, was der andere mir sagen oder was er mit seinen Worten verschleiern will?

Wie Sie sehen, hängen bei der Verhandlungskunst Psychologie, Kommunikation und Rhetorik eng zusammen. Eine weitere Wissenschaft, in die Sie Einblick nehmen sollten, ist die Linguistik, die Lehre von der menschlichen Sprache.

2.5 Linguistik – die menschliche Sprache und ihre Tücken

Die Linguistik ist die Wissenschaft von der menschlichen Sprache. Dabei geht es um die Bedeutung von Worten, um die Wortwahl, den Satzbau, die Grammatik, Floskeln, Abstraktionen und Abkürzungen.

Auch wenn wir uns z. B. alle auf Deutsch verständigen, so sprechen wir doch keineswegs alle dieselbe Sprache. Nicht nur die vielen Fremdwörter, auch bestimmte „Sprachcodes" können Barrieren der Verständigung schaffen. Jugendliche verständigen sich oft durch Begriffe und Redewendungen, deren Bedeutung ihre eigenen Eltern selten kennen. Menschen unterschiedlicher Bildungsschichten sprechen – im Rahmen des Deutschen – unterschiedliche Sprachen und verfügen über unterschiedlich reichen Wortschatz. Je höher die Bildung, desto wahrscheinlicher ist es, daß sich die betreffende Person differenzierter ausdrücken kann. Auch zwischen den Geschlechtern kann es zu Unterschieden in der Sprache kommen.

> Man denke nur an die oft vergeblichen Gesprächsversuche, wenn eine Frau mit ihrem Partner über Gefühle sprechen will, und er nichts dazu sagen kann. Daß ihn vermutlich Gefühle belasten, kann die Frau an seiner Nervosität, am vermehrten Nikotingenuß und an seinem schlechten Schlaf erkennen. Aber er kann nichts dazu sagen, weil er es als Junge nicht gelernt hat, darüber zu reden.

Vor Gericht kann man beobachten, wie eloquente Täter sich sehr gut herausreden können, während andere nur ratlos herumstammeln, wenn sie schildern sollen, wie und warum sie ihre Taten begangen haben. Untersuchungen haben gezeigt, daß Täter eine höhere Chance auf menschliches Verständnis und Milde der Richter haben, je besser es ihnen gelingt, sich in ihrem Sprachverhaltem dem des Richters anzupassen. („Je stammeln, desto Knast.")

Viele der „Ossi-Wessi"-Konflikte haben ihre Ursachen in reinen Sprachproblemen. Manchem „Wessi" war einfach nicht bewußt, daß im Osten längst nicht so viele englische Begriffe gebräuchlich waren. Viele „Ossis" erlebten deshalb den selbstverständlichen Gebrauch englischer Begriffe bei ihren westlichen Gesprächspartnern als Arroganz und vorsätzlichen Versuch ihrer Ausgrenzung.

Gemeinsame Sprache ist immer auch die Chance für gemeinsame Verständigung.

Der individuelle Sprachcode einer Person wird bestimmt durch: Erziehung, gesellschaftliche Herkunft, Bildung, Intelligenz, Lebens- und Berufsumfeld, Traditionen, Sprachreichtum und auch sprachliche Begabung.

Die Sprache verändert sich ständig:

- Zum einen kommen neue Begriffe hinzu, weil die Umwelt reicher und bunter wird. Irgendwann muß man auch in einem 30-Seelen-Dorf in der Lüneburger Heide wissen, was ein Döner oder eine E-mail ist.
- Die Medien verbreiten neue Begriffe wie „Seilschaft", „runder Tisch" oder „Impeachment". Diese Begriffe können übernommene Fremdwörter (Impeachment) sein oder auch deutsche Wörter mit plötzlich neuen Bedeutungen (Seilschaft).
- Manchmal werden Fremdwörter auch eingedeutscht, und man weiß nicht so genau, wie sie dann geschrieben werden müssen: wird man zum Beispiel „gebeamt" oder „gebeamed"?
- Manche Wörter verändern sich im Laufe der Zeit und bekommen einen negativen Beiklang bis hin zur Beleidigung: „Kaffer", „Weib", „Krüppel".
- Bei anderen ist die Entwicklung zum Negativen noch nicht abgeschlossen, aber schon erkennbar: „Verkäufer", „Beamter", „Putzfrau", „Blondine", „Hausfrau", „Politiker".
- Wieder andere Begriffe, die bisher einen negativen Beigeschmack hatten, werden von Betroffenen offensiv auf sich selbst bezogen mit der Botschaft, dazuzugehören und stolz darauf zu sein: „Schwuler", „Emanze".
- Es gibt auch Begriffe, die man nicht mehr benutzen sollte, weil sie durch „politisch korrekte" oder zeitgemäßere ersetzt wurden, so sagt man „Auszubildender" statt „Lehrling", „Alkoholkranker" statt „Trinker" oder „Alkoholiker", „Raumpflegerin" statt „Putzfrau", „Flugbegleiterin" statt „Stewardess", „Model" statt „Mannequin".
- Manche Begriffe sind auch nur Fachleuten bestimmter Berufe oder Branchen bekannt. Wissen Sie, was ein „Manipel" ist oder „Grude"?

Wenn in einem Gespräch auf beiden Seiten unterschiedliche Sprachcodes gesprochen oder verstanden werden, dann muß entweder die eine Seite der anderen durch eine „Übersetzung" entgegenkommen, oder man kann sich nicht verständigen und provoziert unnötige Mißverständnisse, Ärgerlichkeiten, Demütigungen und Konflikte.

> Wenn der Arzt mit dem Patienten spricht, muß er seinen Medizinercode ins „Normaldeutsch" übersetzen. Aber auch die Übersetzung muß er notgedrungen dem individuellen Bildungsniveau des Patienten anpassen. Ebenso müssen zum Beispiel Bankenberater, Juristen und DV-Fachleute übersetzen, wenn sie Nicht-Fachleute sinnvoll beraten wollen.

Die Fähigkeit zur flexiblen Umschaltung auf den jeweiligen linguistischen Hintergrund des anderen ist auch für Sie und Ihre Verhandlungen wichtig. Je reicher Ihr Wortschatz, je breiter Ihre Kompetenz in verschiedenen Sprachcodes, desto weniger kann Ihr Verhandlungspartner Sie sprachlich ausbooten und desto sicherer können Sie auf sein Sprachniveau eingehen.

- Gute Verhandler bereichern ständig ihren Wortschatz, lesen unterschiedliche Zeitungen und hören intelligenten Menschen und Vertretern anderer Sprachcodes aufmerksam zu.
- Schlechte Verhandler bleiben in ihrer Fachsprache, wehren sich gegen Sprachveränderungen und verlieren irgendwann den Anschluß an den modernen Sprachgebrauch. Sie können sich dann noch verbiestert über das „neumodische Kauderwelsch" erregen, sprachlich mithalten können sie nicht mehr.
- Sie achten bitte auch darauf, daß Sie den Erfolg Ihrer Verhandlungen nicht durch eigene sprachliche Angeberei torpedieren. Denken Sie immer daran, daß Sie in Ihrer Verhandlung mit dem anderen zu Ihren Zielen kommen wollen.
- Es geht nicht um den Wettstreit, wer sich am besten ausdrücken kann und wer die meisten Fremdwörter kennt! Wenn Sie sprachlich überlegen sind, dann sollten Sie sich dem Verständnisniveau des anderen anpassen. Die Befriedigung, mit überlegener Rhetorik den anderen an die Wand geredet zu haben, ist nur kurzfristig.
- Wenn Sie jedoch bemerken, daß Sie sprachlich unterlegen sind, dann ärgern Sie sich nicht, sondern nehmen dies zum Anlaß, Ihre liguistische Kompetenz so schnell wie möglich zu erweitern.

2.6 Logik – folgerichtig, schlüssig, zwingend

Die Logik spielt für Ihre Verhandlungen eine große Rolle. Sie können dann überzeugen, wenn Ihre Argumente dem anderen logisch einleuchten. Umgekehrt müssen Sie sehr aufmerksam zuhören, damit Ihnen die Logikfehler auf der Gegenseite nicht entgehen.

Wenn Sie logisch überzeugend argumentieren wollen, brauchen Sie eine gute Vorbereitung. Im Eifer des Wortwechsels kommt Ihnen manches so schnell nicht in den Sinn, oder es fehlen Ihnen die Daten, die Ihre Aussagen untermauern. Auf logische Argumentation wird in den folgenden Kapiteln noch genauer eingegangen.

An dieser Stelle seien die wichtigsten Elemente der Logik für Verhandlungen dargestellt:

1. Wahrheit, Fakten, Tatsachen

Das, was Sie sagen, muß stimmen und darf nicht nur auf Vermutungen beruhen. Sonst besteht die Gefahr, daß Ihr Verhandlungspartner zu bestimmten Dingen einfach mehr weiß als Sie oder die neueren Daten hat. Damit kann er Sie in die Enge treiben. Außerdem können Sie selbstbewußter verhandeln, wenn Sie sicher wissen, daß Ihre Worte auf Fakten beruhen.

Das heißt natürlich nicht, daß nicht auch Sie gelegentlich in die Verlegenheit kommen können, die Wahrheit ein wenig „optimieren" zu müssen. Es kann sich um glatte Lügen, um leichtes Schönfärben oder um geschicktes Verschweigen handeln. Ob das fair ist, ist eine andere Frage. Notwendig kann es jedenfalls gelegentlich sein. Aber auch dann müssen Sie persönlich die Wahrheit genau kennen. Sie dürfen niemals aus Mangel an Wissen falsche Aussagen oder unbegründete Behauptungen von sich geben!

Finden Sie deshalb vor Ihren Verhandlungen so viel wie möglich über die Hintergründe zum Thema heraus. Dann kann Sie der andere auch nicht so leicht bluffen oder täuschen.

2. Begriffsdefinitionen

Wie schon gesagt, haben manchmal dieselben Worte für verschiedene Menschen unterschiedliche Bedeutungen. Das kann zu Mißverständnissen führen.

> Wenn Sie im Unternehmen mit anderen Führungskräften über die Projektkosten verhandeln wollen, dann einigen Sie sich bitte vorher, was unter „Projekt" zu verstehen ist. Gehören die Analysekosten dazu? Wie ist es mit den Aufwendungen für die notwendigen Schulungen?
> Wenn Sie mit Ihrem Lieferanten über Qualitätsstandards verhandeln wollen, dann muß zuvor geklärt werden, was in diesem Zusammenhang unter „Qualität" zu verstehen ist.

3. Theorien, Annahmen, Prognosen

Manchmal muß man über Dinge verhandeln, für die die Fakten noch nicht feststehen.

> Ist es günstiger, die neuen Autos in Brasilien zu produzieren, oder sollte man das Angebot der Chinesen annehmen? – Lohnt es sich, noch in bestimmte Spielzeuge zu investieren, oder muß man damit rechnen, daß die Kinder im nächsten Jahr ihre Vorlieben ändern? – Soll man sich auf eine feste oder eine prozentuale Be-

teiligung am Filmprojekt einigen? Was ist, wenn der Film ein Flop wird? Was ist, wenn er alle Erwartungen übertrifft?

Wenn Sie eine Verhandlung zu führen haben, in der vieles von Annahmen und Prognosen abhängt, dann brauchen Sie unbedingt vorher den Rat von Fachleuten. Auch wenn Sie selbst Profi sind, sollten Sie sich bei anderen erkundigen. Prognosen, Theorien und Annahmen haben viel mit Wissen und Fakten zu tun, aber auch viel mit Instinkt, Erfahrung, „Feeling" und auch mit persönlichen Hoffnungen, Wünschen und Abneigungen. Je mehr Köpfe darüber nachgedacht und mit Ihnen gesprochen haben, desto klarer können Sie die Sache von allen Seiten betrachten.

Stellen Sie vor Ihrer Verhandlung fest:

- Wer geht von welchen Prognosen aus?
- Worauf beruhen die Annahmen meiner Berater?
- Kann man von bestimmten früheren Erfahrungen auf die aktuelle Sache schließen?
- Wie stehen meine Berater emotional zu dem Thema? Könnten ihre Prognosen durch persönliche Wunschvorstellungen oder Abneigungen, durch politische Ansichten oder taktische Überlegungen „gefärbt" sein?

Letztlich werden Sie sich sicherlich auf Ihre eigenen Theorien, Annahmen und Prognosen verlassen. Es ist jedoch in der Verhandlung oft sehr gut, wenn Sie auf Referenzen anderer Fachleute verweisen können.

4. Beweise

Gehen Sie davon aus, daß Ihr Verhandlungspartner Beweise für die Richtigkeit oder die Plausibilität Ihrer Argumente verlangt. Wenn Sie dann keine vorweisen können, machen Sie es sich unnötig schwer. Beweise und Referenzen gehören immer in das „Gepäck" eines Verhandlers. Sie sollten sie nicht unbedingt gleich auf den Tisch legen, aber im Notfall immer aus der Tasche ziehen können.

Wenn Sie sich vorab gründlich mit Fakten, Daten und Beweisen versorgen, haben Sie in der Verhandlung folgende Vorteile:

- Sie kennen sich bereits durch die gründliche Vorbereitung genau aus.
- Sie können stichhaltig und sachlich überzeugend argumentieren.
- Sie erkennen Logikschwächen und Denkfehler der Gegenseite schnell und treffsicher.
- Man kann Sie nicht mit Ihnen unbekannten Fakten in die Enge treiben.
- Sie können notfalls eleganter die Wahrheit „optimieren".
- Sie fallen nicht so leicht auf die „optimierten" Wahrheiten der Gegenseite herein.

3 Erfolgsbasis Verhandlungskompetenz

3.1 Patentrezepte und Tricks ersetzen keine Kompetenz

Es gibt keine Tricks oder todsicheren Rezepte, die man nur einstudieren muß, um damit den Verhandlungserfolg zu garantieren. Vielleicht haben Sie sich das von diesem Buch oder anderen zum gleichen Thema erhofft. Was Sie jedoch für sich tun können, ist, sich das Hintergrundwissen zu typischen menschlichen Phänomenen im Verhandlungsprozess anzueignen und Konzepte einzuüben.

Im konkreten Fall müssen Sie sich jedoch immer darauf einstellen, daß Ihr Verhandlungspartner plötzlich ganz anders reagiert, als Sie erwartet haben, oder ganz andere Argumente vorbringt, als Sie ahnten. Sie müssen zwar – in Ihrem eigenen Interesse – gut vorbereitet sein, dürfen sich jedoch durch die Vorbereitung nicht so festlegen, daß Sie nicht mehr flexibel auf Überraschungen reagieren können.

Wichtig ist: Sie können sich nicht im letzten Moment vor einer Verhandlung schnell zum guten Rhetoriker machen. Verhandlungskompetenz muß zumindest als Begabung in Ihnen angelegt sein und bedarf darüber hinaus des regelmäßigen Trainings. Es gibt Naturtalente, denen diese Begabung in die Wiege gelegt wurde. Die meisten Menschen müssen sie jedoch bewußt studieren und diszipliniert üben. Das kann im beruflichen oder im privaten Umfeld sein. Aber es muß kontinuierlich passieren.

Nur ganz wenige Menschen können überhaupt nicht verhandeln und haben so wenig Begabung, daß auch Fachliteratur, Seminare und Trainings nichts nützen. Aber auch solche „Pechvögel" können zu beruflichem Erfolg und guten Verhandlungsergebnissen kommen: Sie lassen andere für sich verhandeln. Dann muß man allerdings so klug sein, nicht den besten Freund, den besten Fachprofi oder den zuverlässigsten Meinungsgenossen zu wählen, sondern eine Person mit rhetorischer Kompetenz!

Versuchen Sie – in Ihrem Interesse an Erfolg und Karriere – Ihre Verhandlungskompetenz ständig zu erweitern, aber seien Sie notfalls auch nicht zu stolz, eine zweite Person mitzunehmen und für Sie reden zu lassen. Wir gehen schließlich auch nicht ohne Anwalt vor Gericht!

Im Folgenden werden Sie einige Hinweise zu psychologischen Hintergründen des Verhandelns lesen. Versuchen Sie danach, die hier vorgestellten Modelle in Ihrem Umfeld bei Kollegen, Kunden, Mitarbeitern etc. zu erkennen und darauf einzugehen. Menschenkenner wird man nur durch Beobachtung und bewußten Umgang mit anderen. Sie werden auch ein Phasenkonzept für Verhandlungen kennenlernen. Wenden Sie es zur Übung auch bei anderen Gesprächen an. Betrachten Sie es als nützliches Werkzeug, dessen Handhabung Sie üben sollten.

3.2 Menschenkenntnis – Psychologie nutzbar machen

Ein Großteil der Verhandlungskompetenz basiert auf psychologischer Kompetenz. Wer den Gesprächspartner in seiner Art, seiner inneren Haltung, seiner psychologischen Grundrichtung nicht versteht, kann ihn im Interesse der eigenen Verhandlungsziele nicht beeinflussen und nicht überzeugen. Überzeugend ist nämlich nicht, was Sie selbst für überzeugend halten, sondern was dem anderen einleuchtet.

Psychologische Grundkenntnisse brauchen Sie auch, um sich darauf einzustellen, wie der andere Sie beeinflussen oder (emotional) unter Druck setzen oder in Scheinfreundlichkeit einlullen könnte.

Das hier vorgestellte Modell kann Ihnen natürlich die psychologische Grundstruktur Ihres Gesprächspartners nicht vollständig erklären. Aber es kann Ihnen Anhaltspunkte geben, worauf Sie besonders achten sollten.

Bedenken Sie jedoch unbedingt, daß eine Person nie nur über eine der in diesem Buch vorgestellten Verhaltensvarianten verfügt. Echte Verhandlungsprofis können blitzschnell von der einen Verhaltensvariante in die andere wechseln, wenn sie erkennen, daß sie mit der bisherigen Masche bei Ihnen nicht weiterkommen.

Je distanzierter und souveräner – oder auch gerissener – Ihr Gesprächspartner ist, desto leichter wechselt er von Variante zu Variante. Nur Distanzierte, Souveräne und Gerissene sind wirklich gute Taktiker. Moralapostel können ihr eigenes Verhalten meistens nicht bewußt steuern. Dafür halten sie dann ihre Sturheit und Verbissenheit für Charakterstärke. Das führt vor allem auch bei vielen politischen Verhandlungen letztlich zum Machtkampf mit allen Mitteln.

> Moralapostel sind dermaßen mit Eifergeist von ihrer Sache überzeugt, daß sie gar nicht über die innere Distanz verfügen, sich ihrem Ziel taktisch klug zu nähern. Mit sturer Rechthaberei wiederholen sie lediglich immer wieder die gleichen Argumente, garnieren das Ganze mit persönlichen Angriffen auf die Gegenseite und können mit ihren Argumenten immer nur diejenigen überzeugen, die ohnehin schon gleicher Meinung waren. Egal, ob es sich um Verhandlungen zur doppelten Staatsbürgerschaft oder zur Neuregelung der Kirchensteuer handelt, für Moralapostel gibt es nur eine richtige Meinung: die eigene. Und die darf nicht durch Annäherung an den Verhandlungspartner beschädigt werden.

Jeder von uns kann sich zu bestimmten Themen, die einem sehr am Herzen liegen, zum Moralapostel entwickeln. Sie sollten notfalls eine Verhandlung, bei der Sie emotional zu sehr betroffen sind, von einem Stellvertreter führen lassen!

Rechnen Sie bei Ihren Verhandlungen mit folgenden Einstellungen Ihres Verhandlungspartners:

Einstellung als „Moralapostel"

Wenn Ihr Verhandlungspartner als Vertreter der alleinrichtigen Meinung auftritt, dann müssen Sie mit einer Einstellung als Moralapostel rechnen. Sie können diese Haltung relativ schnell daran erkennen, daß Moralapostel bei Meinungsunterschieden sofort mit Feindseligkeit und Anzeichen persönlicher Abneigung reagieren. Entweder Sie stimmen dem Moralapostel zu, oder Sie sind ein Mensch mit grundfalschen, bösen oder „sündigen" Ansichten.

> Moralapostel-Verhandlungen werden Sie in der Regel dann zu führen haben, wenn Sie es zum Beispiel mit Vertretern anderer politischer oder weltanschaulicher Richtungen zu tun haben. Aber auch Konfrontationen zwischen Eigentümern und Mietern, Geschäftsführern und Betriebsräten können in diese Richtung laufen.

Im normalen Geschäftsleben werden Sie bei Verhandlungen mit Managern, Kunden, Lieferanten etc. kaum auf Moralapostel treffen, weil im normalen Geschäftsleben selten Weltanschauungen zur Debatte stehen, sondern geschäftliche Ziele. Wenn Sie jedoch zum Beispiel als Politiker über Dinge zu verhandeln haben wie Eherecht für Homosexuelle, Atomkraft, aktive Sterbehilfe etc., dann stehen für Sie oder auch für die Gegenseite sehr schnell Grundwerte auf dem Spiel. Dann hört fast immer auch die Bereitschaft zum fairen Verhandeln auf. Dann geht es nur noch um das Ziel, den „bösen Feind" und seine „finsteren Ziele" zu bekämpfen.

Moralapostel haben ein festes Raster von richtig/falsch, gut/böse. Sie sehen sich selbst als Kämpfer für die richtige Anschauung und können sich leidenschaftlich bis fanatisch und sogar bis zur Selbstzerstörung dafür einsetzen. Der Moralapostel ist – meistens aus „Gewissensgründen" – nicht zu Kompromissen oder zum Entgegenkommen bereit. Obwohl er sich zu einer Verhandlung mit Ihnen einfindet, hat er bereits beschlossen, niemals mit „einem wie Ihnen" zu einem gemeinsamen Ergebnis zu kommen. Er will Sie und das, wofür Sie stehen, bekämpfen. Deshalb werden Verhandlungen mit Moralaposteln nicht wirklich Verhandlungen im eigentlichen Sinne sein. Es handelt sich vielmehr um ein Kräftemessen und Ausloten, wer dem jeweils anderen wie weit den eigenen Willen aufzwingen kann.

Einstellung als „Pragmatiker"

Wenn Sie es mit einem Pragmatiker zu tun haben, dann kann die Verhandlung fair sein, muß jedoch nicht. Der Pragmatiker hat seine Verhandlungsziele und lotet vorab oder während der Verhandlung aus, wie weit er „mit Ihnen kann" und wie weit er Ihnen entgegenkommen muß. Er lotet auch aus, nach welcher Taktik Sie vorgehen und welche seiner Taktiken bei Ihnen am besten wirken. Er wird auch Manipulationstechniken einsetzen und auf der Lauer liegen, ob Sie solche auch anwenden.

Der Pragmatiker will wissen, wie hart Sie verhandeln können, welchen Spielraum Sie haben und wie es um Ihre Entscheidungskompetenz steht. Daran orientiert er sich dann selbst. Letztlich will der Pragmatiker zu einem Ergebnis kommen, das möglichst nah an seinen eigenen Zielen liegt. Das wollen Sie vermutlich auch. Wie das Ergebnis dann aussieht, hängt von der jeweiligen Verhandlungskompetenz ab und/oder auch von der Stärke der jeweiligen Position.

> Wenn man sich eine Preisverhandlung vorstellt, dann hängt das Ergebnis nicht nur vom Verhandlungsgeschick ab, sondern auch von der Frage, ob es sich um einen Käufer- oder Anbietermarkt handelt. – Bei einer Gehaltsverhandlung kann die Frage entscheiden, wie dringend die eine Seite den Job oder die andere den neuen Mitarbeiter will.

Das sind die Hintergrundbedingungen, die ein Pragmatiker möglichst schon vor der eigentlichen Verhandlung auslotet.

Einstellung als „Idealisten"

Idealisten kann man sowohl in geschäftlichen wie auch in politischen oder weltanschaulich beeinflußten Verhandlungen antreffen. Der Idealist hat häufig Visionen und Ideen, wie die Dinge sein sollten. Dabei fehlt ihm der Blick dafür, wie sie nun einmal sind.

Den Idealisten können Sie vergleichsweise leicht an seinen Formulierungen erkennen. „Wäre es nicht besser, wenn ..." – „Sollte man nicht lieber davon ausgehen, daß ..." Er hat immer die idealen Vorstellungen davon, wie es sein sollte. Man kann ihm dann nur zustimmen. Trotzdem ist die Realität anders.

> Sie sollen mit einem Idealisten die Betriebsvereinbarung zum neuen Zielvereinbarungssystem für die Mitarbeiter aushandeln. Es geht um die Frage, was zu tun ist, sollten Führungskraft und Mitarbeiter sich nicht auf Ziele einigen können. Während Sie aushandeln wollen, in welchen Eskalationsstufen der Mitarbeiter oder die Führungskraft sich Beistand vom Betriebsrat oder der Personalabteilung etc. holen können, träumt der Idealist: „Es wäre doch auch für die vertrauensvolle Zusammenarbeit im Team so viel besser, wenn Vorgesetzter und Mitarbeiter sich ohne Konfrontation einigen würden." Jawoll!

> Sie verhandeln mit dem Verkehrsamt um Tempo 30 und die Neugestaltung der Wohnstraße, weil bisher die Kinder so oft von Rasern gefährdet wurden. Der Idealist Ihnen gegenüber träumt: „Sollten nicht die Autofahrer ohne Zwangsmaßnahmen das notwendige Verantwortungsgefühl für unsere Kinder haben?" In der Tat!

Verhandlungen mit Idealisten laufen oft ins Leere, weil der Idealist immer wieder von der Realität abschweift und ein Idealbild präsentiert, welches die ganze Verhandlung überflüssig machen würde.

Es kann ein Mangel an Realismus dahinterstecken, häufiger jedoch ist es glatte Faulheit oder Feigheit. Mancher tritt als Idealist auf und will im Grunde nur verhindern, daß es zu einem Verhandlungsergebnis kommt, das für ihn Arbeit oder Ärger mit Dritten bedeuten könnte.

Wenn Sie es mit einem Idealisten zu tun haben, dann müssen Sie harte Fakten auf den Tisch legen können.

> Der Idealist vom Verkehrsamt braucht zum Beispiel den Druck von Unterschriftensammlungen der Anwohner oder Geschwindigkeitsmessungen. In besonders tragischen Fällen muß erst ein Unfall passieren, der breit durch die Medien geht.

Einem Idealisten müssen Sie unmißverständlich klarmachen, daß es für ihn sehr viel aufwendiger und unangenehmer wird, wenn er nicht mit Ihnen zu einem Verhandlungsergebnis kommt!

Zusammenfassend kann man sagen:

- Moralapostel sind in ihrem Verhalten während der gesamten Verhandlung vergleichsweise stabil. Sie werden höchstens mit zunehmendem Streß aggressiver in ihren Äußerungen.
- Pragmatiker und Idealisten können oft blitzschnell von einer Rolle in die andere wechseln. Wenn der Idealist erkennt, daß seine Träumertaktik letztlich doch nicht verhindern kann, daß er mit Ihnen zu einem Ergebnis kommen muß, dann schaltet er womöglich auf Pragmatiker um und versucht, wenigstens ein für sich gutes Ergebnis auszuhandeln.
  Ein Pragmatiker kann zum Idealisten werden, wenn er sich zunehmend auf der Verliererseite sieht und im letzten Moment lieber kein Ergebnis hat als eines, das ihn vor Dritten schlecht aussehen ließe.
- Der Moralist kämpft mit missionarischem Eifer für seinen Totalsieg und Ihre absolute Niederlage. Er verhandelt überhaupt nur deshalb mit Ihnen, weil Sie ein zu starker Gegner sind, als daß er Sie ignorieren oder zu Gehorsam zwingen kann.
- Der Pragmatiker ringt mit Ihnen um ein für ihn möglichst günstiges Verhandlungsergebnis.
- Der Idealist versucht – bewußt oder unbewußt – ein Verhandlungsergebnis zu verhindern oder mindestens zu verzögern.

Richten Sie sich darauf ein, und bereiten Sie sich entsprechend gründlich vor.

3.3 Psychologie in der Verhandlung

Unabhängig davon, ob Sie es in Ihrer Verhandlung mit einem „Pragmatiker", „Idealisten" oder „Moralapostel" zu tun haben, kann sich jeweils das aktuelle Verhalten und damit oft auch die Taktik unterscheiden. Stürzen Sie sich vor allem ganz zu Beginn der Verhandlung nicht sofort in die Diskussion. Lassen Sie dem anderen den „rhetorischen Vortritt". Lehnen Sie sich zunächst ein wenig zurück, und beobachten Sie, mit welchem Verhalten der andere auftritt.

Unterscheiden Sie folgende vier Verhaltensrichtungen:

1. **emotionslos und kalt**
   Sie erkennen das emotionslose Verhalten an Merkmalen wie: keine Miene verziehen, kein Lächeln, aber auch keine offene Ablehnung, kein persönliches Wort am Anfang und Abwehr von Small talk von Ihrer Seite. Ihr Gesprächspartner tritt „amtlich" auf oder wie ein „Pokerspieler".

2. **emotional und dabei „menschlich warm" oder auch „heißblütig"**
   Ihr Gesprächspartner kommt Ihnen vielleicht „menschlich warm" entgegen, beginnt mit Small talk, bietet Kaffee an, zeigt Interesse für Sie als Mensch. Vielleicht erkennen Sie Emotionalität auch an Erregung, Ärger, Zorn oder Begeisterung. Der andere kommt vielleicht schon erbost oder mit offener Ablehnung auf Sie zu, vielleicht schließt er Sie auch schon fast freudestrahlend in die Arme.

Bedenken Sie bitte, daß weder das emotionslose noch das emotionale Verhalten echt sein muß. Gute Verhandler spielen das gekonnt vor und können später auch im Streß des verbalen Schlagabtausches dabei bleiben. Lassen Sie sich weder von „menschlicher Wärme" einwickeln noch von „Gefühlskälte" abschrecken. Unterschätzen Sie die scheinbar Aufgeregten nicht, und überschätzen Sie nicht diejenigen, die mit undurchdringlichem „Pokerface" vor Ihnen sitzen. Das kann alles Taktik sein!

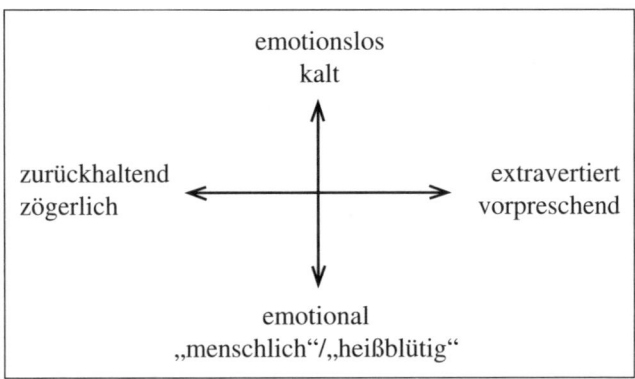

Abbildung 5: Die vier Verhaltensrichtungen

3. **zurückhaltend und zögerlich**
   Ihr Gesprächspartner verhält sich still, sagt wenig und spricht recht langsam und oft auch eher leise. Er könnte sogar etwas schüchtern oder unsicher auf Sie wirken. Seine Wortwahl ist wenig bestimmend, sondern geprägt von Formulierungen wie: „Ich würde meinen ..." – „Könnte sein ..." – „Eventuell ..." Das klingt zum Teil, als sei er selbst nicht ganz überzeugt oder befürchte Ihren Widerspruch. Auch das kann Taktik sein, um Sie aus der Reserve zu locken!

4. extravertiert und vorpreschend

Ihr Gesprächspartner tritt forsch auf, ergreift schnell das Wort, spricht oft recht laut, viel und schnell. Seine Formulierungen klingen nach Dominanz und Selbstsicherheit bis hin zu Aggressivität: „Es ist doch wohl Tatsache, daß ..." – „Die Fakten sagen ..." – „Hören Sie mal zu!" – „Denken Sie doch mal logisch!"

Bedenken Sie auch bei diesen beiden Verhaltensrichtungen, daß sie nicht unbedingt etwas über die Selbstsicherheit des anderen aussagen müssen. Es ist durchaus möglich, daß der Zögerliche Ihnen nur vorspielt, unsicher in seiner Argumentation zu sein. Und vielleicht versucht der Extravertierte seinen Mangel an handfesten Beweisen durch vorlautes Verhalten zu verschleiern.

Wenn Sie einen zurückhaltenden Verhandlungspartner vor sich haben, sollten Sie damit rechnen, daß er auf Zeit spielt und Sie vorsätzlich durch Sprechpausen nervös machen und zu unkluger Ungeduld verleiten will. Lehnen Sie sich einfach auch zurück, und lassen Sie Gesprächspausen zu. Oft ist die Person, die nach einer Gesprächspause zuerst wieder mit dem Sprechen anfängt, diejenige, die am meisten unter Druck steht, daß endlich die Sache weitergeht. Das nutzt der andere natürlich aus!

Wenn Sie einen extravertierten Gesprächspartner vor sich haben, lassen Sie sich bitte nicht in anstrengende Wettbewerbe um Schlagfertigkeiten treiben. Am Ende sind Sie völlig erschöpft, und der andere macht mit Ihnen, was er will. Denken Sie immer daran, daß Sie nicht alles widerlegen und zu allem einen Kommentar abgeben müssen. Oft reicht es, wenn Sie den anderen „sich leerreden" lassen und am Ende einfach zu seinen Vorschlägen nicht zustimmen. Dann ist der Laute müde und nicht Sie.

Im Hinblick auf Zurückhaltung und Extravertiertheit muß man allerdings auch bedenken, daß es auf die jeweilige Machtposition ankommt. Die Person, die weiß, daß der andere etwas will, kann sich natürlich leichter Zurückhaltung und zögerliches Auftreten leisten und auch einmal in das dominante Verhalten wechseln und dann wieder ganz still werden. Die Person, die von der anderen etwas will, verfällt oft zu leicht und zu heftig in das vorpreschende Verhalten und redet am Ende zu viel und zu leichtfertig.

Vor allem, wenn Ihre Verhandlungsposition die schwächere ist, sollten Sie einen guten Mittelweg finden. Seien Sie nicht zu zögerlich, weil sich der andere sonst ganz aus der Verhandlungsbereitschaft zurückzieht. Vertreten Sie jedoch auch nicht zu vehement Ihren Standpunkt, weil sich sonst der andere zurücklehnt und Ihnen dabei zuschaut, wie Sie sich anstrengen und am Ende erschöpft seinen Bedingungen zustimmen.

Sie werden feststellen, daß sich Ihr Gesprächspartner nicht nur eindimensional nach einer der vier Verhaltensrichtungen orientiert. Abgesehen von plötzlichen Wechseln im Verhalten kann man oft beobachten, daß ein Verhandlungspartner zwei Verhaltensrichtungen kombiniert. Dann kommt es zu diesen Verhaltensvarianten:

1. **analytisch-rational: emotionslos und zögerlich**
   Ihr Gesprächspartner tritt sehr ruhig auf, scheint jedes seiner eigenen Worte und jede Äußerung von Ihnen gründlich zu durchdenken. Seine Wortbeiträge sind sehr von Fachsprache geprägt und oft recht lang mit kompliziertem Satzbau, als müsse wirklich jedes Detail eingefügt werden. Ihr Gesprächspartner läßt sich vor dem Sprechen Zeit, redet sehr langsam und verzieht keine Miene. Sie spüren, daß er sich durch nichts von seinen Analysen ablenken läßt. Auch Sie als Persönlichkeit spielen für den anderen keine Rolle. Er ist rein auf die Sache bezogen und wirkt dabei unbestechlich und unmanipulierbar. Sie haben keine Vorstellung davon, was sich in seinen Gedanken abspielt. Sie sitzen einem „Pokerface" gegenüber.

2. **dominierend-unterwerfend: extravertiert und emotionslos**
   Ihr Gesprächspartner tritt energisch und dominant auf. Er unterbricht Sie, wenn Ihre Wortbeiträge zu lang ausfallen. Wenn Sie Ihrerseits versuchen, ihn zu unterbrechen, dann redet er trotzdem weiter, hebt jedoch die Stimme, um Sie zu übertönen. Seine Sätze sind immer recht kurz und knackig bis pauschalierend formuliert. Auf alles, was Sie sagen, hat er blitzschnell eine passende Antwort. Er ist zu schlagfertig, als daß Sie ihn jemals sprachlos machen könnten.
   Auch in der Gestik kommt das Dominanzstreben zum Ausdruck: Ihr Gesprächspartner haut mit der flachen Hand auf den Tisch, um die eigenen Worte zu unterstreichen, holt beim Sprechen weit mit den Armen aus und nimmt auf der Tischplatte mit Unterlagen und Ellenbogen mehr als die Hälfte der Fläche ein. Wenn Sie vom Typ her eher zurückhaltend sind, kommen Sie kaum zu Wort. Wenn Sie selbst zu extravertiertem Verhalten neigen, kommt es gelegentlich zu Machtkämpfen um Redeanteile, zu gegenseitigem Ins-Wort-fallen, und es wird laut.

3. **selbstdarstellend: extravertiert und emotional**
   Ihr Gesprächspartner will sich selbst in seiner Rolle als wichtige oder interessante Persönlichkeit darstellen. Schon die äußere, oft unkonventionelle Erscheinung und das betont selbstbewußte bis lässige Auftreten sollen Ihnen zeigen, daß Sie es mit einem „Star" zu tun haben. Ihr Gesprächspartner schweift auch immer wieder gerne vom eigentlichen Thema der Verhandlung ab. Er leistet sich Bonmots, witzige Wortspielereien, ausführliche Schilderungen aus seinem interessanten Leben und läßt Sie auch gerne – so ganz nebenbei – die Namen wichtiger Persönlichkeiten wissen, mit denen er sonst Umgang pflegt. Einerseits legt er großen Wert darauf, bedeutungsvoller und schillernder zu sein als Sie, andererseits dürfen Sie auch nicht zu grau und geschäftsmäßig auftreten, weil er sonst die Lust verliert, mit Ihnen jemals zu einem Verhandlungsergebnis zu kommen.
   Leisten Sie sich zwischendurch auch gelegentlich ein wenig „Name dropping": Nennen Sie einige der wichtigen Persönlichkeiten, mit denen Sie Um-

gang pflegen. Das wertet Sie auf und macht es Ihrem Gesprächspartner leichter, sich schließlich doch wieder auf das Thema zu konzentrieren. Versuchen Sie jedoch nicht, ihn auszustechen!

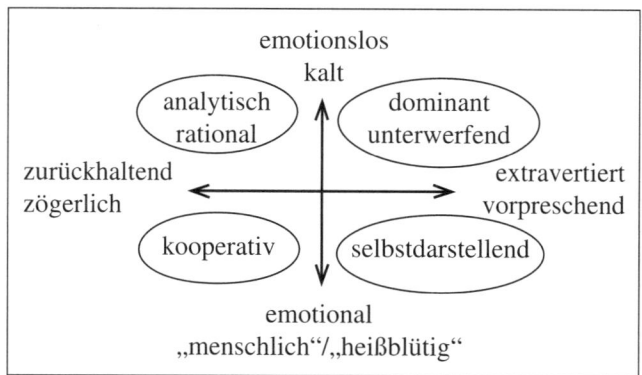

Abbildung 6: Kombinationen der vier Verhaltensvarianten

4. kooperativ: zurückhaltend und emotional

Ihr Gesprächspartner kommt Ihnen sehr nett entgegen und fängt erst einmal mit Small talk an. Er ist felsenfest davon überzeugt, daß es ein Naturgesetz gibt, daß geschäftliche Gespräche grundsätzlich ihre „Aufwärmphase" brauchen. Er wird Ihnen auch immer viel Zeit zugestehen, sich ausführlich zu äußern. Es käme ihm gar nicht in den Sinn, Sie jemals zu unterbrechen oder Ihnen offen zu widersprechen. Er hört Ihnen immer aufmerksam zu und wählt seine eigenen Worte stets so, daß es auf keinen Fall zu einer Konfrontation oder gar einem Konflikt kommt. Während Sie Ihren Standpunkt darlegen, werden Sie beim anderen öfter einmal wohlwollendes Lächeln und zustimmendes Kopfnicken sehen.

Es kann tatsächlich sein, daß Ihr Gesprächspartner so kooperativ denkt und fühlt, wie er auftritt. Dann wird er sich darum bemühen, durch konfliktfreien argumentativen Austausch mit Ihnen zu einem fairen Verhandlungsergebnis zu kommen.

Es ist jedoch genauso möglich, daß Ihr Gesprächspartner ganz einfach nur so kooperativ auftritt, weil er Konflikte und Unannehmlichkeiten scheut. Dann wird er den Eindruck vermitteln, daß er Ihnen eigentlich schon zustimmt, sich die Sache aber noch einmal durch den Kopf gehen lassen möchte. Sie verabschieden sich in herzlichem Einvernehmen, gehen davon aus, ihn überzeugt zu haben, und müssen einen oder mehrere Tage später erbost feststellen, daß der nette Verhandlungspartner Ihnen per Brief oder durch die Sekretärin mitteilen läßt, daß er doch nicht zustimmt. Ihren Versuchen, noch einmal zu einem persönlichen Gespräch zusammenzukommen, wird er geschickt ausweichen.

Hier noch ein paar Tips für den Umgang mit allen hier geschilderten Verhandlungspartnern:

1. **Umgang mit dem rational-analytischen Gesprächspartner**
   Bleiben Sie immer absolut sachlich und humorlos. Schweifen Sie nicht vom Thema ab, und begründen Sie Ihre Argumente mit stichhaltigen Beweisen. Wo Sie nicht beweisen können, müssen Ihre Annahmen plausibel begründet sein. Rechnen Sie Kosten und Nutzen möglichst in Zahlen vor.
   Sie sollten konservativ-unauffällig gekleidet in die Verhandlung gehen und unendlich viel Zeit mitbringen.

2. **Umgang mit dem dominierend-unterwerfenden Gesprächspartner**
   Monologisieren Sie nicht. Sprechen auch Sie kurz und knackig, kommen Sie sofort auf den Punkt. Verzichten Sie auf weitschweifige Erklärungen, anspruchsvolle Fachsprache und komplizierte Beweisführungen. Nennen Sie lieber Referenzen, und geben Sie ihm Detailinformationen schriftlich zum späteren Nachlesen mit. Wahren Sie körperlichen Abstand von mindestens achtzig bis hundert Zentimetern. Der andere will keine Nähe, und er könnte Sie mit seiner dominanten Ausstrahlung erdrücken. Vor allem, wenn der andere Ihnen gegenüber in einer Machtposition (z.B. Ihr Kunde oder Ihr Vorgesetzter) ist, sollten Sie sich niemals Humor leisten! Das gilt auch dann, wenn er selbst lustige Bemerkungen macht. Die Witze macht der Dominante selbst und sonst niemand!
   Auf keinen Fall dürfen Sie den anderen tadeln, wenn er Sie unterbricht. Kann sein, daß er Sie danach immer brav ausreden läßt, aber jedes Ihrer Worte könnten Sie ab diesem Zeitpunkt auch gegen eine Wand sprechen.

3. **Umgang mit dem selbstdarstellenden Gesprächspartner**
   Verhalten Sie sich auch ein wenig locker, seien Sie ruhig humorvoll, und ermuntern Sie den anderen durch Fragen, noch mehr von sich und seinem beeindruckenden Leben zu erzählen. Erst muß der Selbstdarstellungstrieb befriedigt sein, danach kann er sich auf das Verhandlungsthema konzentrieren. Versuchen Sie niemals, den anderen zu dominieren oder gar zu belehren. Das würde ihn in seiner Eitelkeit empfindlich treffen und könnte zum offenen Konflikt führen.

4. **Umgang mit dem kooperativen Gesprächspartner**
   Wenn das kooperative Verhalten echt ist, können Sie trotz aller Umwege über Small talk und Plaudereien vergleichsweise zügig zu einem fairen Verhandlungsergebnis kommen.
   Sie sollten jedoch ein Gespür dafür entwickeln, ob der andere es wirklich so nett mit Ihnen meint oder ob er nur konfliktfrei durch die Verhandlung kommen will, um dann später doch keine Einigung zu wollen. Das passiert, wenn Sie oder Dritte ihm zuvor Druck gemacht haben, sich überhaupt mit Ihnen zu treffen. Manche Verkäufer, die von ihren Vorgesetzten zu möglichst vielen Kundenbesuchen gedrängt werden, verschwenden unendlich

viel Zeit in sinnlosen Verkaufsgesprächen mit kooperativen Gesprächspartnern, denen sie einen Termin aufgedrängt haben.

Kooperative Menschen pflegen gerne über die eigentliche Verhandlung hinaus Kontakte. Wenn Sie des öfteren mit einem solchen Menschen zu tun haben, sollten Sie ihn in Ihre Liste für Geburtstags- und Weihnachtskarten aufnehmen. Rufen Sie ihn auch von Zeit zu Zeit ohne konkreten Anlaß zum kleinen Kontaktpflegeplausch an. Von Mal zu Mal werden die Verhandlungen mit dieser Person leichter.

Wenn das kooperative Verhalten allerdings eine Masche ist, dann sollten Sie sich vor zu engem Kontakt hüten. Der andere baut mit Ihnen eine für ihn günstige Scheinfreundschaft auf!

Frauen sind als Verhandlungspartnerinnen nicht anders! Nur der sprachlichen Einfachheit halber wurde hier stets die männliche Form verwendet. Hoffentlich hängen Sie nicht der veralteten Einstellung an, daß kooperatives Verhalten eher bei Frauen und dominantes Verhalten eher bei Männern vorkommt!

1. **Die analytisch-rationale Gesprächspartnerin**
   Unterschätzen Sie die analytisch-rationalen Frauen nicht. Manche von ihnen können vom Äußeren her wie graue Mäuse mit unmöglichen Frisuren und sonderbarem Kleidungsstil wirken. Anders als viele Männer mit dieser Neigung zur „Vergeistigung", achten die Ehepartner solcher Frauen nicht auf deren Äußeres. Anders als Männer werden Frauen jedoch häufig in erster Linie nach dem Äußeren beurteilt. Wenn Sie also vielleicht glauben, eine verklemmte Landpomeranze vor sich zu haben, dann kann Ihnen tatsächlich eine scharfe Strategin oder Schachspielerin gegenübersitzen, die um drei Ecken denkt!

2. **Die dominierend-unterwerfende Gesprächspartnerin**
   Mit der dominierend-unterwerfenden Frau sollten Sie nicht herumstreiten. Ihre Lebenserfahrung hat sie gelehrt, daß Männer dominante Frauen nur schwer ertragen können, und das haßt sie. Verlassen Sie sich darauf, daß sie mehr Erfahrung damit hat, Sie „platt" zu machen als umgekehrt – und sie wird es tun, wenn Sie sich auf einen Machtkampf mit ihr einlassen.

3. **Die selbstdarstellende Gesprächspartnerin**
   Sie werden keine Probleme mit der selbstdarstellenden Frau haben, solange Sie nicht auf die Idee kommen, ihr plumpe Komplimente zu machen, die sich in irgendeiner Form auf weibliche Attribute (Kleidung, Charme ...) beziehen. Die Dame wird entweder sofort eisig und läßt Sie als Verhandlungspartner fallen oder schlägt ihrerseits mit ein paar netten Worten zu Ihrer hübschen Figur oder charmanten Ausstrahlung zurück – und läßt Sie dann auch fallen.

4. **Die kooperative Gesprächspartnerin**
   Die kooperative Frau zieht gelegentlich alle „weiblichen Register" vom netten Flirt bis zu mütterlicher Versorgung mit Kaffee und Plätzchen. Täuschen

Sie sich nicht! Sie haben es nicht mit einem sanften Frauchen zu tun und auch nicht mit „Mutter Beimer". Sie verhandeln immerhin mit einer Persönlichkeit, die es geschafft hat, in eine Position zu gelangen, in der sie mit Ihnen verhandelt und nicht Ihre Diktate aufnimmt. Das nette „weibliche" Auftreten kann also eine bewußt eingesetzte Masche sein.

In einer Verhandlung spielen sich natürlich beide Partner immer irgendwie aufeinander ein. Auch Sie treten dominant oder zurückhaltend, emotional oder kalt auf. Das mag an Ihrem Temperament liegen, an Ihrer Tagesform, an Ihrer Machtposition im Hinblick auf die Verhandlung oder auch an Ihrer taktischen Strategie.

Sie sind Ihrem Verhandlungspartner gegenüber im Vorteil, wenn Sie nicht instinktiv Ihr Verhaltensrepertoire einsetzen, sondern bewußt darauf achten und Ihr Verhalten auch an dem des anderen orientieren. Außerdem sollten Sie beobachten:

- Welche Verhaltensvariante zeigt der andere?
- Was könnte mich daran blenden oder in Scheinsicherheit wiegen?
- Mit welchem Verhalten komme ich hier weiter?

Beobachten Sie während der gesamten Verhandlung immer aufmerksam Ihren Gesprächspartner. Er kann sich plötzlich oder auch fast unmerklich und langsam umstellen.

Vielleicht zeigt er ein bestimmtes Verhalten, weil er nicht anders kann. Vielleicht steckt jedoch auch eine besonders gelungene Verhandlungspsychologie dahinter.

3.4 Die Kompetenz des Schweigens

Im richtigen Moment schweigen zu können ist vor allem für temperamentvolle und harmoniesüchtige Menschen nicht leicht.

Wenn Sie temperamentvoll sind ...

Wenn Sie wissen, daß Sie temperamentvoll sind, dann kennen Sie sicherlich auch die Situationen, in denen Sie sich nach einer Auseinandersetzung am liebsten die Zunge abbeißen würden. Ihr Problem ist dann nicht die mangelnde Schlagfertigkeit, sondern das Gegenteil. Wenn Sie es mit einem Verhandlungspartner zu tun haben, der psychologisch versiert ist oder über einen sicheren Instinkt im Umgang mit Menschen verfügt, dann müssen Sie immer damit rechnen, daß der andere Sie bewußt so provoziert, daß Ihnen plötzlich im Eifer des Wortgefechtes „die Zunge durchgeht". Verhörspezialisten der Kripo sind wahre Meister in dieser Technik!

Sind Sie temperamentvoll, dann können Sie Ihre gewohnte Reaktionsschnelligkeit nicht einfach für eine bestimmte Verhandlung auf kluges Schweigen und Selbstbeherrschung umstellen. Dafür ist der Impuls, schnell etwas zu sagen oder zu antworten, viel zu tief in Ihrer Persönlichkeit verwurzelt.

• In Ihrem eigenen Interesse sollten Sie – zum Beispiel durch autogenes Training – die Kunst des Schweigens langfristig einüben. Das können Sie mit Sätzen machen wie:
  „Was andere sagen, läßt mich kalt. Ich halte einfach den Mund."
  „Ich muß nicht das letzte Wort haben. Mund zu!"
• Üben Sie auch in privaten Gesprächen immer wieder die Selbstbeherrschung, auch dann keinen Kommentar abzugeben oder ins Gespräch einzugreifen, wenn das Thema Sie brennend interessiert oder wenn andere etwas sagen, was falsch oder Ihrer Meinung entgegengesetzt ist.
• Wenn Sie in eine Verhandlung hineingehen, sollten Sie sich ein Symbol des Schweigens in Ihren Terminkalender oder auf den Notizblock zeichnen, das Sie während der Verhandlung stets vor Augen haben.

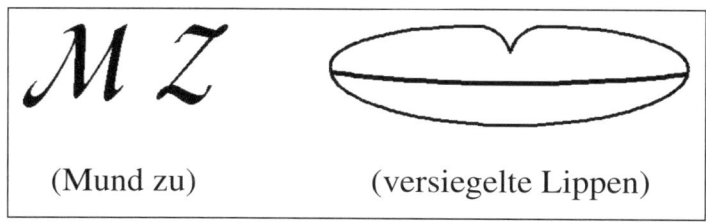

(Mund zu)   (versiegelte Lippen)

Abbildung 7: Durch symbolische Merkzeichen an das Schweigen erinnern

Wenn Ihnen Frieden und Harmonie wichtig sind ...

Wenn Sie vom Typ her friedliebend bis harmoniesüchtig sind, dann laufen Sie ebenfalls große Gefahr, sich vom Verhandlungspartner zu unklugem Reden führen zu lassen. Der andere verwickelt Sie in nettes Plaudern, hört zu, stellt offene Fragen, zeigt Verständnis für Ihren Standpunkt ... und bevor Sie es merken, haben Sie dem sympathischen Menschen auf der anderen Seite Ihr Herz geöffnet und sich „um Kopf und Kragen geredet". Sie gehen in Ihrer netten Art davon aus, daß der andere ein kooperativer Mensch mit Bereitschaft zur gemeinschaftlichen Ergebnisfindung ist. Dabei hat der andere Sie lediglich eiskalt ausgehorcht und sich dadurch für die späteren Detailverhandlungen einen erheblichen Vorteil verschafft.

Seien Sie besonders vorsichtig, wenn man Sie – obwohl es sich um eine geschäftliche Verhandlung handeln soll! – in die gemütliche Sitzecke mit Polstermöbeln lockt. Zu bequemes Sitzen entspannt auch das Denken und schläfert Ihre kritische Aufmerksamkeit ein. Wenn man Sie dann auch noch in einer „Aufwärmphase" mit Small talk über Familie, Hobby, Urlaub und Blabla einlullt, dann gibt Ihr „Denkhirn" (Großhirn) bald auf und überläßt dem „Gefühlshirn" (Zwischenhirn) die Kontrolle. Mit den simpelsten Fragetechniken holt dann der andere alles aus Ihnen heraus, was er an Informationen braucht.

> Sie kennen sicherlich das Gefühl, von anderen Menschen enttäuscht worden zu sein. Da haben Sie mit einem anderen so nett zusammengesessen, sich so harmonisch und in aller Offenheit (!) ausgetauscht, und müssen dann im Nachhinein feststellen, daß der andere doch nicht so vertrauenswürdig war, wie Sie glaubten. Das passiert Ihnen mit Schwager Erwin, mit dem Parkettverleger und mit Geschäftspartnern! Lassen Sie das nicht mehr mit sich machen!

Vermutlich besteht bei Ihnen auch die Gefahr, daß Sie am Ende einer Verhandlung nicht energisch auf der schriftlichen Fixierung des Ergebnisses bestehen. Sie lassen sich sofort davon abbringen, wenn der andere Sie mit Dackelaugen anschaut und tieftraurig fragt, ob Sie denn gar kein Vertrauen in ihn haben. Nein, das haben Sie ab sofort auch nicht mehr! Denn: hätte der andere keine schmutzigen Tricks im Hinterkopf , könnte er sich auf die schriftliche Fixierung einlassen.

- Sollten Sie zur Harmoniesucht neigen, dann bestehen Sie besonders energisch darauf, Verhandlungen grundsätzlich in geschäftlicher Atmosphäre an ordentlichen Tischen – auch nicht während eines Essens – zu führen.
- Meiden Sie die „Plauderfalle" des Small talks, und kommen Sie zügig zum Thema.
- Bereiten Sie sich immer schriftlich vor, und achten Sie darauf, daß alle sachlichen Punkte zum Thema konsequent abgearbeitet werden.
- Legen Sie Ihre Unterlagen so zwischen sich und Ihren Verhandlungspartner, daß sie eine Barriere bilden. Der andere darf auf keinen Fall in Ihren Papieren mitlesen!

Das klingt sehr feindselig und distanziert. Aber als harmonieliebender Mensch müssen Sie mehr Wert auf das Konträre zwischen Ihnen und Ihrem Verhandlungspartner achten und alles vermeiden, was dazu führen könnte, daß Ihr „Herz" (Zwischenhirn) sich danach sehnt, vom anderen gemocht zu werden.

Zum Thema „Schweigen in der Verhandlung" hier noch ein paar gute Sprüche:

- „Schweigen ist das am schwersten zu widerlegende Argument."
- „Wer seine Gedanken nicht auf Eis zu legen versteht, soll sich nicht in die Hitze des Streits begeben." (Nietzsche)
- „Gegen den, der bei einer Auseinandersetzung den kühlsten Kopf behält, kommt so leicht keiner an."
- „Wir sind Herren unserer unausgesprochenen Worte, doch Sklaven derer, die uns über die Lippen kommen." (arabisches Sprichwort)

3.5 Verkaufstechniken – nicht nur für Verkäufer

Auch wenn Sie nicht die Absicht haben, jemals im Verkauf zu arbeiten, sollten Sie sich ein Verkaufstraining gönnen. Dabei geht es nicht um „Drücker"-Techniken, wie sie zum Beispiel im Strukturvertrieb gebräuchlich sind, sondern um beratende Verkaufsgespräche mit dem Ziel, Bedarfe und Motive des Kunden festzustellen und mit dem eigenen Angebot überzeugend zu befriedigen.

Im Verkaufstraining lernen Sie die Grundtechniken der Überzeugungsarbeit:

- *verstehen*
  - was der andere will
  - die Persönlichkeit des anderen
  - wie man selbst auf den anderen wirkt

- *wissen*
  - wie man den anderen zum Reden bringt
  - wie man den anderen zum interessierten Zuhören bringt
  - wie man die eigenen Angebote überzeugend darstellt
  - wie man auf Bedenken und Einwände eingeht
  - wie man den eigenen Standpunkt „verargumentiert"
  - wie man Gegenargumente analysiert und mit ihnen umgeht

- *erkennen*
  - wann der andere überzeugungsbereit ist
  - wann der andere überzeugt ist
  - wann Überzeugung (noch) nicht möglich ist

- *wissen, wie man zu einem erfolgreichen Abschluß des Gesprächs kommt.*

Im Grunde sind Verkaufen und Verhandeln sehr ähnliche Dinge. Ihr Verhandlungspartner muß Ihnen das „abkaufen", wovon Sie ihn überzeugen wollen.

Um Verkäufern das Führen von Verkaufsgesprächen zu erleichtern, werden in Verkaufstrainings gerne Phasenkonzepte als Strukturierungshilfen angeboten. Wenn man sich einmal mit einem solchen Konzept vertraut gemacht hat, kann man sich im Eifer des Hin und Her von Argumenten und Einwänden recht gut daran halten und den anderen in Richtung der eigenen Gesprächsziele steuern.

Versuchen auch Sie, sich bei Ihren Verhandlungen an einem der üblichen Phasenkonzepte für Verkäufer zu orientieren. Das muß man allerdings üben! Machen Sie sich mit dem Konzept vertraut und üben Sie es in alltäglichen Situationen, wenn Sie jemanden von etwas überzeugen wollen. Wenn Ihnen der Umgang mit diesem Instrument vertraut ist, können Sie es auch in harten Verhandlungen anwenden. Sie werden staunen, wie gut es funktioniert und wieviel Streß es aus der Verhandlung herausnehmen kann.

Das Phasenmodell lautet: **BEZAHL**

Jeder der Buchstaben steht für eine Phase des Gesprächs. Wenn Sie bewußt darauf achten, können Sie geschickt Ihren Verhandlungspartner von Phase zu Phase steuern.

B - begrüßen	Etikette, eigene Ausstrahlung
E - erfragen	Wertschätzung, „leer reden" lassen
Z - zeigen	eigene Standpunkte darlegen
A - argumentieren	Austausch der Argumente
H - Handschlag	Ergebnis besiegeln
L - „loben"	positiver Abschluß

Abbildung 8: Phasenmodell für Verhandlungen

B – Begrüßung

Treten Sie selbstbewußt und mit offener Freundlichkeit auf Ihren Gesprächspartner zu. Halten Sie sich peinlich genau an Etiketteregeln, damit nicht bereits jetzt schon Mißstimmungen das Klima belasten. Entwickeln Sie ein Gespür für die Stimmung des anderen. Will der andere Small talk oder nicht?

E – Erfragen

Sie haben sich vielleicht schon Ihre Argumente zurechtgelegt, mit denen Sie überzeugen wollen. Nun brennen Sie natürlich darauf, Ihren Standpunkt darzulegen. Das geht dem anderen vermutlich ebenso! Lassen Sie ihm rhetorisch den Vortritt.

Wenn Ihr Verhandlungspartner sofort loslegt, dann lassen Sie ihn. Hören Sie gut zu, und versuchen Sie ruhig, seinen Redestrom durch Fragen fließend zu halten. Wenn Ihr Verhandlungspartner nicht von sich aus beginnt, dann bringen Sie ihn mit einer offenen Frage zum Reden. Denken Sie daran, daß Sie den Redestrom auf keinen Fall unterbrechen! Auch wenn manche Äußerungen nach einer Antwort oder einem Einspruch von Ihnen förmlich schreien, sollten Sie Selbstdisziplin üben und nur zuhören.

Drei Gründe sprechen dafür, daß Sie den anderen erst einmal reden, reden, reden lassen:

1. Sie zeigen dem anderen durch aufmerksames Zuhören Ihre persönliche Wertschätzung. Sie zeigen dem anderen, daß Sie seine Meinung und sein Standpunkt interessiert. Das signalisiert immer Respekt vor der Persönlichkeit des anderen und wertet ihn emotional auf. Interesse heißt ja noch lange nicht Zustimmung!
   Wenn Sie jedoch Ihrerseits auf den anderen einreden und ihn am liebsten mundtot machen, dann ist das eine tiefe Mißachtung und wird auf jeden Fall die Verhandlung in Richtung Kampf und Konflikt treiben.

2. Sie können beim Zuhören bewußt auf Ihren Gesprächspartner achten und ihn im Rahmen dieses Gesprächs in seiner Persönlichkeit und Haltung studieren: Haben Sie es mit einem emotional gestimmten Menschen zu tun oder mit einem, der rein sachlich und sehr distanziert in dieses Gespräch gekommen ist? Verhält der andere sich sehr bestimmend oder mehr zurückhaltend? Außerdem können Sie aus den Ausführungen des anderen heraushören, welche Punkte zum Sachverhalt ihm besonders wichtig sind und was seiner Meinung nach für seinen eigenen Standpunkt spricht.

   Wenn Sie das vor Ihrer Überzeugungsarbeit festgestellt haben, können Sie viel gezielter so argumentieren, daß es den anderen auch erreicht.

3. Wenn Sie sich erst einmal zurückhalten und den Redestrom des anderen fördern, kann dieser sich „leerreden". Er kann alles rauslassen, was er sich zurechtgelegt und vorformuliert hat. Sehr salopp gesagt: Der andere „kotzt sich aus".

   Das ist gut für Sie! Sie werden staunen, wie aufmerksam und entspannt ein Mensch Ihnen zuhören kann, wenn er sich zuvor „leer-" und auch ein wenig „müdereden" durfte.

Z – Zeigen

Wenn Sie merken, daß der andere allmählich die Lust am Reden verliert und durch eigene Fragen Neugier an Ihrem Standpunkt bekundet, dann können Sie zeigen, wie Sie die Sache sehen.

- Verzichten Sie auf belehrende und kontroverse Formulierungen. Sagen Sie nicht: „Jetzt will ich Ihnen mal ..." – „Das ist falsch, was Sie sagen ..." – „Das muß man ganz anders sehen ..." Mit solchen Formulierungen stacheln Sie den anderen unnötig zu neuer Rede- oder sogar Angriffslust an.
- Formulieren Sie lieber so: „Meiner Meinung nach ..." – „Ich sehe die Sache so ..." – „Aus meiner Sicht betrachtet ..." – „Ich bin bisher ausgegangen von ..."

Damit stellen Sie Ihren Standpunkt als solchen dar. Das kann der andere leichter akzeptieren als Botschaften, die sich anhören wie die Verkündigungen überlegener Weisheiten.

A – Argumentieren

Da Sie inzwischen beide Ihre Standpunkte geschildert haben, können Sie nun in die Phase des Austausches von Argumenten, von Einwänden und Gegenargumenten treten.

Jetzt könnte das Klima wieder konfliktträchtig werden! Halten Sie sich an ein paar Grundregeln:

- Meiden Sie das Wort „Nein". Egal, wie sehr die Meinung des anderen von Ihrer abweicht – sagen Sie lieber „aha", „hmhm" oder: „Das sehe ich anders." Jedes „Nein" ist wie eine Mauer zwischen Ihnen und Ihrem Verhandlungspartner. Das erschwert unnötig Ihre Überzeugungsarbeit oder das Finden eines gemeinsamen Ergebnisses oder Kompromisses.

- Widerlegen Sie möglichst nicht die Argumente oder Gegenargumente Ihres Verhandlungspartners. Niemand wird Ihnen dafür danken, wenn Sie ihm Denkfehler, Logiklücken, Irrtümer oder ähnliche Schwächen nachgewiesen haben.

Fangen Sie lieber die Argumente oder Einwände des anderen geschmeidig auf, analysieren Sie deren Schwachstellen innerlich, und antworten Sie mit Ihren Argumenten so, daß der andere sich ohne Gesichtsverlust Ihrem Standpunkt nähern kann.

H – Handschlag

Am Ende der Verhandlung muß das Fazit kommen. Sie einigen sich zum Beispiel auf einen der beiden Standpunkte. Es kann durchaus sein, daß Sie im Verlauf des Gesprächs erkannt haben, daß Sie sich der Meinung Ihres Verhandlungspartners anschließen sollten. Es kann auch sein, daß Sie ihn überzeugen konnten. Vielleicht einigen Sie sich auch auf einen Kompromiß.

Auf jeden Fall sollten Sie sich jetzt vergewissern, daß Sie beide die gleiche Sicht auf das Ergebnis haben. Es darf kein Mißverständnis darüber geben, was denn nun ausgehandelt wurde.

Sichern Sie das Ergebnis ab. Wenn es sich zum Beispiel um eine Vertragsverhandlung gehandelt hat, kann jetzt die Unterschrift folgen oder zumindest die schriftliche Fixierung der Klauseln. Bei anderen Verhandlungen kann jetzt das Fazit ins Protokoll eingetragen werden. Wo nichts in Schriftform erfaßt wird, sollte jetzt der Handschlag als symbolische Geste die Sache besiegeln.

Die meisten Menschen sind so fair und zuverlässig, sich an das zu halten, was sie mit Handschlag bestätigt haben.

Sorgen Sie nun für ein schnelles Ende des Gesprächs. In der Regel ist es falsch, wenn Sie sich jetzt entspannt zurücklehnen und nach der Einigung noch gemütlich mit Ihrem Verhandlungspartner Kaffee trinken und plaudern. Zu leicht kommt plötzlich das Verhandlungsthema wieder hoch, Sie oder der andere hat plötzlich wieder das Bedürfnis, noch etwas dazu zu sagen – und schon geht es von vorne los.

L – Loben

Sorgen Sie immer für einen positiven Abschluß des Gesprächs. Auch wenn Sie ein wenig verärgert sind, sollten Sie zum Abschied einen netten Satz sagen: „Freut mich, daß wir die Sache heute regeln konnten." – „Wir sehen uns dann zur Vertragsunterschrift wieder. Ich freu mich drauf." – „Kommen Sie gut nach Hause." – „Grüßen Sie ..."

Versuchen Sie unbedingt, ganz zum Schluß einen freundlichen Ausklang zu finden. Das gibt dem anderen und auch Ihnen ein positives Gefühl mit auf den Weg.

So oder ähnlich gehen Kundenberater und Verkäufer vor. Und so funktioniert es auch bei Verhandlungen. Trainieren Sie dieses Vorgehen, und achten Sie auf den Erfolg.

3.6 Überzeugen ist wichtiger als Recht haben

Vielleicht haben auch Sie das schon einmal erlebt: Nach langem Hin und Her haben Sie mit schlüssigen Argumenten endlich die Zustimmung Ihres Verhandlungspartners erreicht und sich mit ihm zu einem gemeinsamen Ergebnis geeinigt – und dann macht der andere später doch einen Rückzieher, und Ihre Verhandlung war vergebens.

Vielleicht kennen Sie es auch umgekehrt. Ihr Verhandlungspartner war Ihnen vielleicht inhaltlich und rhetorisch so klar überlegen, daß Sie nicht dagegenhalten konnten. Um aus der Klemme zu kommen, haben Sie schließlich seinen Argumenten zugestimmt. Später, nachdem Sie sich die Sache noch einmal gründlich überlegt und mit Dritten besprochen haben, mußten Sie Ihren Teil des Verhandlungsergebnisses wieder zurücknehmen. Der Rückzieher ist Ihnen natürlich unangenehm. „Ein Mann – ein Wort" heißt die Regel oder auch: „Was man verspricht, das muß man halten."

Die für die eine Seite ärgerliche und für die andere Seite peinliche Situation des Zurücknehmens nach einer Verhandlung entsteht, wenn Überzeugen mit Überreden verwechselt wurde.

* *Überreden* bedeutet, daß man einen anderen durch rhetorische Tricks, Druck, Schmeichelei, kleine Aufmerksamkeiten (Alkohol und ähnliches) dazu bringt, einer Sache zuzustimmen, die er in Wahrheit ablehnt oder nicht richtig verstanden hat.
* *Überzeugen* bedeutet, daß man den eigenen Standpunkt so vermittelt, daß der andere zustimmt, weil er innerlich zu der Sache Ja sagen kann. Dann ist ein Verhandlungsergebnis möglich, zu dem später beide Seiten stehen.

Wenn es Ihnen gelingt, Ihren Verhandlungspartner im Sinne Ihrer Ziele zu einem Ergebnis zu *überreden*, dann besteht immer die Gefahr, daß er später einen Rückzieher macht und sich außerdem über Sie ärgert. Das Gefühl, überredet worden zu sein, ist auch ein Gefühl der Niederlage.

Wenn es Ihnen gelingt, den anderen im Rahmen der Verhandlung zu *überzeugen*, dann haben Sie einen Verbündeten in der Entwicklung des gemeinsamen Ergebnisses. Der andere sieht die Sache so wie Sie oder ist bereit, sich Ihrem Standpunkt anzuschließen oder mit Ihnen „gemeinsame Sache" zu machen. Er wird bei seiner Zustimmung zum Verhandlungsergebnis bleiben und dieses auch vor Dritten vertreten.

Wenn Sie im Laufe einer Verhandlung feststellen, daß Sie Ihren Gesprächspartner nicht überzeugen können, so ist es fast immer richtig, wenn Sie auch aufs Überreden verzichten. Versuchen Sie es lieber mit einem Kompromiß. Dann kann jede Seite bei ihrem Standpunkt bleiben, die Gegensätze werden nicht verschleiert, und niemand fühlt sich unter Druck gesetzt. Wie der Kompromiß dann genau aussieht, hängt vom jeweiligen Verhandlungsgeschick – eventuell im Sinne des „Feilschens" – ab.

Am günstigsten für Sie ist es natürlich, wenn Sie Ihren Verhandlungspartner mit Ihren Argumenten überzeugen können. Wenn der andere Ihnen zumindest in großen Teilen zustimmt, dann wird er Ihnen auch bei der Einigung auf ein gemeinsames Ergebnis entgegenkommen. Das gilt für Verkaufs- und Kaufverhandlungen ebenso wie für Tarif-, Gerichts-, Kompetenzrahmen- oder Preisverhandlungen.

Machen Sie sich mit den psychologischen Grundlagen des Überzeugens vertraut.

Überzeugung findet nie nur über den rationalen Verstand statt, sondern mehr als wir glauben über Gefühle und Instinkte. Wenn der rationale Verstand Ihrem Gesprächspartner sagt, daß Ihre Argumente unlogisch klingen, dann können Sie ihn nicht überzeugen. Wenn jedoch Ihre Argumente zwar logisch und vernünftig klingen, Ihre Persönlichkeit oder Ihr Standpunkt dem anderen gefühlsmäßig jedoch unangenehm sind, dann können Sie auch nicht überzeugen. Er wird dann vielleicht keine guten Gegenargumente finden. Aber das nützt Ihnen nichts. Notfalls stellt der andere sich stur. Wenn aber Sie als Persönlichkeit oder Ihr Standpunkt beim anderen gut ankommen, so können Sie auch dann überzeugen, wenn Ihre Argumente nicht alle hieb- und stichfest sind. Der andere ist dann – teilweise unbewußt – bereit, sich überzeugen zu lassen.

> Führen Sie sich bitte für Ihre Verhandlungen vor Augen, daß bei nur etwa 15 % der Menschen Entscheidungen für oder gegen etwas rein rational über das Großhirn erfolgen. Nur 15 von 100 Personen lassen sich von Ihren vernünftigen und logisch schlüssigen Argumenten wesentlich beeinflussen!
> Bei 85 % Ihrer Verhandlungspartner ist es viel wichtiger, daß Sie deren Gefühle und Instinkte erreichen! Diese Menschen müssen das Gefühl haben, daß man Ihnen persönlich und fachlich vertrauen kann, daß Ihre Argumente gut durchdacht und in sich stimmig sind, daß Sie die Wahrheit sagen. Rechnen Sie damit, daß sich die meisten Ihrer Verhandlungspartner selbst für großartige Menschenkenner halten und im Zweifel weniger ihren rationalen Verstand einsetzen. Sie analysieren Ihre Argumente nicht, sondern überlassen es lieber ihrem „Feeling" zu entscheiden, ob man Ihnen glauben kann oder nicht.

Der erste Schritt ist also, daß Sie grundsätzlich durch Ihre Persönlichkeit überzeugen!

Damit Sie als Persönlichkeit überzeugend wirken, müssen Sie der anderen Person das Gefühl vermitteln, daß Sie

- im Hinblick auf das Thema über fachliche Kompetenz verfügen und die Fakten kennen;
- selbst auch Ihre Argumente für überzeugend halten;
- sympathisch und vertrauenswürdig sind und keine hinterhältigen Absichten verfolgen.

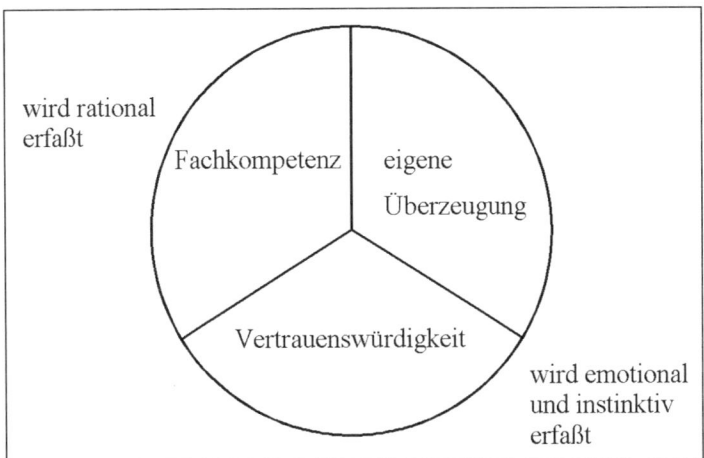

Abbildung 9: Als Persönlichkeit überzeugen

Wenn nur eine dieser drei Komponenten – Fachkompetenz, eigene Überzeugung, Vertrauenswürdigkeit – fehlt, dann können Sie auch mit den besten Rhetorikkünsten nicht überzeugen.

Ob Sie sich sachlich auskennen, erkennt Ihr Gesprächspartner, wenn Ihre Argumente in sich schlüssig klingen und von Ihnen mit Fakten, Beispielen, Referenzen und Beweisen untermauert werden.

Ob Sie auch selbst von der Richtigkeit Ihrer Argumente überzeugt sind und ob Sie sympathisch und vertrauenswürdig wirken, beurteilt Ihr Verhandlungspartner mehr gefühlsmäßig. Oft weiß er nicht, was ihm das Gefühl gibt, Ihnen glauben zu können oder nicht. Es ist ihm nicht bewußt, daß er Ihre verbalen und nonverbalen Botschaften vergleicht. Ist es Ihnen bewußt?

Sie wirken dann überzeugend, wenn Ihre Worte mit dem übereinstimmen, was Ihre Körpersprache zum Ausdruck bringt.

Ihre Argumente erreichen den rationalen Verstand. Ihre Körpersprache erreichen eher die Gefühle oder Instinkte.

Fördern Sie die Bereitschaft Ihres Verhandlungspartners, sich überzeugen zu lassen!

Vielen Menschen fällt es allein aus Denkfaulheit schwer, sich von einem bisherigen Standpunkt zu lösen und sich von einem anderen überzeugen zu lassen. Manche Menschen sträuben sich vielleicht auch deshalb gegen Ihre Überzeugungsversuche, weil sie befürchten, manipuliert zu werden oder als Verlierer aus der Verhandlung herauszugehen, wenn sie Ihnen schließlich zustimmen sollten. Und wieder andere mögen sich vielleicht deshalb nicht überzeugen lassen, weil sie befürchten, später vor Dritten begründen zu müssen (und sachlich nicht zu können), warum sie Ihren Argumenten gefolgt sind!

Demnach sollten Sie bei Ihrer Überzeugungsarbeit immer auch bedenken, daß die von Ihnen überzeugte Person später in der Lage sein muß, vor Dritten zu begründen, warum sie mit Ihnen zu dem gemeinsamen Verhandlungsergebnis gekommen ist.

Rechnen Sie mit den drei typischen Überzeugungsbarrieren bei Ihrem Verhandlungspartner!

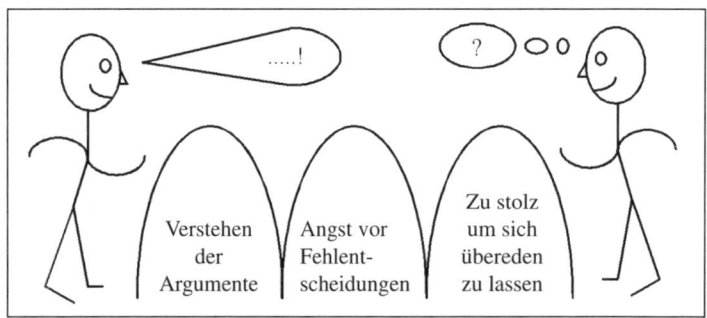

Abbildung 10: Die drei typischen Überzeugungsbarrieren

1. *Die erste Barriere ist die des Verstehens.*
    Sorgen Sie dafür, daß der andere Ihre Argumente wirklich gut versteht und sich so viel Hintergrundinformation einprägt, daß er seinerseits später vor Dritten erklären kann, wie die Dinge stehen und was für das gemeinsame Verhandlungsergebnis spricht. Wenn er das nicht kann, besteht die Gefahr, daß er später unter dem Einfluß Dritter doch wieder ins Zweifeln kommt, sich hereingelegt fühlt und womöglich einen Rückzieher macht.

2. *Die zweite Barriere ist die Angst vor Fehlentscheidungen und Irrtümern.*
    Vielleicht hat Ihr Verhandlungspartner Sorge, später von Dritten zu hören, daß es falsch war, mit Ihnen zum gemeinsamen Ergebnis zu kommen. Geben Sie ihm die Sicherheit, daß andere schon vor ihm ebenfalls von Ihrem Standpunkt überzeugt wurden und daß er später keinen Ärger wegen des Verhandlungsergebnisses zu erwarten hat.

3. *Die dritte Barriere ist der Stolz, sich nicht überreden, hereinlegen oder ma-nipulieren zu lassen.*

Ihr Verhandlungspartner könnte befürchten, daß Sie oder Dritte ihn als Ver-lierer Ihrer rhetorischen Tricks betrachten, wenn er sich von Ihnen „herum-kriegen" läßt. Verzichten Sie auf jeden Druck! Lassen Sie ihm Zeit zum Mitdenken. Lassen auch Sie sich von etlichen seiner Argumente überzeugen, und machen Sie ihm klar, wieviel von seinem Standpunkt in die gemeinsame Lösung eingeflossen ist. Ihr Verhandlungspartner sollte nicht das Gefühl ha-ben, er allein sei überzeugt worden. Er braucht auch das „Siegergefühl", Ih-nen gegenüber Dinge durchgesetzt zu haben.

Ihr Verhandlungspartner ist dann bereit, sich von Ihnen zu einem gemeinsamen Ergebnis überzeugen zu lassen, wenn ...

- sein Verstand die Argumente nachvollziehen kann und sein Gefühl ihm be-stätigt, daß Ihre Argumente vernünftig und glaubhaft klingen;
- wenn er sicher ist, daß ihm kein Risiko oder Ärger durch seine Zustimmung entsteht;
- wenn er sich nicht als Opfer Ihrer überlegenen Rhetorik fühlt, sondern als Mitgestalter des gemeinsamen Ergebnisses.

Die Überzeugungsbereitschaft Ihres Verhandlungspartners erkennen Sie am Blickkontakt. Wenn der andere Ihnen gerade in die Augen schaut, dann ist er für Ihre Argumente offen. Er mag Ihnen vielleicht noch nicht zustimmen. Er ar-gumentiert vielleicht heftig dagegen, aber er will von Ihnen noch mehr hören. Wenn jetzt Ihre verbalen und nonverbalen Botschaften zusammenpassen und wenn Ihre logischen Schlüsse nachvollziehbar sind, werden Sie ihn überzeugen können.

Wenn der andere Ihnen Fragen stellt, Zweifel äußert, Beweise sehen will oder sogar mit heftigen Einwänden kontert, dann hat er trotzdem schon Ja zu Ihren Argumenten gesagt. Er will sich nur noch absichern, daß ihm auch wirklich nichts entgangen ist, oder er will für spätere Erklärungen vor Dritten von Ihnen Argumentationshilfen. Verzichten Sie auf Rechthaberei oder den Wunsch, seine Argumente widerlegen zu wollen! Damit würden Sie unnötig Barrieren aufbau-en, den anderen ärgern und womöglich dahin treiben, sich wider besseren Wis-sens dann doch nicht Ihren Vorschlägen anzuschließen.

Egal, wie widerspenstig Ihr Verhandlungspartner sich zeigt, wenn er Ihnen bei seinen Zweifeln und Einwänden gerade – nicht zynisch provozierend – in die Au-gen schaut, dann ist er schon auf Ihrer Seite. Kämpfen Sie nicht gegen seine Ein-wände, sondern räumen Sie durch klare Antworten seine letzten Zweifel aus.

Wenn Ihr Verhandlungspartner schließlich unbewußt mit dem Kopf nickt oder andere Gesten der Zustimmung zeigt, dann ist Ihre Überzeugungsarbeit abge-schlossen. Es kann sein, daß er sich körperlich etwas zurückzieht und sogar den Blickkontakt mit Ihnen abbricht. Das ist ein Zeichen dafür, daß er nur noch die dritte Überzeugungsbarriere überwinden muß. Er muß jetzt mit sich selbst ins Reine kommen, damit er zu Ihren Argumenten ja sagt, mit Ihnen zu einem gemeinsamen Ergebnis kommt und trotzdem nicht als „Verlierer" aus der Verhandlung herausgeht.

Jeder noch so gut gemeinte Versuch Ihrerseits, an dieser Stelle mit weiteren Argumenten Ihren Standpunkt zu stützen, würde den anderen jetzt stören. Er würde das als Drängen und Druck empfinden. Und er könnte aus Ärger darüber im letzten Moment noch Nein sagen, obwohl er eigentlich bereits beim Ja war.

Wenn der andere Ihnen nach einer Weile des Schweigens wieder in die Augen schaut, dann ist es geschafft! Sie haben ihn überzeugt und können nun mit ihm gemeinsam die Details des Ergebnisses ausarbeiten, den Vertrag fixieren und per Handschlag die Sache besiegeln.

Denken Sie immer daran, daß Sie am Ende der erfolgreichen Verhandlung dem anderen noch einmal bestätigen, daß auch er mit einem für ihn sehr guten Ergebnis herausgekommen ist. Nicht nur Sie, auch der andere möchte gerne ein erfolgreicher Verhandler sein. Gönnen Sie es ihm, Sie in vielen Dingen überzeugt zu haben.

3.7 Manipulationstechniken – ein Tabu?

Zum Thema Manipulation kann man immer wieder ganz typische Fehleinschätzungen hören. Die meisten Menschen nehmen für sich in Anspruch, niemals so unanständig zu sein, mit Manipulationstechniken zu arbeiten. Höchstens geben sie zu, daß sie andere Menschen „motivieren", bestimmte Dinge zu tun oder zu denken.

Auf der anderen Seite gehen die meisten Menschen davon aus, daß andere ständig damit beschäftigt sind, sie manipulieren zu wollen. Vor allem Politiker, die Werbung, Verkäufer und Vertreter der Medien stehen in Verdacht, miese Tricks der Manipulation anzuwenden.

Außerdem sind die meisten Menschen felsenfest davon überzeugt, daß man sie aufgrund ihrer Intelligenz, ihrer Wachsamkeit und ihrer festen Überzeugungen gar nicht manipulieren kann.

Wir manipulieren sehr wohl, wenn wir in der Familie, im Beruf oder in anderen Zusammenhängen Menschen dazu bringen wollen, sich in unserem Sinne richtig zu verhalten oder richtig zu denken. Manipulation fängt bereits an, wenn wir uns überlegen, wie wir die Kinder dazu bringen, die Hausaufgaben zu machen, nachdem unsere überzeugenden Argumente die lieben Kleinen leider nicht überzeugt haben. Manipulation ist auch, wenn wir uns mit jenen Nachbarn gut stellen, die wir eigentlich nicht mögen, die jedoch während des Urlaubs unseren Briefkasten leeren sollen.

Ist das so verwerflich?

Es ist sicher richtig, die Äußerungen und Argumente von Politikern, Verkäufern und Medienvertretern erst einmal kritisch zu betrachten.

Politiker sind in der Regel machtorientiert und wollen wiedergewählt werden. Das ist für sie auch die richtige Einstellung! Wenn sie keine Macht haben und vom Volk abgelehnt werden, können sie auch nichts durchsetzen. Hilflose Politiker nutzen niemandem.

Verkäufer wollen und müssen verkaufen. Das tun sie nicht nur für ihre eigene Provision, sie sichern damit auch die Arbeitsplätze der Kollegen im Innendienst.

Medien manipulieren, weil sie ihre Verkaufszahlen steigern oder bestimmte Meinungen in der Öffentlichkeit fördern wollen. Das ist auch ihre Aufgabe.

Es geht demnach weniger um die Frage, ob Manipulation grundsätzlich „böse" ist oder nicht, sondern mehr darum, ob sie fair eingesetzt wird oder der arglistigen Täuschung zum Nachteil des Manipulierten dient.

Wenn in der Familie der Vater stets einen Herzanfall simuliert, wenn er seinen Willen nicht durchsetzen kann („Der Arzt hat mir jede Aufregung verboten!"), dann ist das eine miese Masche und sollte von den anderen durchschaut und in Zukunft ignoriert werden. Wenn Politiker mit falschen Zahlen oder gelogenen „Ehrenwörtern" und zweifelhaften Dementis an die Öffentlichkeit gehen, dann sollte das unbedingt von der Presse aufgedeckt werden. Wenn Zeitungen oder Fernsehsender mit Falschmeldungen oder geschickten Wahrheitsdosierungen ein falsches Bild von der Realität vermitteln, dann muß auch das der Öffentlichkeit – meist von der Konkurrenz – zur Kenntnis gebracht werden. Wenn sich die Werbung gezielt an Kinder richtet und deren Naivität ausnutzt, dann kann es sehr wohl sinnvoll sein, Ethiknormen für die Werbung zu entwickeln und durchzusetzen.

Unter „Manipulation" versteht man im Grunde nicht mehr und nicht weniger als die gezielte Beeinflussung anderer Menschen. Diese Beeinflussung kann sich auf das Verhalten und/oder Denken der manipulierten Person(en) beziehen. Manipulation wird dann unfair, wenn sie auf arglistiger Täuschung beruht und zum Schaden der manipulierten Person(en), jedoch zum Nutzen des Beeinflussenden oder Dritten beiträgt.

Drei Merkmale sind ebenfalls typisch für Manipulationen:

1. Die manipulierte Person durchschaut die Absicht des Manipulierers nicht.

2. Der Manipulierer will nicht, daß die Absichten durchschaut werden.

3. Letztlich geht die Manipulation gegen den Willen des Manipulierten. Oder anders ausgedrückt: Wenn die manipulierte Person die Manipulation selbst oder die dahinterstehenden Absichten durchschauen würde, wäre sie nicht mit den Dingen einverstanden, zu denen sie gezwungen werden soll.

Demnach ist es für Sie eigentlich ganz einfach, zu unterscheiden, wann Überzeugungstechniken, die Sie anwenden, fair sind oder nicht:

• Wenn Sie gezielt darauf achten, daß Ihr Verhandlungspartner Ihre fachliche Kompetenz akzeptiert, Sie als vertrauenswürdige Person wahrnimmt und

Ihnen glaubt, daß Sie selbst voll hinter Ihrem Standpunkt stehen, dann ist
das eine faire Beeinflussung.

- Wenn Sie jedoch lügen, falsche Zahlen vorlegen oder sonstige Dinge tun, die
  der andere auch später nicht durchschauen dürfte, dann ist das unfair.

Natürlich können Sie mit unfairen Mitteln Ihre Verhandlungsziele oft leichter
erreichen als mit fairen. Sie sollten damit jedoch wirklich nur im äußersten Notfall arbeiten. Andernfalls gefährden Sie dadurch zukünftige Verhandlungen,
Ihren guten Ruf und auch Ihr eigenes Selbstbewußtsein. Trickreiche Manipulation als Betrug am anderen sollte aber auch bei harten Verhandlungen tabu
sein!

Dennoch wäre es gut für Sie, sich durch Fachlektüre oder auch ein Seminar mit
den Techniken der Manipulation zu befassen. Auch Sie sind beeinflußbar! Ein
Profi durchschaut sehr wohl, wie man Sie ablenken, „einwickeln" und „über
den Tisch ziehen" kann. Je weniger Sie selbst an solche Möglichkeiten glauben,
desto einfacher ist es, Sie zu manipulieren.

Deshalb: „Gefahr erkannt, Gefahr gebannt."

3.8 Der eigene Standpunkt als Ausgangsposition

Zu Ihren Vorbereitungen auf eine Verhandlung gehört, daß Sie sich zuvor
gründlich über Ihre eigenen Ziele und Prioritäten klar werden:

- Wollen Sie sich um jeden Preis durchsetzen?
- Ist es unbedingt wichtig, mit dem Verhandlungspartner weiterhin in guter
  Beziehung zu stehen?
- Rechnen Sie sich Chancen auf einen möglichst guten Kompromiß aus?

Wenn Sie Ihren Standpunkt klar definiert haben, wird es Ihnen leichter fallen,
sich strategisch vorzubereiten:

- Mit welcher Härte wollen Sie vorgehen und notfalls kämpfen?
- In welchen Schritten könnten Sie dem anderen entgegenkommen?
- Wie weit würden Sie bei einem Kompromiß gehen?
- Welche harten Bandagen kämen noch in Frage, wenn Sie unbedingt „sie-
  gen" wollten?
- Wie wollen Sie wenigstens Ihr Gesicht wahren, wenn Sie damit rechnen
  müssen, notfalls ganz zurückstecken zu müssen?

Wie oben gesagt, stehen Verhandlungen immer in einem Spannungsfeld von
Durchsetzungswille und Wille zur Einigung. Finden Sie Ihren Standpunkt innerhalb des Spannungsfeldes, und bereiten Sie sich dann dementsprechend vor.

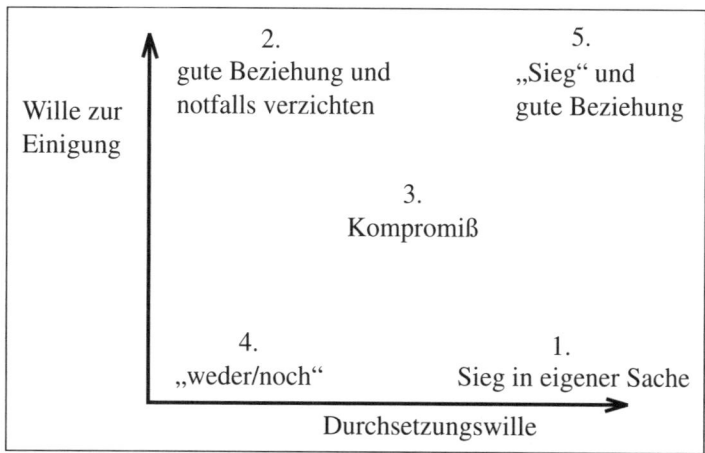

Abbildung 11: Der eigene Standpunkt als Ausgangsposition
(die einzelnen Punkte werden im Text erläutert)

1. Sieg in eigener Sache

Diesen Standpunkt nehmen Sie ein, wenn Sie mit Leib und Seele und notfalls zum eigenen Nachteil um eine Sache kämpfen wollen. Häufig ist dies der Standpunkt von „Moralisten", für die es bezüglich des Verhandlungsanlasses keinen Kompromiß und erst recht kein Nachgeben gibt.

> Beispiele sind die Genehmigung oder das Verbot von Tierversuchen für die Kosmetik, die Zustimmung zu oder Ablehnung von Waffenlieferungen in Krisengebiete.

Wenn Sie unbedingt siegen wollen, sind Sie auch bereit, im Interesse Ihrer Ziele mit unfairen Mitteln zu kämpfen. Dann heiligt für Sie der Zweck die Mittel. Allerdings wissen Sie dann auch, daß Sie als Verlierer dieser Verhandlung mit hoher Wahrscheinlichkeit von der Seite Ihrer Gegner und somit Gewinner in Zukunft ausgeschlossen werden. Dieses Risiko sollten Sie aber nur eingehen, wenn es Ihnen die Sache wert ist.

Diesen Standpunkt sollten Sie nicht einnehmen, wenn Sie zum Beispiel um eine Position im Unternehmen kämpfen wollen und möglicherweise als Verlierer auch weiterhin im Unternehmen arbeiten müssen. Wenn Sie „auf Biegen und Brechen" um eine Position kämpfen, müssen Sie als Verlierer das Unternehmen notfalls verlassen. Haben Sie sich auch darauf vorbereitet?

2. Die gute Beziehung halten und notfalls verzichten

Hier geben Sie lieber nach, als einen Bruch mit dem Verhandlungspartner zu riskieren. Diesen Standpunkt nehmen Sie zum Beispiel ein, wenn Sie mit Ihrem Vorgesetzten um eine Gehaltserhöhung, mit Ihrem Kunden um günstigere Bedingungen oder mit Angehörigen um familiäre Dinge verhandeln. Sie möchten gerne etwas aushandeln, dürfen oder wollen jedoch nicht in Konfrontation mit dem anderen gehen.

Hierbei besteht die Gefahr, daß Sie so vorsichtig an das Thema herangehen, daß Ihr Verhandlungspartner sofort spürt, daß er mit Ihnen leichtes Spiel hat und Ihre Argumente rundheraus ablehnt. Jetzt fühlen Sie sich gedemütigt und lächerlich gemacht. Bereiten Sie sich deshalb unbedingt auf einen eleganten Rückzug vor, damit Sie nicht in eine peinliche Lage geraten und vor sich selbst und Dritten das Ansehen verlieren.

3. Kompromiß

Wenn Sie zumindest einen Kompromiß aushandeln wollen, sollten Sie sich schriftlich in allen Einzelheiten vorbereiten. Zunächst legen Sie Ihre Argumentationstaktik, Ihre Beweisführung und Ihr strategisches Konzept fest. Damit wollen Sie zu Beginn auf absoluten Sieg setzen. Danach legen Sie schriftlich fest, in welchen Schritten Sie dem anderen entgegenkommen würden und was der andere jeweils pro Schritt Ihnen zugestehen müßte. Beschreiben Sie im Rahmen Ihrer Vorbereitungen verschiedene Varianten von Kompromissen. Damit haben Sie bei der Verhandlung einen gewissen Spielraum, wenn Sie erkennen, daß Ihrem Verhandlungspartner bestimmte Aspekte eines Kompromisses nicht gefallen.

> Auf einen Kompromiß bereiten Sie sich zum Beispiel vor, wenn über Projektkosten oder Kompetenzgrenzen oder Unternehmensstrategien zu verhandeln ist. Sie wissen, daß Sie Ihre Ziele oder Vorstellungen nicht ganz durchsetzen können, jedoch auf keinen Fall als Verlierer aus der Verhandlung herausgehen wollen oder dürfen.

4. „Weder ... noch ...“

Es gibt auch Verhandlungen, in denen man sich nicht mit besonderem Feuereifer für eine Sache einsetzt und sich auch nicht unbedingt die gute Beziehung zum anderen erhalten will. Das sind Verhandlungen, an die man mit der Einstellung herangeht: „Man kann es ja mal probieren.“ Wenn sich dann nicht auf leichtem Weg ein Ergebnis erzielen läßt, dann gibt man lieber auf, als sich zu sehr zu engagieren.

Auf solche Verhandlungen brauchen Sie sich nicht vorzubereiten. Sie sollten sich aber kritisch fragen, ob Sie vielleicht diesen Standpunkt aus einem Gefühl der Hoffnungslosigkeit heraus eingenommen haben. Weil Sie sich dem anderen unterlegen fühlen und keinen Mut zum Kämpfen haben, stellen Sie ein vielleicht durchaus erreichbares Ergebnis als nicht besonders wichtig dar.

> Manchmal kommen ängstliche Mitarbeiter mit dieser Haltung zum Vorgesetzten in die Gehaltsverhandlung oder in eine Verhandlung um den Dienstwagen. Ihnen fehlt der Mut, aktiv für ihre Ansprüche zu kämpfen, und sie „fragen bloß mal an“, um beim ersten Gegenargument sofort aufzugeben.

5. „Sieg" und gute Beziehung

Wenn Sie sich sowohl mit Ihren Zielen durchsetzen als auch in Zukunft eine positive Beziehung zum Verhandlungspartner pflegen wollen, dann müssen Sie überzeugen. Sie müssen sich so vorbereiten, daß Ihre Argumente aus der Sicht des anderen überzeugen. Dafür brauchen Sie ein Gespür für das Denken und Streben des anderen. Sie müssen psychologisch und sachlich geschickt argumentieren. Ihr Verhandlungspartner soll Ihnen am Ende in allen Punkten zustimmen – und trotzdem nicht für sich das Gefühl der Niederlage oder auch nur des Nachgebens haben. (Verkaufsverhandlungen mit dem Ziel dauerhaft guter Kundenbeziehungen werden mit diesem Anspruch vorbereitet und geführt.)

Wenn Sie diesen Standpunkt einnehmen, sind grundsätzlich alle noch so feinen Techniken der Manipulation tabu. Zu Ihrer Vorbereitung gehört, daß Sie

- sich gründlich in die Lage des anderen hineindenken,
- die Ziele und Motive des anderen kennen,
- alle Fakten für oder gegen Ihren Standpunkt kennen,
- alle Argumente für Ihren Standpunkt parat haben,
- sich auf alle möglichen Einwände und Bedenken des anderen einstellen,
- wissen, wie Sie dem anderen helfen können, die Zustimmung zu Ihnen vor Dritten zu vertreten,

Zu diesem Standpunkt gehört allerdings auch, daß Sie an die Möglichkeit denken, daß der andere am Ende doch die besseren Argumente hat. Dann lassen Sie sich überzeugen.

3.9 Grundregeln des Verhandelns

Regel 1: Bereiten Sie sich gründlicher vor als die Gegenseite.

- Tragen Sie alle Fakten, Referenzen und Beweise zusammen, die für oder auch gegen Ihren Standpunkt sprechen.
- Nehmen Sie Unterlagen, mit denen Sie Ihre Argumente untermauern können, mit in die Verhandlung.
- Legen Sie schriftlich fest, was Sie maximal und minimal erreichen wollen und was Sie maximal und minimal von der Gegenseite bekommen müssen.
- Legen Sie für den Fall notwendiger Feilscherei schriftlich fest, in welchen Schritten und bei welchen Gegenleistungen Sie sich einem Kompromiß nähern werden.
- Unterscheiden Sie klar zwischen Ihren Langfristzielen und den aktuellen Kurzfristzielen für die anstehende Verhandlung.
- Finden Sie möglichst viel über Ihren Verhandlungspartner heraus. Wie steht er zur Thematik? Welchen Verhandlungsspielraum hat er vermutlich? Wie stark ist seine Position im eigenen Lager? Wie dringend braucht er eine Einigung mit Ihnen? Was wissen Sie über seine Persönlichkeit?

- Versetzen Sie sich in die Lage Ihres Verhandlungspartners, und sammeln Sie schriftlich, welche Argumente er vermutlich für seinen und gegen Ihren Standpunkt vorbringen wird.
- Kleiden Sie sich passend für die Verhandlung. „Kleider machen Leute!" Je konservativer und dunkler Sie sich kleiden, desto mehr Respekt flößen Sie ein. Vor allem wenn Sie eine Dame sind, sollten Sie sich so kleiden, daß der andere nicht auf die Idee kommen könnte, Sie durch Flirten und durch Komplimente abzulenken oder in Verlegenheit zu bringen. Wenn Sie, Dame oder Herr, deutlich jünger sind als Ihr Verhandlungspartner, sollten Sie auf keinen Fall zu modisch oder lässig gekleidet sein.
- Entspannen Sie sich unmittelbar vor der Verhandlung, und gehen Sie in Gedanken nur noch einmal sehr grob Ihre Strategie durch. Wenn Sie sich zu sehr auf eine Taktik oder Strategie festlegen oder sogar Formulierungen auswendig lernen, könnte der andere Sie durch unerwartete Äußerungen verwirren.
- Lassen Sie sich im Verhandlungsraum nicht in eine gemütliche Sitzecke lotsen.
- Lassen Sie sich nicht auf die Schulter klopfen oder auf andere Weise „freundschaftlich" berühren.
- Lassen Sie den anderen nicht dichter an sich herankommen, als Ihnen angenehm ist. Sollte er Ihnen „auf die Pelle rücken" oder gar in Ihren Unterlagen mitlesen, dann sprechen Sie klar aus, daß Sie das nicht wollen. Er wird Sie danach ganz anders respektieren!

Regel 2:   Bemühen Sie sich um eine möglichst streßfreie Gesprächsatmosphäre.

- Vermeiden Sie alles, was Ihren Verhandlungspartner ärgern oder provozieren könnte. Seien Sie höflich, und verzichten Sie auf übertriebene Statusdarstellung. Streiten Sie niemals wortklauberisch um Begriffe, und belehren Sie den anderen nicht.
- Lassen Sie sich nicht auf kumpelhaftes Verhalten ein. Bleiben Sie geschäftsmäßig distanziert, aber stets freundlich.
- Gehen Sie im ersten Schritt auf Dinge ein, bei denen Sie sich sehr schnell mit Ihrem Verhandlungspartner einigen können: Tagesordnung, Themeneingrenzung, Begriffsdefinitionen, untergeordnete Probleme.
  Damit fördern Sie im Interesse der nachfolgend zu behandelnden wichtigen Themen eine kooperative Stimmung.
- Lassen Sie Ihrem Verhandlungspartner im Erläutern seines Standpunktes den Vortritt. Haken Sie zu Beginn auch dann nicht ein, wenn Sie anderer Meinung sind.
- Lassen Sie den anderen ohne Unterbrechungen reden, fördern Sie durch Fragen seinen Redefluß. Er kann danach ohne Streß auch Ihnen zuhören.
- Gestehen Sie dem anderen gerne den größten Redeanteil zu.

- Weisen Sie dem anderen keine Irrtümer oder Fehlmeinungen nach. Stellen Sie lieber dar, wie Sie die Sache sehen und warum Sie sie anders sehen. Lassen Sie niemals den anderen das Gesicht verlieren.
- Dosieren Sie den Blickkontakt: Beim Sprechen nicht zu intensiv den anderen anschauen, er könnte sich sonst fixiert fühlen. Beim Zuhören den Blickkontakt verstärken, das zeugt von Interesse und Aufmerksamkeit.
- Versuchen Sie sich Ihrem Verhandlungspartner ein wenig anzupassen. Sprechen Sie ähnlich schnell oder langsam, ähnlich laut oder leise und mit ähnlicher Wortwahl.
- Unterbrechen Sie ihn nicht, sondern machen Sie sich bei seinen Monologen Notizen. Dann können Sie später auf die betreffenden Dinge zurückkommen, und der andere kürzt seinen Monolog, weil er wissen will, was Sie notiert haben.
- Reagieren Sie auf Unterbrechungen gelassen, und verzichten Sie auf gouvernantenhafte Pädagogik: „Darf ich mal bitte ausreden!" Der andere wird vor Ärger und Scham in unnötige Konfrontation gehen, wenn Sie ihn wegen schlechter Manieren tadeln.
- Sprechen Sie den anderen mit seinem Namen an.
- Reagieren Sie auf Angriffe oder Provokationen gar nicht oder nur mit Humor. Lassen Sie sich keinen Ärger anmerken, und schlagen Sie nicht zurück.

Regel 3:   Gehen Sie mit Ihren Argumenten klug um.

- Fangen Sie nicht mit Ihrem schwächsten Argument an. Das könnte den Eindruck erwecken, daß Ihre Position schwach ist oder daß Sie die Bedeutung der Verhandlung oder Ihres Partners nicht richtig verstanden haben.
- Fangen Sie auch nicht mit Ihrem stärksten Argument an. Es könnte Sie in Schwierigkeiten bringen, wenn Sie zum Ende hin immer schwächer werden müssen.
- Argumentieren Sie möglichst immer so, daß der andere in Ihren Argumenten für sich einen Nutzen erkennt.
  Also nicht: „Wir müssen diese Preise verlangen, weil wir sonst mit den Kosten in der Produktion nicht hinkommen.", sondern: „Wir müssen diese Preise verlangen, weil wir Ihnen den hohen Qualitätsstandard garantieren wollen."
- Seien Sie vorsichtig mit Beispielen. Es gibt zu allem immer ein Gegenbeispiel. Und das wird der andere sicherlich bringen, selbst wenn er es nur tut, um Sie zu foppen oder seine Schlagfertigkeit zu beweisen.
- Machen Sie sich nicht über die Argumente der Gegenseite lustig. Verbeißen Sie sich nicht in schwache Argumente. Ignorieren Sie sie oder stellen Sie ganz nebenbei Ihre besseren dagegen.
- Kommen Sie nicht mehr auf einen aufgeklärten Irrtum oder auf ein widerlegtes Argument der Gegenseite zurück. Das ärgert den anderen!

- Sitzen Sie entspannt, und geben Sie immer zu erkennen, daß Sie endlos viel Zeit haben und gerne auch zu einem neuen Termin wiederkommen würden. Bringen Sie den anderen nicht auf die Idee, Sie zeitlich unter Druck setzen zu können. (Ausnahme: Verhandlungen mit einem „Idealisten".)

Regel 4:   Sichern Sie das Ergebnis der Verhandlung.

- Fixieren Sie das Ergebnis schriftlich, und lassen Sie es sich bestätigen.
- Halten Sie gegebenenfalls auch schriftlich fest, welche Gründe für oder gegen bestimmte Entscheidungen sprachen. Sie werden vielleicht später begründen müssen, warum Sie bestimmten Punkten zugestimmt haben oder nicht.
- Helfen Sie Ihrem Verhandlungspartner, das gemeinsame Ergebnis seinerseits als Erfolg für sich vor Dritten darstellen zu können. Das wird es ihm leichter machen, sich zuverlässig daran zu halten.
- Triumphieren Sie nicht, wenn Sie mehr „herausgeholt" haben als Ihr Gesprächspartner. Das ist schäbig und wirkt sich störend auf die weitere Zusammenarbeit oder zukünftige Verhandlungen aus.

4 Verhandeln nach den Regeln der Dialektik

4.1 Die perfekte Vorbereitung für Ihre Verhandlung

Wenn Sie sich auf eine Verhandlung vorbereiten, legen Sie zunächst Ihren eigenen Standpunkt fest. Sie denken über Ihre Verhandlungsziele und die darüber hinausgehenden strategischen Ziele nach. Sie legen sich Ihre Argumente zurecht und malen sich bereits aus, mit welchen Argumenten oder Einwänden die Gegenseite vermutlich kommen wird. Reine gedankliche Vorbereitung könnte zu ungeordnet und oft auch im eigenen Interesse beschönigend sein. Sie sollten sich schriftlich vorbereiten. Das zwingt Sie, sich sehr gründlich bis ins Detail mit dem Thema aus Ihrer Sicht und aus der Sicht der Gegenseite zu befassen. Vor der strategischen Planung steht immer die inhaltliche Vorbereitung. Verwenden Sie ein Formular, auf dem Sie auf der einen Seite Ihre Argumente und auf der anderen Seite die Argumente des Gegners notieren.

Gemeinsame Strategische Ziele:	Verhandlungsziele: Minimalziele:
Unsere Argumente:	Einwände der Gegenseite:
Fakten und Beweise auf unserer Seite:	Argumente gegen unsere Fakten und Beweise:
Druckmittel auf unserer Seite:	Angebote von uns an die Gegenseite:

Abbildung 12: Vorbereitung aus eigener Sicht

Gemeinsame Strategische Ziele:	Verhandlungsziele der Gegenseite:
	Minimalziele:
Argumente der Gegenseite:	Unsere Einwände und Bedenken:
Fakten und Beweise der Gegenseite:	Unsere Argumente gegen die Fakten und Beweise:
Druckmittel der Gegenseite:	Mögliche Angebote an uns:

Abbildung 13: Vorbereitung aus der Sicht der Gegenseite

Ideal ist es, wenn Sie mit einer anderen Person noch einmal Punkt für Punkt durchgehen, ob Ihre Vorbereitungen realistisch und ausreichend gründlich sind.

Im nächsten Schritt folgt die Planung der „Dramaturgie": Legen Sie fest, wie Sie Ihre Argumente verwenden und miteinander verketten wollen.

4.2 Intelligente Argumentationsketten

Nachdem Sie inhaltlich zusammengestellt haben, was Sie erreichen wollen und was Ihrer Ansicht nach für Ihren Standpunkt und gegen den der anderen Seite spricht, können Sie nun die Verkettung Ihrer Argumente planen. Auch das sollten Sie möglichst schriftlich tun.

* Orientieren Sie sich an dem bereits beschriebenen Phasenmodell „BE-ZAHL".
* Dann werden Sie Ihre Argumente während der Phase „Z – Zeigen" vorbringen.
* Ihr Verhandlungspartner hat vorher während der Phase „E – Erfragen" seine Sicht auf das Thema geschildert.

Das gibt Ihnen die Chance, bereits jetzt – falls es paßt – die Argumente der Gegenseite in Ihr Konzept einzubauen.

- *Eine Möglichkeit ist, daß Sie gleich einen Kompromiß anbieten (Abb. 14).*
  Sie sagen kurz, wie Sie das Thema beurteilen. Dann stellen Sie dar, was Sie sich als Idealergebnis wünschen. Anschließend gehen Sie positiv darauf ein, wie Sie die vorherigen Wünsche Ihres Verhandlungspartners verstanden haben. Daraus leiten Sie einen Kompromißvorschlag ab.
  Nach dieser Methode können Sie vorgehen, wenn Sie mit einem Partner verhandeln, den Sie gut kennen und von dem Sie wissen, daß auch er grundsätzlich ein faires Ergebnis mit Ihnen erreichen will.

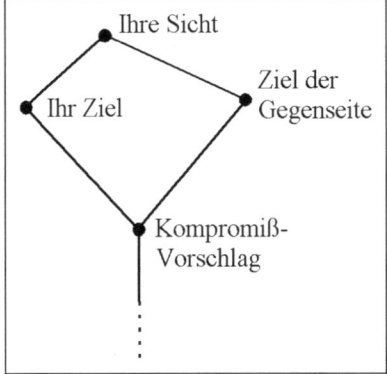

Abbildung 14: Kompromiß anbieten

- *Eine andere Möglichkeit ist die, daß Sie erst einmal gar nicht auf die Ausführungen Ihres Verhandlungspartners eingehen, sondern ihm Ihre Sicht darstellen und begründen. Danach fordern Sie ihn auf, mit Ihnen an einer Einigung zu arbeiten (Abb. 15).*
  Diese Methode bietet sich an, wenn Sie sehr gute Argumente sowie hieb- und stichfeste Beweise auf Ihrer Seite haben und darauf verzichten möchten, den anderen dadurch zu verärgern, daß Sie seinen eher wackligen Standpunkt widerlegen. Er soll durch Ihre guten Argumente selbst zu dem Schluß kommen, daß mehr für Ihren Standpunkt spricht als für seinen.

- *Eine weitere Möglichkeit besteht darin, daß Sie erst einmal widerlegen, was der andere soeben vorgebracht hat. Danach sagen Sie, wie Sie die Sache sehen, und fordern dazu auf, sich Ihrer Sichtweise anzuschließen (Abb. 16).*
  So gehen Sie vor, wenn Sie die Konfrontation wünschen. Diese Methode ist allerdings höchst konfliktträchtig! Sie müssen außerdem unbedingt noch einige sehr überzeugende Argumente oder auch Druckmittel parat haben. Und Sie dürfen keinesfalls Ihre Karten sofort alle auf den Tisch legen!

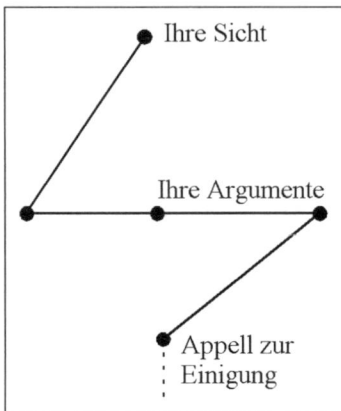

Abbildung 15: Begründete Darstellung der eigenen Sichtweise

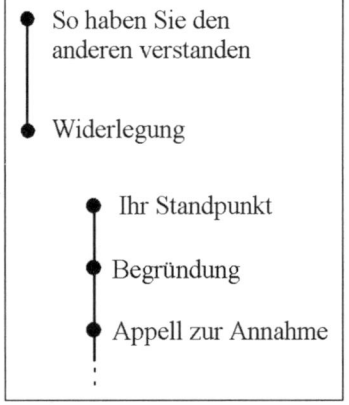

Abbildung 16: Konfrontation

- *Die nächste Möglichkeit ist, daß Sie die überzeugenden Argumente der Gegen-*
  seite würdigen, dann jedoch auf die Vorzüge Ihres Standpunktes verweisen
  (Abb. 17).
  Sie sagen, was Sie vom anderen verstanden haben und warum Sie das größtenteils auch so sehen. Allerdings haben Sie noch einige Bedenken oder Einwände. Deshalb schlagen Sie Ihre Idee zum Ergebnis vor. Nennen Sie einige
  Begründungen, warum Ihr Vorschlag letztlich doch noch besser ist als der –
  ebenfalls sehr gute – von der Gegenseite.

Diese Methoden können Sie anwenden, wenn Sie wissen, daß Ihr Verhandlungspartner mit Vorurteilen und feindseligen Gefühlen gegen Sie angetreten
ist. Indem Sie ihm aufmerksam zuhören und seine Ausführungen anschließend
positiv bewerten, stimmen Sie ihn friedlicher.

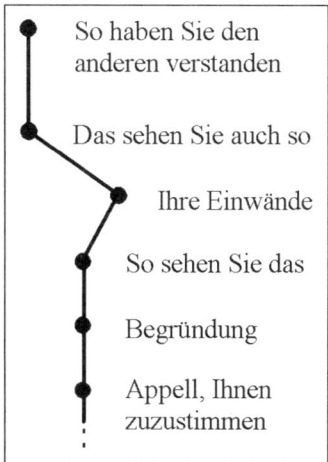

Abbildung 17: Den anderen friedlich stimmen

- *Eine weitere Möglichkeit besteht darin, daß Sie zunächst wertfrei Ihren Standpunkt und den der Gegenseite mit jeweils guten Begründungen nebeneinanderstellen. Dann fordern Sie den anderen auf, doch bitte einen Kompromiß anzubieten (Abb. 18).*

Diese Möglichkeit können Sie anwenden, wenn im Grunde Ihr Standpunkt auch nicht viel besser (begründet) ist als der der Gegenseite. Sie bietet sich auch dann an, wenn Sie mit einer Person zu verhandeln haben, die über mehr Macht verfügt als Sie. Durch diese Taktik vermeiden Sie ein riskantes Wortgefecht und appellieren stattdessen an die Fairneß des anderen. Da Sie ihn in seinen Ausführungen nicht widerlegt haben, kann er Ihnen leichter entgegenkommen.

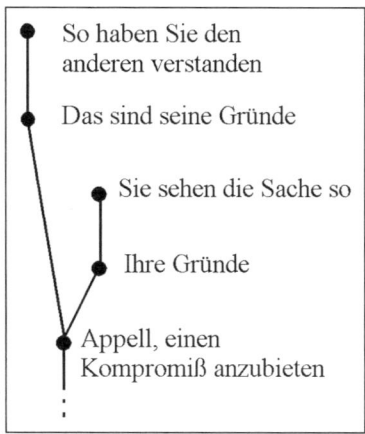

Abbildung 18: Appell an die Fairness der Gegenseite

Für Ihre Verhandlungskompetenz ist es gut, wenn Sie grundsätzlich alle fünf Varianten der Verkettung beherrschen. Auf diese Weise können Sie sich auf überraschende Reaktionen der Gegenseite blitzschnell einstellen.

Wie Sie im Einzelfall Ihre Argumente oder Gegenargumente formulieren, wird später noch beschrieben.

Trainieren Sie zunächst in möglichst vielen Verhandlungen und Gesprächen diese fünf Möglichkeiten, auf die Argumente der Gegenseite zu reagieren.

4.3 Befreien Sie sich aus Engpaßsituationen

Sie kennen den Merksatz „Angriff ist die beste Verteidigung". Die Frage ist, ob er überhaupt gilt, und wenn ja, ob auch bei Verhandlungen. Eines ist auf jeden Fall sicher: Aus der Defensive heraus kann man nicht überzeugen.

Sie sollten die Gesprächsstimmung nicht durch Angriffslust unnötig in eine Konfrontation treiben. Fangen Sie lieber zögerlich an, und lassen Sie dem anderen den rhetorischen Vortritt. Für Verhandler gilt nämlich häufig die Regel: „Wer eine Diskussion anfängt, hat sie auch schon verloren." Dahinter verbirgt sich die Erkenntnis, daß jemand, dem ein Anliegen auf den Nägeln brennt, zu leicht aus innerem Druck heraus zuviel redet, zu schnell mit dem Reden beginnt, sich schon vorab verteidigt und zu deutlich die persönliche Betroffenheit zeigt. Der andere kann sich dann auf die bequemere Position zurückziehen, persönlich viel weniger betroffen und damit auch weniger ängstlich zu sein.

> Denken Sie an Verhandlungen auf einem Basar. Sie wissen, daß Sie dem Händler niemals zeigen dürfen, wie gerne Sie einen bestimmten Artikel hätten. Das würde sofort den Preis hochtreiben. Sie müssen so tun, als fänden Sie den Artikel zwar ganz gut, aber nicht so toll, daß Sie ihn unbedingt haben wollen. Dann steigt das dringende Bedürfnis des Händlers, den Artikel bei Ihnen loszuwerden.

In Verhandlungen ist meistens die Seite überlegen, die den geringsten Druck verspürt, zu einem Ergebnis zu kommen. Das gilt für Verkaufs-, Rabatt-, Gehalts-, Tarif-, Friedens- und sonstige Verhandlungen.

Auch wenn Sie emotional sehr engagiert sind, sollte Ihr Verhandlungspartner es möglichst nicht spüren. Er kann sich vielleicht denken, daß das verhandelte Thema für Sie wichtig ist. Er darf jedoch nicht merken, wenn Sie in Streß geraten.

Besonders kritisch sind sogenannte Engpaßsituationen.

> Der andere sagt oder fragt etwas, provoziert Sie und treibt Sie so in die Enge, daß Ihnen plötzlich nichts mehr einfällt, was Sie antworten können. Sie zermartern sich den Kopf über Ihr nächstes Argument und fürchten gleichzeitig eine weitere Attacke. Das bringt Sie in Streß.
> Wenn Sie hingegen sehr temperamentvoll und zudem schlagfertig sind, verfügen Sie über das notwendige Rüstzeug für solche Wortgefechte. Dann macht es Ihnen

vielleicht sogar Spaß, so richtig „zu fetzen". Das können jedoch nur die wenigsten. Außerdem ist ein solches Hin und Her von Angriff und Gegenangriff für Verhandlungen fast nie profitabel.

Bleiben Sie einfach ruhig.

Erster und wichtigster Merksatz: „Sie müssen nicht auf alles eine Antwort geben."

Wenn Ihnen auf eine Frage, ein Argument der Gegenseite oder zu einer Provokation auf Anhieb nichts einfällt, dann halten Sie am besten den Mund fest geschlossen. Damit treiben Sie den anderen in einen Engpaß! Der andere hat damit gerechnet, daß Sie etwas sagen, und nun kommt nichts. Das bringt ihn aus dem Konzept. Er wird vielleicht nach kurzer Verblüffung erneut angreifen. Sagen Sie nichts.

Schließlich wird der andere Sie gezielt darauf ansprechen, warum Sie nichts sagen. Dann können Sie harmlos antworten: „Ich sage nichts, weil ich eigentlich nicht verstehe, worauf Sie jetzt konkret hinauswollen." Machen Sie sofort den Mund wieder zu. Erklären Sie nicht, warum Sie nicht verstehen (wollen)! Das gibt dem anderen eine Nuß zu knacken. Er erkennt, daß Sie gar nicht das brennende Bedürfnis haben, sich in diesem Stil auszutauschen. Er hat jedoch das Bedürfnis, Sie wieder zum Reden zu bringen. Soll er sich jetzt mal ausdenken, wie er sich – in anderem Ton und mit anderen Worten – Ihnen und dem Thema wieder nähert.

Stellen Sie immer wieder Fragen.

Sie kennen den Merksatz: „Wer fragt, führt." Wer eine Frage stellt, führt deshalb, weil sich durch die Frage der weitere thematische Verlauf des Gesprächs ergibt. Durch Ihre Fragen lenken Sie weg von heiklen Punkten und hin zu für Sie günstigeren Dingen.

Lassen Sie sich nicht gegen Ihren Willen durch Fragen in die Enge treiben

Natürlich kennt auch Ihr Verhandlungspartner die Technik des Führens durch Fragen. Wenn seine Fragen in eine für Sie günstige Richtung gehen, können Sie sich davon gerne führen lassen. Das freut ihn und könnte ihn friedlich stimmen.

Wenn Sie jedoch spüren, daß Sie durch Fragen in die Enge getrieben werden sollen, dann beantworten Sie die Frage nicht, sondern kontern mit gerunzelter Stirn: „Was hat das jetzt damit zu tun?" – „Worauf wollen Sie hinaus?" – „Wie soll ich Ihre Frage verstehen?" – „Wie meinen Sie das?" Dann kann der andere erst einmal wieder nachdenken. Außerdem erkennt Ihr Verhandlungspartner, daß man Sie nicht gegen Ihren Willen (nas)führen kann. Er hat sofort mehr Respekt vor Ihnen.

Verlangen Sie konkrete Beweise und eindeutige Definitionen.

Sie können sich auch dadurch aus einem Engpaß befreien, daß Sie nicht etwa auf das reagieren, was der andere soeben gesagt hat, sondern nach einer kurzen scheinbaren Denkpause plötzlich eines seiner vorherigen Argumente noch einmal aufgreifen und dafür konkrete Beweise verlangen.

Sie können auch einen Begriff aus seinen vorherigen Ausführungen aufnehmen und eine Definition verlangen, was genau er darunter eigentlich versteht. Mit dieser Taktik lenken Sie Ihren Gesprächspartner ab. Er war dabei, Sie in die Enge zu treiben und muß sich plötzlich auf Äußerungen beziehen, die schon hinter ihm lagen. Darauf muß er sich erst einmal wieder konzentrieren. Sie sind aus dem Engpaß heraus und führen soeben wieder durch Ihre Frage.

Wichtig bei dieser Technik ist, daß sich Ihre Worte weder aggressiv noch provokativ anhören. Es muß so wirken, als interessierte Sie seine Sicht allein zwecks Ergebnisfindung und als entspringe Ihre Frage einem plötzlichen Geistesblitz.

Verteidigen und rechtfertigen Sie sich grundsätzlich nicht.

Wer sich verteidigt oder rechtfertigt, ist bereits in der Defensive. Das klingt immer nach einem schlechten Gewissen, Angst, Ahnungslosigkeit oder wie Beschwörungsversuche.

Machen Sie durch Ihre Argumente klar, daß Sie

- selbstbewußt einen Standpunkt vertreten.
- für Ihre Ansichten oder Ihr Anliegen gute Gründe haben.
- keinen Grund zu Beschönigungen sehen.

Wenn alles nicht hilft, dann können Sie in einer Engpaßsituation notfalls auch lachend oder empört fragen: „Wollen wir jetzt hier zu einem vernünftigen Ergebnis kommen, oder spielen wir Katz und Maus?"

Der andere erkennt, daß Sie seine Taktik durchschaut haben, jedoch so souverän sind, sich dadurch nicht in Streß bringen zu lassen.

4.4 Wie Sie tote Punkte überwinden können

In jeder Verhandlung kann irgendwann die Situation eintreten, daß man einfach feststeckt. Beide Parteien haben ihre jeweilige Sicht geschildert, für den eigenen Standpunkt gekämpft, und nun geht es nicht weiter. Es sieht weder so aus, als könne eine Seite „gewinnen", noch hat man den Eindruck, daß sich beide Parteien einer gemeinsamen Lösung annähern.

> Solche toten Punkte können Sie fast immer daran erkennen, daß auf beiden Seiten nichts Neues mehr an Argumenten oder Beweisen vorgebracht wird. Statt dessen werden immer wieder die gleichen Argumente oder Forderungen wiederholt. Alles, was Sie sagen, hat Ihr Verhandlungspartner schon mehrfach von Ihnen gehört, und alles, was der andere sagt, kennen Sie auch bereits zur Genüge. Wohin soll das führen?

Es gibt natürlich beharrliche Rechthaber, die sich stur stellen, dem anderen keinen Millimeter entgegenkommen und darauf bauen, daß sie irgendwann schließlich den Sieg davontragen, weil der andere keine Lust mehr hat oder aus Erschöpfung nachgibt. Solche „Siege" sind langfristig fast immer sinnlos. Der Lustlose oder Erschöpfte hat sich bald wieder erholt, ärgert sich über seine Niederlage – und schon geht es von vorne los.

Versuchen Sie möglichst schnell zu erkennen, wann Sie mit Ihrem Verhandlungspartner an einem toten Punkt angekommen sind. Dann können Sie die Initiative ergreifen und die Verhandlung wieder in Schwung bringen oder eine Verhandlungspause vorschlagen, bevor sich die Fronten endgültig verhärten.

Die üblichen Techniken im Falle eines toten Punktes sind:

1. Kommen Sie durch ein kleines Angebot entgegen.

Wenn beide Seiten sich stur stellen und erst einmal warten, daß von der anderen Seite etwas kommt, passiert gar nichts mehr. Tun Sie den ersten Schritt. Ihr Angebot muß jedoch minimal sein, damit es nicht wie eine Einleitung zum Nachgeben wirkt.

Geht Ihr Verhandlungspartner auf Ihr Angebot ein, verlangen Sie sofort eine minimale Gegenleistung. So leiten Sie geschickt zum Feilschen, Aushandeln eines Kompromisses oder zur Annäherung an ein gemeinsames Ergebnis über. Mit dieser Technik sprechen Sie die Fairneß des anderen an.

2. Bieten Sie „Spielregeln" an.

Wenn Argumente nichts mehr bringen, weil sie nur noch beharrlich wiederholt werden, dann können Sie anbieten, erst einmal um ein weniger wichtiges Teilthema der Verhandlung zu „spielen". Sie können eine Münze werfen oder Streichhölzer ziehen lassen.

Mit diesem Spiel wird wenigstens ein winziger Punkt erledigt. Danach läßt sich um den nächsten Punkt meistens wieder mit mehr gegenseitigem Entgegenkommen verhandeln.

Im Spiel zu verlieren, ist Pech und kein persönliches Versagen. Und so empfiehlt sich diese Möglichkeit, wenn Sie spüren, daß Ihr Verhandlungspartner vermutlich auch ganz gerne den toten Punkt überwinden möchte, jedoch Angst vor Gesichtsverlust hat. Und Sie achten bitte darauf, daß auch Sie ohne Probleme verlieren können.

3. Vertagen Sie das Problem.

Sprechen Sie aus, daß Ihrer Meinung nach heute nichts mehr an Ergebnissen herauskommen kann und daß Sie die Verhandlung lieber auf einen späteren Zeitpunkt verschieben möchten.

Brennt Ihrem Verhandlungspartner das Thema auf den Nägeln, kommt er Ihnen jetzt mit einem Miniangebot entgegen, damit Sie bleiben. Dann kann die Sache gleich weitergehen. Ansonsten vereinbaren Sie lieber einen neuen Termin.

Achten Sie darauf, daß Sie den Vorschlag zum Vertagen nicht in fragendem Ton machen. Es besteht sonst die Gefahr, daß Sie sich unversehens auch noch in einer Verhandlung darüber wiederfinden, ob heute oder später verhandelt werden soll.

Achten Sie auch darauf, daß Ihr Gesprächspartner nicht den Vorwurf aus Ihren Worten heraushört, er sei dafür verantwortlich, daß für den Moment die Verhandlung gescheitert ist. Der Ärger darüber würde den nächsten Termin überschatten. Sagen Sie lieber, daß Sie keine Zeit mehr haben, zu müde sind oder sich noch Detailinformationen besorgen wollen.

Diese Möglichkeit ist dann gut, wenn im Grunde beide Seiten zu einem gemeinsamen Ergebnis bereit sind, sich jedoch im Moment in Rechthaberei verbissen haben. Dann sollten sich die Gemüter durch den Aufschub erst einmal beruhigen.

4. Stimmen Sie temporär zu.

Dies bedeutet das größte Zugeständnis in einer Situation des toten Punkts und sollte nur im Notfall eingesetzt werden – und dann auch nur bei Dingen, die sich wieder revidieren lassen.

> Sie sollen mit Ihrem Bereich weitere Aufgaben übernehmen. Ihrer Meinung nach ist das ungünstig. Sie können anbieten, die Sache erst einmal für ein Jahr auszuprobieren. Danach muß dann neu verhandelt werden.

> Die Unternehmensleitung will ein neues Arbeitszeitmodell durchsetzen. Die Personalvertretung ist dagegen. Sie könnten anbieten, das Modell erst einmal in einem Bereich zu testen und damit Erfahrungen zu sammeln. Nach einer gewissen Zeit wird es dann ganz oder gar nicht eingeführt.

> Teile der Produktion sollen ins Ausland verlagert werden. Die temporäre Zustimmung könnte darin bestehen, daß man erst einmal eine (weitere) Studie zu bestimmten kritischen Punkten in dieser Sache erarbeiten läßt. Auf der Basis dieser Studie kann dann neu verhandelt werden.

Dieses Verfahren bietet sich dann an, wenn Sie oder auch beide Seiten im Grunde keine handfesten Beweise für die Überlegenheit Ihres Standpunktes bringen können. Durch eine temporäre Zustimmung können Sie und die Gegenseite mehr Erfahrungen mit dem Thema sammeln und damit auch neue Argumente entwickeln.

Achten Sie bitte darauf, daß sich durch eine für Sie ungünstige temporäre Zustimmung keine Fakten oder „Gewohnheitsrechte" zementieren, von denen Sie später nicht mehr wegkommen!

4.5 Kleiner Verhandlungsknigge

Am besten ist es natürlich, wenn es Ihnen gelingt, die Atmosphäre der Verhandlung so zu beeinflussen, daß Konfrontationen, tote Punkte und gegenseitiges „In-die-Enge-Treiben" gar nicht vorkommen. Dies sind nämlich fast immer Resultate unterschwelliger Aggressionen zwischen Personen, die sich nach außen hin „zivilisiert" und „kooperativ" geben.

Orientieren Sie sich an ein paar aggressionsvermeidenden Regeln:

1. Tauchen Sie niemals unangemeldet mit Verhandlungsabsichten bei Kollegen, Vorgesetzten, Mitarbeitern oder anderen Personen auf.

2. Verzichten Sie grundsätzlich auf persönliche Angriffe, und sprechen Sie keine heiklen Themen an, die mit dem aktuellen Verhandlungsthema nichts zu tun haben.

3. Überhören Sie möglichst die persönlichen Attacken oder emotionalen Ausbrüche der Gegenseite. Fordern Sie niemals erzieherisch auf, man möge doch sachlich bleiben und sich nicht im Ton vergreifen.

4. Verzichten Sie auf alles, was sich nach Besserwisserei oder Moralisieren anhören könnte.

   „Es ist doch wohl Tatsache, daß ..." – „Jeder vernünftige Mensch weiß ..." – „Wenn Sie mal etwas mehr darüber nachdenken würden, dann ..." – „Wenn Sie meine Erfahrungen hätten ..." – „Wenn Sie auch nur einen Funken Anstand (Mitgefühl, Rücksichtnahme, Fairneß ...) hätten ..." – „Wenn Sie auch mal an etwas anderes als immer nur ans Geld denken würden ..."

5. Achten Sie darauf, daß Ihr Verhandlungspartner höhere Redeanteile hat als Sie.

6. Fassen Sie sich kurz. Holen Sie nicht zu weitschweifigen Erklärungen aus, sondern kommen Sie schnell auf den Punkt.
   Monologe können sich wie Belehrungen anhören und reizen den anderen zu Widerspruch. Monologe können auch wie entschuldigende Erklärungen klingen. Dann sinkt Ihr Ansehen bei der Gegenseite. Und Monologe können ganz einfach langweilen und nerven oder auf diffuses Denken schließen lassen.

7. Hacken Sie nicht auf Einzelbegriffen und Definitionen herum. Wortklauberei führt immer in Konflikte!

8. Berufen Sie sich niemals auf abwesende Dritte.

   „Frau Maier ist auch dieser Meinung." – „Ich bin sicher, daß Herr Müller mir hier zustimmen würde." – „Das habe ich so auch von anderen gehört." – „Dieses Problem hatte ich mit anderen noch nie."

9. Berühren Sie über den kurzen Händedruck zur Begrüßung hinaus niemals Ihren Verhandlungspartner, und halten Sie immer körperlichen Abstand.

Achten Sie auf Signale, wenn der andere sich vermehrt zurücklehnt oder den Stuhl wegrückt. Rutschen Sie auf keinen Fall hinterher!

10. Schauen Sie den anderen an, wenn er mit Ihnen spricht. Lesen Sie dann nicht in Ihren Unterlagen herum.

11. Versuchen Sie auf keinen Fall, in den Unterlagen der Gegenseite mitzulesen. Vermitteln Sie auch nicht den Eindruck des Mitlesens, wenn der andere für sich Notizen macht.

12. Sorgen Sie dafür, daß Ihr Handy sich nicht mitten im Gespräch meldet.

13. Brechen Sie sofort die Verhandlung ab, sollte die Gegenseite sich durch einen Anruf ablenken lassen.

14. Sollten Sie es mit mehreren Gesprächspartnern auf der Gegenseite zu tun haben, dann achten Sie unbedingt darauf, daß Sie immer wieder mit jedem einzelnen Blickkontakt aufnehmen. Sprechen Sie nicht immer nur zum Verhandlungsführer oder zum Ranghöchsten hin.

15. Sprechen Sie den/die anderen mit Namen an. Achten Sie darauf, daß Ihnen auch komplizierte Namen fehlerfrei und flüssig von den Lippen kommen.

Halten Sie sich an die Grundregeln von Höflichkeit und Liebenswürdigkeit, und gehen Sie souverän darüber hinweg, wenn die Gegenseite dagegen verstößt. Sie wollen Ihren Verhandlungspartner schließlich nicht erziehen, sondern überzeugen!

4.6 Die positive Atmosphäre für eine partnerschaftliche Gesprächsführung

Es gibt eine Manipulationstechnik, die nicht nur gut funktioniert, sondern sogar auch für faire Verhandlungen anwendbar ist. Es ist die Technik des „Spiegelns". Dabei geht es darum, sich gezielt über die unbewußten Wahrnehmungen dem Verhandlungspartner sympathisch darzustellen.

Wir sind zwar immer neugierig auf Fremdes und Ungewohntes, aber am besten gefällt uns, was uns vertraut vorkommt. Gegenüber Fremden, die anders aussehen oder sich anders verhalten als wir, neigen wir zum „Fremdeln" und bisweilen sogar zur offenen Ablehnung. Wir haben unsere eigene Vorstellung von dem, was „gut" aussieht und „was sich gehört". Wenn ein anderer dagegen verstößt, lehnen wir das oft ab und ziehen uns sehr leicht auf Vorurteile zurück.

> Wer großen Wert auf das dunkle Kostüm oder den Anzug legt, unterstellt einem lässigen Jeansträger vielleicht auch eine nachlässige Einstellung. Wer sich stets sehr gewählt ausdrückt, fühlt sich möglicherweise von den flapsigen Sprüchen einer Person, die auch mal „ins Unreine" spricht, abgestoßen. Man sagt zwar, daß Gegensätze sich anziehen, viel häufiger trifft jedoch die Erkenntnis zu: „Gleich und gleich gesellt sich gern."

Wenn Sie ein paar Pluspunkte in Richtung Sympathie bei Ihrem Verhandlungspartner ernten wollen, dann können Sie das, indem Sie dem anderen ein „vertrautes Bild" bieten. Dem anderen ist natürlich jenes Verhalten und Aussehen besonders vertraut, das seinem eigenen ähnlich ist.

„Spiegeln" Sie Ihren Verhandlungspartner. Er wird es gar nicht bewußt registrieren, Sie jedoch unbewußt sehr viel sympathischer wahrnehmen, als wenn Sie Ihre Individualität durch für ihn Ungewöhnliches oder Überraschendes herauszustellen versuchen.

Stellen Sie Ähnlichkeiten zwischen sich und Ihrem Gesprächspartner her:

1. *Äußere Erscheinung*
   Kleiden Sie sich ähnlich wie Ihr Gesprächspartner. Schaffen Sie keine unnötige Barrieren durch Schmuck, auffällige Ledermappen oder ähnliche Accessoires.

2. *Haltung und Körpersprache*
   Spiegeln Sie mit Ihrer Sitzhaltung, Gestik und Mimik das Verhalten Ihres Gesprächspartners. Dabei sollen Sie ihn nicht nachäffen, sondern sich ihm anpassen.

   > Wenn sich Ihr Gesprächspartner entspannt zurücklehnt, sollten Sie ihm nicht wie ein pedantischer Schalterbeamter gegenübersitzen. Wenn Ihr Gesprächspartner eine sehr korrekte Haltung einnimmt, dann verzichten Sie bitte Ihrerseits auf betont lässiges Sitzen.

3. *Stimme*
   Passen Sie sich in Sprechgeschwindigkeit und Lautstärke an. Wichtig ist, daß Sie den anderen nicht übertönen.

   > Wenn Ihnen ein dynamischer Mensch gegenübersitzt, strengt es ihn sehr an, wenn Sie sich langsam und Silbe für Silbe von Ihren Worten trennen. Wenn Sie dann auch noch endlos und bis in jedes Detail Ihre Ansichten begründen, dann leidet er Höllenqualen! Achten Sie auf Zeichen von Ungeduld. Das kann Trommeln auf der Tischplatte sein oder sein Versuch, Ihre Sätze für Sie zu beenden. Kommen Sie dann sofort auf den Punkt.
   > Haben Sie einen ruhigen Menschen mit langsamer Sprechweise vor sich, sollten Sie auf keinen Fall schnell und zackig sprechen. Das könnte auf den anderen wie eine Maschinengewehrsalve wirken. Er gerät in Streß und erlebt Sie als aggressiv. Bei langsamen Menschen sollten Sie unbedingt auch auf Gedankensprünge und Geistesblitze verzichten.

4. *Wortwahl und Formulierungen*
   Achten Sie auf Wortwahl und Formulierungen Ihres Verhandlungspartners, und passen Sie sich daran an. Greifen Sie auch markante Begriffe der Gegenseite für Ihre Argumentation auf. Wenn der andere bei Ihnen seine eigenen Worte wiederhört, fühlt er sich von Ihnen verstanden.

Ob man das „Spiegeln" als Manipulation bezeichnen muß oder nicht, ist letztlich unwichtig. Auf keinen Fall handelt es sich dabei um einen unfairen Trick, mit dem man den Verhandlungspartner täuscht. Das „Spiegeln" stellt ganz einfach die Gemeinsamkeiten heraus, vermeidet unnötige Konfrontationen und fördert somit die partnerschaftliche Atmosphäre.

Wenn Sie Glück haben, wendet Ihr Gesprächspartner Ihnen gegenüber die gleiche Technik an. Dann spricht man vom „Synchronisieren".

Hat man eine Person vor sich, die einem im Verhalten und in der Sprechweise überhaupt nicht liegt, kann das „Spiegeln" anstrengend sein. Wenn sich jedoch beide Seiten um eine gegenseitige Anpassung bemühen, dann entwickelt sich oft über die Annäherung im Verhalten auch eine Annäherung in der Verhandlungsführung. Und keine Seite wird dabei überfordert!

5 Strategisch denken – überzeugend argumentieren

5.1 Recht haben und Recht bekommen

Wenn wir in Verhandlungen oder auch in Streitgespräche hineingehen, neigen wir alle erst einmal dazu, uns selbst immer wieder zu bestätigen, warum wir recht haben, warum unser Anliegen das wichtigere oder unsere Überzeugung die bessere ist. Wir versuchen dann den Verhandlungs- und Gesprächspartner dadurch zu überzeugen, daß wir ihm das darlegen, was uns selbst als überzeugend einleuchtet. Wenn der andere dann nicht zustimmt, formulieren wir vielleicht ein wenig um, bleiben jedoch grundsätzlich bei den Argumenten, die uns selbst überzeugen.

Den gedanklichen Sprung von der eigenen Sichtweise zu der eines anderen Menschen schaffen viele nicht. Besonders schwer fällt es, sich in jemanden hineinzuversetzen, den man zudem noch als Gegner wahrnimmt – und wenn es außerdem die Sichtweise jener Person ist, mit der man um etwas verhandeln oder sogar (rhetorisch) kämpfen muß.

Wenn es Ihnen sehr schwerfällt, sich in die Person hineinzuversetzen, mit der Sie vor einer Verhandlung stehen, dann ist es sinnvoll, sich bei der Vorbereitung unterstützen und beraten zu lassen. Ein Außenstehender hat eher die notwendige Distanz, Ihnen zu sagen, wie Sie Ihren Standpunkt oder Ihr Anliegen vorbringen sollten, damit Ihr Verhandlungspartner sich überzeugen läßt. Es nützt Ihnen allerdings wenig, wenn Sie sich von jemandem beraten lassen, der Ihnen immer nur bestätigt, daß Sie recht haben! Das stärkt vielleicht Ihr Selbstvertrauen, für die Vorbereitung nutzt es Ihnen wenig.

Das Ziel Ihrer Argumentation besteht darin, eine Person zu überzeugen, die zuvor nicht oder von etwas anderem überzeugt war. Das heißt, Ihr Verhandlungspartner soll aufgrund Ihrer Argumente seine bisherige Meinung aufgeben und eine neue annehmen.

Es kann auch Ziel einer Verhandlung sein, daß der andere zwar bei seiner bisherigen Meinung bleibt, sich Ihnen jedoch trotzdem beugt.

> Bei politischen Verhandlungen ist dies sogar häufiger der Fall als die Meinungsbeeinflussung. Auch wenn Sie im Unternehmen um einen bestimmten Kompetenzrahmen oder um eine Position verhandeln, kann es sein, daß der andere bei seiner bisherigen Meinung bleibt, sich jedoch Ihren Zielen beugt, weil Sie vielleicht klargemacht haben, daß Sie stärker sind oder er sowieso keine Chance hat, sich Ihnen gegenüber durchzusetzen. Dann wollen Sie den anderen nicht von Ihrer Meinung überzeugen, sondern davon, daß es gut für ihn ist, sich Ihrer Meinung zu beugen oder ein Ihnen genehmes Ergebnis zu akzeptieren.

- Machen Sie sich vorher klar, was Ihr Verhandlungspartner nach dem Gespräch mit Ihnen denken, glauben, wollen soll.
- Dann bereiten Sie sich darauf vor, wie Sie ihn dahin bringen wollen.

Man unterscheidet drei Ebenen der Argumentation:

1. Formebene

Hierbei geht es um die Gestaltung Ihrer Überzeugungsarbeit:

- Wollen Sie nur reden oder auch etwas zeigen?
- Wollen Sie präsentieren oder den anderen durch geschickte Fragen dazu bringen, selbst zum richtigen Schluß zu kommen?
- Wollen Sie mit geschickten Techniken der Einwandbehandlung arbeiten oder lieber durch geeignete Taktiken mögliche Einwände gleich verhindern?
- Wollen Sie den anderen bei der Verhandlung mit bestimmten Argumenten überraschen oder ihm auch schon vorab einige Informationen zum Nachlesen zukommen lassen?

2. Strukturebene

Hierbei geht es um die Gliederung oder auch Komposition Ihrer Argumente:

- Welche Argumentationsketten wollen Sie bilden?
- Mit welchem strategischen Konzept wollen Sie arbeiten?
- Wollen Sie lieber nur abwartend reagieren?

3. Inhaltsebene

Hierbei geht es nicht um die Technik der Darstellung, sondern um die Inhalte dessen, was Sie sagen wollen:

- Welche Fakten sollen überhaupt zur Sprache kommen?
- Wie sollen Beweise Ihre Argumente absichern?
- Welche Gründe sprechen überhaupt für Ihren Standpunkt?
- Stimmt die Logik Ihrer Ausführungen?

ad 1 und 2: Form- und Strukturebene

Hier geht es um das Wie, um die Aufbereitung und Darstellung Ihrer Argumentationen. Hierfür machen Sie sich rhetorisch, taktisch und strategisch fit.

Die Frage ist: Wie wollen Sie erreichen, daß Sie recht bekommen?

Bei der Vorbereitung im Hinblick auf Form und Struktur überlegen Sie, wie Sie dafür sorgen können, daß Ihr Verhandlungspartner

- Ihnen überhaupt bereitwillig zuhört;
- Sie versteht und mitdenkt;
- seine inneren Einwände gegen Ihren Standpunkt überwindet.

Die Form und die Struktur wirken entscheidend im Prozeß des Verhandelns, damit Ihr Gesprächspartner zu der von Ihnen angestrebten Überzeugung kommt.

Formebene:	rhetorische Techniken
	Präsentationstechniken
	Veranschaulichungen
	etc.
Strukturebene:	Argumentationsketten
	strategische Konzepte
	Vorgehenskonzepte
	etc.
Inhaltsebene:	Aussagen und Behauptungen
	Beweise und Begründungen
	Fakten und Daten
	logische Schlüsse
	etc.

Abbildung 19: Die drei Ebenen der Argumentation

Bei der Form und der Struktur geht es um rhetorische Techniken, Taktiken und Strategien. Aber auch diese müssen fair bleiben. Ihr Verhandlungspartner wird nicht bei einer Einigung mit Ihnen bleiben, wenn er im Nachhinein feststellt, daß er Opfer Ihrer gerissenen Tricks geworden ist. Egal, ob er dann Ihren Fakten zustimmen muß – mit seinem Selbstwertgefühl kann er es nicht vereinbaren, Ihnen „auf den Leim gegangen" zu sein. Er wird es Ihnen jedoch nicht verübeln, wenn er nach einer Einigung erkennt, daß Sie zum Beispiel mit der Bilanz-Methode gearbeitet haben oder mit einer der Argumentationsketten (falls er sich die Mühe macht, über Ihre Vorgehensweise nachzudenken).

ad 3: Inhaltsebene

Jetzt geht es um das Was. Hierfür müssen Sie die Fakten recherchieren. Sie müssen absichern, daß das, was Sie vorbringen, stimmt und stimmig ist.

Die Frage ist: Was spricht dafür, daß Sie recht haben?

Bei der Vorbereitung im Hinblick auf den Inhalt überlegen Sie, wie Sie hieb- und stichfest begründen können.

Der Inhalt wirkt entscheidend über die aktuelle Verhandlung hinaus. Der Inhalt bestimmt, ob Ihr Verhandlungspartner auch später – zum Beispiel vor Dritten

– noch bei der Überzeugung bleibt. Wenn nämlich im Nachhinein Ihr Verhandlungspartner von Dritten zur Rechenschaft gezogen wird, warum er mit Ihnen
zu einer Einigung oder einem bestimmten Ergebnis gekommen ist, dann wird er
mit Inhalten begründen, die im wesentlichen von Ihnen stammen.

Auch aus einem weiteren Grund müssen Sie sich intensiv auf die inhaltliche
Ebene vorbereiten: Sie können nur dann wirklich selbstbewußt und entsprechend überzeugend auftreten, wenn Sie wissen, daß Ihre Fakten, Begründungen
und Beweise stimmen und auch im Nachhinein einer Prüfung standhalten.

Schlechte Verhandler erkennt man oft daran, daß sie ihre Standpunkte und
Meinungen rechthaberisch vertreten, sich jedoch meistens nur dann durchsetzen können, wenn sie beispielsweise aufgrund ihrer Position am längeren Hebel
sitzen. Ansonsten reiben sie sich in nutzlosen Diskussionen auf, erreichen ihre
Verhandlungsziele nicht und beklagen sich bei Unbeteiligten über die Dummheit oder Bosheit des jeweiligen Verhandlungspartners.

Schlechte Verhandler verlassen sich fast immer nur auf die inhaltliche Ebene
und unterschätzen die Wirkung von Form und Struktur.

Gute Verhandler können so geschickt mit Argumentationsketten, strategischen
Konzepten und anderen rhetorischen Mitteln arbeiten, daß sie fast immer sieg-
reich aus Verhandlungen herauskommen. Die Frage ist dann jedoch: Handelt
es sich um einen dauerhaften Sieg, weil auch die Inhalte stimmten – oder macht
der andere später doch wieder einen Rückzieher, wenn er sich aus der rhetorischen Überlegenheit des guten Verhandlers befreit und die Sache noch einmal
durchdacht hat?

Achten Sie darauf, daß bei Ihren Verhandlungen immer beides stimmt: Das *Was*
der Inhalte und das *Wie* von Form und Struktur.

5.2 Professionelles Aufbereiten der Argumente

Wenn Sie sich auf Ihre Verhandlung vorbereiten, dann gehen Sie im Hinblick
auf Ihre Argumentation in folgenden Schritten vor:

1. **Sie legen Ihre Kernbotschaft oder Ihr Ziel fest.**
   Wovon wollen Sie den anderen überzeugen?
   Zu welchem Ergebnis wollen Sie die Verhandlung führen?
   Was soll sich im Denken oder Handeln des anderen ändern?

2. **Sie sichern Ihre Argumente inhaltlich ab.**
   Welche Fakten, Daten und Erfahrungen sprechen für Sie?
   Wie können Sie das beweisen?

3. **Sie versetzen sich in die (Denk-)Welt Ihres Verhandlungspartners.**
   Was ist die Meinung oder das Verhandlungsziel des anderen?

Was könnte den anderen hindern, sich Ihrer Meinung anzuschließen?
Was könnte den anderen hindern, mit Ihnen zum angestrebten Ziel zu kommen?
Was könnte den anderen überzeugen?
Was könnte den anderen – auch ohne Überzeugung – dazu bringen, sich mit Ihnen zu einigen?

4. **Sie bereiten mögliche Formen und Strukturen vor.**

Wie wollen Sie Ihre Argumente „verpacken"?
Wie wollen Sie Ihre Argumente verketten?
Nach welchem strategischen Konzept wollen Sie vorgehen?
Mit welchen Argumenten wollen Sie beginnen, mit welchen „nachkarren", welche sind nur für den Notfall?
Zu welchen Argumenten wollen Sie welche Beweise und Fakten vorbringen?
Mit welchen rhetorischen Mitteln wollen Sie arbeiten?

Vermutlich wird sich die tatsächliche Verhandlung nie ganz so entwickeln, wie Sie sich das in Ihrer Planung vorgestellt haben. Schließlich wissen Sie nicht, welche Überraschungen die Gegenseite für Sie vorbereitet hat.

Eine Verhandlung ist nicht nur das gegenseitige Präsentieren wundervoller Argumentationsketten oder strategischer Konzepte und rhetorischer Künste. Eine Verhandlung lebt vom Hin und Her, von Überraschungen und plötzlichen Gesprächsentwicklungen. Das sollte Sie jedoch nicht davon abhalten, sich gründlich vorzubereiten. Sie dürfen sich nur nicht stur an Ihre Vorbereitung halten, wenn das Geschehen eine unerwartete Wendung nimmt.

Die kleinste Einheit einer Verhandlung ist das einzelne Argument. Wenn Sie Ihre Argumente zusammengestellt haben, sollten Sie einerseits darüber nachdenken, in welcher Verkettung Sie sie bringen können, andererseits sollten Sie bei jedem einzelnen überlegen, ob Sie es als reine „Behauptung", als „echtes Argument" oder als „Schlußfolgerung" verwenden wollen.

Eine „Behauptung" ist eine Aussage ohne jede Begründung oder Erklärung.

> „Die Banken haben viel zuviel Macht."
> „Der Umweltschutz gefährdet den Wirtschaftsstandort Deutschland."
> „Die neue deutsche Rechtschreibung ist völlig überflüssig."
> „In Asien liegt unsere Zukunft."
> „Wenn wir weiterhin in Deutschland produzieren, können wir die Preise nicht halten."

Eine Behauptung gibt weder durch eine Erklärung zu erkennen, wie sie entstanden ist, noch stellt sie durch Begründungen oder Beweise ihre Richtigkeit dar. Sie steht einfach nur im Raum. Man sollte meinen, daß vernünftige Menschen sich von einfachen Behauptungen nicht überzeugen lassen. Das ist falsch.

Behauptungen wirken dann überzeugend, wenn

- sie beim Empfänger auf Glaubensbereitschaft treffen, das heißt, daß die Behauptung in das Weltbild des Empfängers paßt. Im stillen hat er so ähnlich bereits gedacht oder denken wollen, nun wird es ihm vom Behauptenden in Worte gefaßt. Er kann nun sogar mit dieser Behauptung zu Dritten gehen und erklären: „XY sagt das auch.".

  Aus dem täglichen Leben kennen wir das Beispiel, wenn wieder einmal behauptet wird, Mitrauchen sei doch nicht schädlich. Das trifft bei Rauchern auf Glaubensbereitschaft.

- sie der bereits festen Meinung des Empfängers entspricht. „Richtig", wird der Empfänger sagen und sich freuen, auf einen Gleichgesinnten getroffen zu sein. Ob man vielleicht gemeinsam einem Vorurteil oder Irrtum aufsitzt, wird nicht mehr geprüft. Man gibt sich gegenseitig die Bestätigung, daß die Behauptung stimmt.

  Man kennt das Phänomen auch bei politischen Pauschalurteilen. „Die Grünen sind technikfeindlich und verhindern Deutschlands Anschluß an Zukunftsmärkte." „Der CDU ist der Umweltschutz völlig egal. Die wollen sich nur mit den Wirtschaftsbossen gutstellen." „Die SPD kann sich nie von ihrer Tradition als Arbeiterpartei freimachen."

- der Behauptende in den Augen des Empfängers in der Sache eine Autorität darstellt. „Die SAP-Aktien sind überbewertet." Das wird der Empfänger dem Vermögensberater abnehmen, wenn er schon vorher davon überzeugt war, daß dieser die Börsenwelt genau kennt. „Der muß es wissen", denkt sich der Hörer und glaubt die Behauptung blind.

  Aus dem täglichen Leben kennen wir Autoritäten, deren Behauptungen wir annehmen müssen, weil wir die Sache selbst nicht beurteilen können, oder deren Behauptungen wir annehmen, weil wir davon ausgehen, daß sie nur Behauptungen aufstellen, die sie recherchiert haben: „Das geht technisch nicht." Das muß der Vorstand dem Spezialisten aus der Technik glauben. Wenn er klug ist, fragt er jedoch eine zweite Kapazität auf dem Gebiet. „Verhandlungen im Kosovo gescheitert." Das müssen wir der Zeitung glauben. Die werden das ja wohl recherchiert haben.

- man sie oft genug hört. Das ist eine ganz banale Erkenntnis. „Steter Tropfen höhlt den Stein." Menschen neigen dazu, Behauptungen, die sie bisher nicht akzeptiert haben, irgendwann für Wahrheit zu halten, wenn man sie nur oft genug – zum Beispiel durch die Medien – wiederholt. Dazu braucht man nicht einmal Beweise oder Begründungen!

  Wir vergessen mit der Zeit, wann und von wem wir die Behauptung zum ersten Mal gehört haben. Irgendwann akzeptieren wir die Behauptung, weil wir denken: „Das habe ich schon mal von anderer Seite gehört. Demnach muß wohl etwas dran sein." Irgendwann meinen wir sogar: „Das stimmt. Das weiß ich schon lange."

Im Hinblick auf Behauptungen gibt es eine subtile Manipulationstechnik. Achten Sie bitte darauf, ob Ihr Verhandlungspartner sie Ihnen gegenüber anwendet! Die Technik basiert auf dem Phänomen, daß wir zu „Schwarz-Weiß-Denken" neigen. Wenn wir zum Beispiel auf eine Person treffen, die eine uns völlig konträre Meinung vertritt, dann lehnen wir nicht nur diese Meinung ab, sondern gleich die ganze Person. Ihre Stimme, Kleidung, Manieren ... alles ist schrecklich. Wenn diese Person nun etwas sagt, wozu wir zuvor weder eine Meinung, noch irgendwelche Informationen hatten, sind wir instinktiv trotzdem dagegen.

Das funktioniert auch umgekehrt. Wenn wir einer Person in einigen Dingen erst einmal zustimmen, dann nehmen wir die Person positiv wahr. Wir neigen dann dazu, ihr auch Behauptungen ohne Erklärungen und Beweise abzunehmen, zu denen wir keine Hintergrundinformationen haben.

Ein geschickter Manipulierer nutzt womöglich dieses Phänomen, um Sie auf die „Ja-Schiene" in Richtung seiner Verhandlungsziele zu setzen. Er kommt mit Ihnen nicht gleich zum Verhandlungsthema, sondern verwickelt Sie erst einmal in einen aufwärmenden Small talk. Im Rahmen dieses Geplauders werden Sie analysiert. Ganz unauffällig folgen im Geplauder ein paar Behauptungen, die mit dem Verhandlungsthema nichts zu tun haben, von denen der andere inzwischen jedoch weiß, daß sie bei Ihnen zumindest auf Glaubensbereitschaft treffen. Sie stimmen zu und entwickeln unbewußt die Erkenntnis, einen Menschen vor sich zu haben, der die richtigen Dinge denkt und sagt. Sie entwickeln die Neigung, diesem Menschen gegenüber auch weiterhin ja zu sagen, um beim angenehmen Gefühl der Kommunikation mit einem Gleichgesinnten zu bleiben. Jetzt sind Sie auf der „Ja-Schiene" und können nun vom anderen geschickt in die eigentliche Verhandlung gesteuert werden.

> Glauben Sie bloß nicht, daß Sie für diese Manipulationstechnik zu intelligent sind! Im Gegenteil – damit ziehen selbst windige Finanzberater Managern, Ärzten und Geschäftsleuten Unsummen aus der Tasche!

Für Ihre Argumentationsvorbereitungen sollten Sie bewußt entscheiden, ob Sie sich bei bestimmten Dingen auf reine Behauptungen beschränken können.

> Sie sind in den Augen Ihres Gesprächspartners eine Person, die sich mit Möbeln gut auskennt. Sie behaupten: „Aus Gründen des Umweltschutzes sollte man Holz für Gartenmöbel verwenden." Kann sein, daß der andere Ihnen glaubt und sich selbst die ihn überzeugende Begründung gibt: Holzmöbel sind natürlich umweltschonender als Plastikmöbel.
> Wenn Sie jedoch eine Begründungen mitliefern, besteht immer das Risiko, daß der andere hierbei plötzlich etwas entdeckt, was ihm zweifelhaft ist: „Aus Gründen des Umweltschutzes sollte man für Gartenmöbel Holz verwenden. Es werden dafür schließlich die besonders dauerhaften Hölzer aus Asien genommen. Ganz besonders Teak hat eine Haltbarkeit, die Plastik weit übertrifft. Das reduziert die Müllberge." Und schon zweifelt er Ihre Behauptung an. Jetzt denkt Ihr Gesprächspartner nicht mehr darüber nach, ob Holz umweltschonender ist als Plastik, sondern ob für westliche Gartengestaltung in Asien Wälder mit Edelhölzern vernichtet werden dürfen.

Merke: Wenn es geht, sollten Sie sich auf Behauptungen beschränken. Jede Begründung birgt das Risiko, daß Ihr Verhandlungspartner plötzlich in unerwarteter Richtung denkt.

Sie sollten jedoch niemals eine Behauptung aufstellen, für die Sie nicht notfalls sofort eine fundierte Erklärung oder Begründung nachreichen können. Sie verlieren Ihre gesamte Glaubwürdigkeit, wenn Sie dabei ertappt werden, daß Sie Ihre Behauptungen nicht untermauern können.

Ein „echtes Argument" ist eine Behauptung mit Begründung. Dabei geht man davon aus, daß der Gesprächspartner die Behauptung akzeptiert, wenn ihm die Begründung einleuchtet. Dabei kommt es weniger auf den objektiven Wahrheitsgehalt von Behauptung und/oder Begründung an, sondern mehr darauf, was dem Empfänger als überzeugend oder akzeptabel erscheint.

> Wir kennen das, wenn Eltern vergeblich ihre Kinder mit der Behauptung zum Lernen auffordern, es sei in ihrem eigenen Interesse gut, und begründen, mit guten Noten hätten sie bessere Berufschancen. Das mag der Wahrheit entsprechen, aber die Kinder überzeugt es in der Regel nicht.
>
> Wenn Sie in einer Verhandlung behaupten, der geeignete Kandidat für eine bestimmte Position zu sein, dann haben Sie dafür vielleicht mehrere Begründungen parat:
> – Sie verfügen über mehr Erfahrungen als der andere Kandidat.
> – Sie haben eine bessere Ausbildung mit akademischem Titel.
> – Sie finden bei den Kunden aufgrund bisheriger Beziehungen schneller Akzeptanz.
> – Ihnen wurde die Position bei der Einstellung zugesagt.
> – Der andere Kandidat hat bereits in einer vergleichbaren Position versagt.

Völlig falsch wäre es, in der Verhandlung alle diese Begründungen zu präsentieren. Damit provozieren Sie nämlich das Risiko, daß vielleicht eine davon dem anderen als falsch, lächerlich, unglaubwürdig oder unwichtig erscheint. Er könnte sich daran festbeißen und Ihre gesamte Argumentation ablehnen. Kombinieren Sie Ihre Behauptung möglichst mit nur einer Begründung, die jedoch so ausgewählt sein muß, daß sie nicht Sie, sondern Ihren Verhandlungspartner überzeugt. Wenn Sie mit dieser Begründung doch nicht ankommen, dann haben Sie weitere parat.

Es gibt aber auch Argumente, deren „Anatomie" zusätzlich zur Begründung noch eine Begründung für die Begründung enthält. Das heißt, Sie stellen eine Behauptung auf, begründen diese und begründen dann, warum die Begründung gerechtfertigt ist.

> „Mit dem Medikament XY werden wir auf dem amerikanischen Markt keinen Erfolg haben, weil die Amerikaner dafür keinen Bedarf sehen. Das geht aus unseren Studien klar hervor." Die Studienergebnisse begründen, warum die Begründung (weil die Amerikaner keinen Bedarf sehen) zur Behauptung (dort werden wir keinen Erfolg haben) richtig ist. Damit wird die Behauptung ihrerseits glaubhaft.
>
> Dem unaufmerksamen Zuhörer kann sich der Eindruck vermitteln, die Studie

habe nachgewiesen, daß der Erfolg unmöglich ist. Das stimmt jedoch nicht. Es wurde lediglich nachgewiesen, daß die Amerikaner (noch?) keinen Bedarf sehen. Was ist, wenn man den Bedarf weckt? Gibt es eine Studie, die untersucht hat, ob ein solcher Bedarf in Amerika zu wecken ist?

Mit Begründungen zu Begründungen von Behauptungen kann man

- die Behauptung weiter in ihrer Überzeugungskraft festigen;
- den Verhandlungspartner gezielt ablenken;
- den Verhandlungspartner versehentlich auf ungünstige Ideen bringen.

Seien Sie aber sparsam mit solchen Konstruktionen!

Die Anatomie eines „echten Argumentes" besteht demnach aus diesen Elementen:

- Behauptung,
- Begründung(en)
- und eventuell noch einer Begründung zur Begründung.

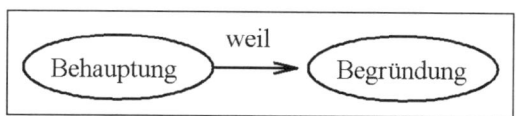

Abbildung 20: Die Anatomie eines Arguments

Sie sollten sich so vorbereiten, daß Sie zu jeder Ihrer Behauptungen (Forderungen, Meinungsäußerungen etc.) stets mehrere Begründungen parat haben. Und zu jeder Begründung sollten Sie mindestens eine Absicherung haben. Das ist die inhaltliche Vorbereitung.

Zur formellen Vorbereitung kann gehören, daß Sie Zahlenmaterial, Untersuchungsberichte oder andere Referenzdokumentationen zusammenstellen und mit in die Verhandlung nehmen. Vieles muß man nicht sagen, wenn man es auch zeigen kann. In welcher Form wollen Sie Ihren Standpunkt verdeutlichen? Nur über Worte? Auch visuell? Können Sie etwas mit dem Verhandlungspartner gemeinsam entwickeln?

Machen Sie sich auch Gedanken zur strukturellen Aufbereitung. Sie haben Ihre Behauptungen und dazu die Begründungen, um daraus „echte Argumente" zu konstruieren. Fragen Sie sich, ob Ihr Verhandlungspartner vermutlich leichter die Begründung oder die Behauptung akzeptiert. Man kann die Sache nämlich fast immer umstellen: Zuerst die Begründung und daraus ableitend die Behauptung als Schlußfolgerung.

> „In Ungarn kostet ein Programmierer nur ein Drittel von dem, was wir hier zahlen müssen. Deshalb ist es besser, wir verlegen die Entwicklung nach Ungarn."
> Oder: „Wir sollten die Entwicklung nach Ungarn verlegen, weil dort die Programmierer im Vergleich zu unseren nur ein Drittel kosten."

„Die Kunden wollen das Kauferlebnis als Freizeitspaß. Deshalb sollten wir in unseren Filialen auch kleine Bistros einrichten." Oder: „Wir sollten in unseren Filialen kleine Bistros einrichten, weil die Kunden das Kauferlebnis als Freizeitspaß erleben wollen."

Häufig ist es klüger, wenn Sie den Teil zuerst bringen (in Form von Worten oder visuell), der von Ihrem Verhandlungspartner am leichtesten akzeptiert wird. Er wird vermutlich akzeptieren, daß die Programmierer in Ungarn weniger kosten als in Deutschland. Wenn er dazu schon einmal ja gesagt hat, kann er leichter dem Vorschlag der Verlagerung der Entwicklung zustimmen. Umgekehrt könnte er spontan „Nein!" sagen, weil er sofort daran denkt, wie kompliziert es werden könnte, mit Ungarn Verträge zu machen und Vereinbarungen zu treffen. Wenn ihm ein spontanes Nein erst einmal herausgerutscht ist, mag er vielleicht keinen Rückzieher mehr machen, selbst wenn ihm die nachgelieferte Begründung doch noch einleuchtet.

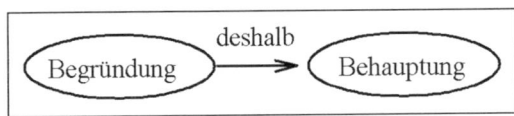

Abbildung 21: Das Argument als Schlußfolgerung

Auch Sie können die Technik der „Ja-Schiene" nutzen, wenn Sie Ihr Argument als Schlußfolgerung so strukturieren, daß Sie zuerst eine oder mehrere akzeptable Begründungen vorschicken.

> „Die Software XY gehört heute zum internationalen Standard. Dafür findet man auf dem Arbeitsmarkt inzwischen auch ausreichend viele Fachleute. Deshalb sollten auch wir auf XY umstellen."
> Sie können die „Ja-Schiene" durch eine (nicht mehr!) akzeptable Behauptungen ergänzen: „Wenn wir uns auf dem Markt langfristig durchsetzen wollen, müssen wir auch in Zukunft technisch auf dem neuesten Stand bleiben. Die Software XY ..."

Sie haben dadurch nicht nur die „Ja-Schiene" aufgebaut, sondern Sie erreichen bei einem unaufmerksamen Gesprächspartner vielleicht sogar, daß er Ihnen zustimmt aus Sorge, man könne ihm sonst unterstellen, kein Interesse an der langfristigen Marktchance zu haben.

Mit dieser Technik sollten Sie jedoch zurückhaltend sein, wenn Sie einen schlagfertigen, blitzschnell denkenden und mißtrauischen Gesprächspartner vor sich haben. Er erkennt solche suggestiven Manipulationen sofort und reagiert darauf höchst empfindlich. Bei solchen „Scharfdenkern" sollten Sie sich auf maximal zwei Begründungen und eine Schlußfolgerung beschränken.

Für die formelle Vorbereitung können Sie dann überlegen, ob Sie die Schlußfolgerung noch aussprechen wollen, oder ob Sie lieber eine Denkpause einlegen, in der Ihr Gesprächspartner selbst darauf kommt.

„Der Verkehrsinfarkt auf den Autobahnen hat uns schon etliche Lieferprobleme bereitet. Mit der Bahn hat es bisher zum Glück immer pünktlich geklappt." Kommt Ihr Gesprächspartner jetzt auf die von Ihnen gewünschte Schlußfolgerung? Wenn ja, dann ist das für ihn viel überzeugender als jedes weitere Wort von Ihnen.

Bereiten Sie sich demnach inhaltlich so gründlich vor, daß Sie alle Ihre Argumente plausibel begründen oder hieb- und stichfest beweisen können. Überlegen Sie strukturell, in welcher Reihenfolge und Verkettung Sie Ihre Aussagen kombinieren wollen. Überlegen Sie formell, wie Sie Ihre Argumente, Forderungen, Meinungen, Appelle etc. aufbereiten sollten.

5.3 Beweise müssen wasserdicht sein

Für sehr harte Verhandlungen müssen Sie sich gegebenenfalls mit Beweisen ausrüsten. Diese müssen so wasserdicht sein, daß Ihr Verhandlungspartner sie nicht aufweichen oder gar widerlegen kann.

Von einem „Beweis" spricht man, wenn sich aus wahren Begründungen zwingend ergibt, daß dann auch die Behauptung wahr sein muß. Ist das nicht gegeben, kann man vielleicht noch von einem Argument mit plausiblen Begründungen sprechen, ein Beweis ist das dann jedoch nicht. Für normale Verhandlungen reichen plausible Begründungen häufig aus. Bei harten Verhandlungen sind Beweise sicherer.

> „Herr Müller ist ein guter Mensch. Er spendet regelmäßig für die Armen und engagiert sich ehrenamtlich in der Gemeinde."
> Wird hier die Behauptung bezüglich Müllers Charakter wasserdicht bewiesen? Wenn man nachweisen kann, daß Herr Müller tatsächlich spendet und ehrenamtlich tätig ist, ergibt sich daraus zwingend, daß er ein „guter" Mensch ist? Auf den ersten Blick könnte man das annehmen.
> Wenn man jedoch ausführlicher darüber nachdenkt, könnte es auch andere Gründe für Spendenfreudigkeit und ehrenamtliche Betätigungen geben. Vielleicht ist Herr Müller Geschäftsmann und findet seine Kunden hauptsächlich in der Gemeinde? Oder es könnte sein, daß er sein „Sponsoring" den Großunternehmen abgeschaut hat, die schließlich auch gerne werbeträchtig Gutes tun. Oder vielleicht pflegt er im Rahmen seiner Gemeindearbeit nützliche Kontakte zu Kunden?

Betrachten Sie noch ein anderes Beispiel:

> „Wenn wir unseren Umsatz halten wollen, müssen wir noch in diesem Jahr unseren Qualitätsstandard zertifizieren lassen. Unsere Hauptabnehmer sind Betriebe des öffentlichen Dienstes. Diese werden sich ab dem nächsten Jahr nur noch von zertifizierten Anbietern beliefern lassen."
> Das ist ein wasserdichter Beweis. Wenn es stimmt, daß die Hauptabnehmer öffentliche Betriebe sind, und wenn es stimmt, daß diese nur noch mit zertifizierten Anbietern arbeiten werden, so ergibt sich zwingend, daß das eigene Unternehmen zertifiziert werden muß.

Wenn es geht, sollten Sie für jedes Ihrer Argumente wasserdichte Beweise parat haben. Welche Struktur Sie dann innerhalb der Verhandlung wählen, entscheiden Sie wie bei anderen Argumenten. Auch hier können Sie zuerst die Behauptung und dann die beweisenden Begründungen nennen – oder umgekehrt vorgehen.

> Wenn Ihr Verhandlungspartner eine Abneigung gegen das Zertifizieren hat, könnte er voreilig „Nein!" rufen und sich anschließend nach Ihren eigentlich beweiskräftigen Begründungen mit windigen Argumenten herauszureden versuchen. „Wir können doch andere Hauptabnehmer finden." „Wahrscheinlich ändern sich die Vorschriften in den öffentlichen Diensten doch wieder." Er argumentiert so nicht, weil er so denkt, sondern weil er es mit seiner Ehre nicht vereinbaren kann, das voreilige Nein zu revidieren. Jetzt besteht die Gefahr, daß Sie auf seine (unsinnigen) Argumente eingehen. Die muß er natürlich verteidigen, das ist ihm selber unangenehm …

Am Ende entwickelt sich aus einem überflüssigen Hin und Her der für Sie kurzfristige Triumph, mit Ihren Beweisen gesiegt zu haben. Sie handeln sich aber auch langfristigen Ärger ein: Ein zuvor noch wohlwollender Verhandlungspartner hat sich in einen feindseligen verwandelt. Da hätten Sie besser – auch bei wasserdichten Beweisen – zuerst die Begründungen und danach die Schlußfolgerung ausgesprochen.

Wie gesagt, sollten Sie möglichst alle Ihre Argumente als wasserdichte Beweise führen. Das geht leider nicht immer.

> „Die Chinesen lieben westliche Waren, und der chinesische Markt ist noch lange nicht gesättigt. Wir sollten deshalb unbedingt für den chinesischen Markt produzieren, weil wir dort viel verdienen können."
> Das mag sich anhören wie ein wasserdichter Beweis, ist es aber nicht. Auch wenn beide Begründungen wahr sind, bedeutet das nicht zwangsläufig, daß die Chinesen unsere Produkte mögen werden. Und es heißt noch lange nicht, daß wir mit dem Wettbewerb auf dem chinesischen Markt mithalten können. Außerdem kann man nicht wissen, ob sich die Kaufkraft der Chinesen so entwickelt, wie wir es erhoffen. Niemand kann wissen, ob die politische Lage stabil bleibt. Wer sagt uns außerdem, daß die Chinesen nicht bis zu unserer Lieferfähigkeit die „Westwaren" selbst produzieren können?
> Die obige Argumentation mag zwar plausibel sein, wasserdicht bewiesen ist da nichts.

Das bedeutet für Sie, daß Sie nicht nur Ihre Argumentation vorbereiten müssen, bereiten Sie sich auch auf mögliche Einwände und auf Ihre Antworten dazu vor. Wo Sie beweisen können, haben Sie es natürlich leichter. Wo Sie nicht beweisen können, muß wenigstens Ihre Argumentation plausibel sein.

Achten Sie bitte auch auf „Logikfallen", die Ihnen Ihr Gesprächspartner vielleicht mit Scheinbeweisen unterjubelt. Die Technik der Scheinbeweise funktioniert meistens mit Beispielen oder mit suggerierten falschen Umkehrschlüssen.

> „Es stimmt nicht, daß Rauchen schädlich für die Gesundheit ist. Mein Opa hat täglich zwei Schachteln auf Lunge geraucht und ist 96 geworden."

Erstens wissen wir nicht, wie alt der Opa ohne Zigaretten geworden wäre, zweitens kann ein zäher Opa wohl kaum die vielen Opfer der Tabakindustrie aufwiegen.

„Kefir ist sehr gesund. Die Bulgaren essen ihn täglich und erreichen weltweit das höchste Alter."
Was unterscheidet die Bulgaren noch vom Rest der Menschheit? Andere Gene? Weniger Streß? Warum werden die Türken nicht so alt, wenn die doch auch so viel Kefir essen? Vielleicht hat Kefir überhaupt keine gesundheitlichen Auswirkungen, und es liegt am Knoblauch?

Zu den bekanntesten Scheinbeweisen mit suggerierten falschen Umkehrschlüssen gehört:

„Geld macht nicht glücklich." Armut macht demnach glücklich?

Zu den bekanntesten Scheinbeweisen als Kombination aus Beispielen und suggerierten falschen Umkehrschlüssen gehört:

„Einstein war ein erbärmlicher Schulversager, und trotzdem hat er im Leben Erfolg gehabt." Heißt das, daß man sich seine berufliche Karriere schon in der Schule durch Fleiß, Disziplin und Klugheit vermasselt? Muß man faul, frech und dumm sein und möglichst gefeuert werden, damit man so erfolgreich wird wie Einstein?

Achten Sie bitte auf „Logikfallen" durch Scheinbeweise, mit denen Ihr Verhandlungspartner Sie zu überzeugen oder in die Enge zu treiben versuchen könnte:

„Arbeitszeitmodelle mit Zeitsparkonten steigern die Motivation. Bei der Firma XY sind nach der Einführung sofort die Krankenstände gesunken." Das könnte auch am netteren Vorstand, an den gelungenen Gehaltsverhandlungen oder der neuen Klimaanlage gelegen haben.

„Was? Sie wollen eine Gehaltserhöhung? Ist Ihnen denn Geld das wichtigste an Ihrem Beruf? Die Befriedigung durch den Job an sich müßte Ihnen, wenn Sie dafür engagiert sind, doch viel mehr am Herzen liegen!" Wie schön!

Wenn Sie sehr schlagfertig sind, fällt Ihnen diese Masche vielleicht schon während der Diskussion auf. Dann können Sie darauf reagieren. Wenn Sie jedoch zu der Mehrheit der Menschen gehören, die zwar im Moment stutzig werden, jedoch nicht sofort mit der passenden Antwort parieren können, dann sollten Sie mit Papier und Stift in die Verhandlung gehen. Notieren Sie sich die Kernargumente der Gegenseite mit deren Begründungen und Beweisen. Legen Sie sich nicht sofort auf eine Einigung fest, sondern sagen Sie offen, daß Sie die Argumente im Nachhinein noch einmal in Ruhe überdenken wollen.

Das hat zwei Vorteile:

1. Ihr Gegenüber erkennt Sie als harten Verhandlungspartner an, der sich nicht so einfach mit Tricks blenden läßt, und wird sich mehr Mühe geben, Sie wirklich zu überzeugen. Außerdem erkennt er, daß Sie sich nicht unter Zeitdruck setzen lassen.
Die Kombination aus Scheinbeweisen und Zeitdruck ist nämlich eine der wirkungsvollsten Taktiken unfairen Verhandelns.

2. Sie können in Ruhe analysieren, was Sie von der Gegenseite als Beweise, plausible Erklärungen, einfache Behauptungen oder sogar Scheinbeweise bekommen haben. Das wird Ihnen bei Ihrer Entscheidung helfen, ob Sie sich überzeugen lassen oder nicht.

Zum Thema Beweisführung sollten Sie vor der Verhandlung überdenken, ob die „Beweislast" überhaupt bei Ihnen oder bei Ihrem Verhandlungspartner oder bei Ihnen beiden liegt. Wenn Sie gar nicht „beweispflichtig" sind, sollten Sie zwar gute Beweise vorbereitet haben, sie jedoch möglichst nicht liefern. Das könnte nach Unterlegenheitsgefühl aussehen.

Die Beweislast in einer Verhandlung liegt immer bei der Person, die

• in der schwächeren Position ist und/oder
• den anderen überzeugen muß.

Beweislastig sind zum Beispiel die Mitarbeiter gegenüber dem Vorgesetzten oder der Verkäufer gegenüber dem Kunden.

Die Person in der stärkeren Position kann sich ein wenig zurücklehnen und den Beweisen der schwächeren Partei zuhören. Am Ende kann sie sagen: „Ja. Das überzeugt mich. Ich stimme zu." Oder: „Nein. Das überzeugt mich nicht. Ich lehne ab." Er könnte sogar sagen: „Stimmt, Sie haben recht. Aber ich will trotzdem nicht."

Der gescheiterte Verhandlungspartner kann dann vielleicht um eine Erklärung bitten, warum seine Argumente mit plausiblen Begründungen oder sogar wasserdichten Beweisen nicht gefruchtet haben, eine Erklärung erzwingen kann er nicht.

Wenn die Beweislast teilweise oder ganz bei Ihnen liegt, sollten Sie im Rahmen Ihrer Vorbereitungen auch überlegen, was Sie eigentlich beweisen oder plausibel begründen müssen. Müssen Sie davon überzeugen, daß Sie recht haben, oder davon, daß die Gegenseite unrecht hat?

Wenn die Beweislast teilweise oder ganz beim anderen liegt, überlegen Sie umgekehrt: Was muß mein Verhandlungspartner mir beweisen oder plausibel machen?

5.4 Siebzehn Techniken, den eigenen Standpunkt ins rechte Licht zu rücken

1. Wenn-dann-Argument

Das Wenn-dann-Argument weist auf wichtige oder riskante Konsequenzen hin, falls die zuvor genannte Bedingung wahr werden sollte.

„Wenn ... wahr wird, dann wird/kann/sollte ... passieren." Risiken, Chancen, Forderungen, Drohungen, aber auch Angebote in Richtung Kompromiß können so formuliert werden.

„Wenn Sie mir bis zum 4. Mai die Zusage geben, dann kann ich noch vor der Sommerpause ...“

„Wenn die Tarifabschlüsse über 3,4 Prozent liegen, dann werden wir wohl doch noch mehr an Produktion ins Ausland verlagern.“

„Wenn wir uns heute einigen, dann können wir schon morgen mit dem Projekt starten.“

Wenn-dann-Argumente wirken besonders stark, wenn die Wenn-Bedingung eine notwendige oder zumindest wichtigste Voraussetzung für die Dann-Konsequenz ist: „Nur wenn ... dann ...“

Diese Argumentation schiebt dem Verhandlungspartner Verantwortung zu. Wenn er zur Wenn-Bedingung ja sagt, dann hat er sich für die Dann-Konsequenz entschieden; oder umgekehrt. Wenn er zum Beispiel heute in der Projektbesprechung die Einigung verhindert, dann liegt es an ihm, daß morgen nicht mit der Arbeit angefangen werden kann. Darin steckt durchaus eine gewisse Drohung.

Auch verlockende Angebote werden gerne über Wenn-dann-Argumente vermittelt: „Wenn Sie heute den Vertrag unterschreiben, dann können wir Ihnen noch die günstigen Konditionen der alten Preisliste anbieten.“ Darin steckt zusätzlich der Manipulationsversuch, den anderen durch Zeitdruck in die gewünschte Richtung zu lenken: Wenn Sie sich die Dann-Konditionen sichern wollen, dann sollten Sie zur Wenn-Bedingung schnellstens ja sagen!

2. Wenn-dann-Kette

Die Wenn-dann-Kette ist eine Kombination von Wenn-dann-Argumenten.

> „Wenn wir die Kosten im Produktionsbereich senken, dann haben wir das notwendige Investitionskapital für die neue Produktlinie. Wenn wir die neue Produktlinie aufbauen, dann werden wir neue Mitarbeiter einstellen.“
> Fazit: Um neue Arbeitsplätze zu schaffen, müssen wir die Produktionskosten senken.

Mit einer Wenn-dann-Kette können Sie

- Konsequenzen in ihren Abhängigkeiten darstellen.
- durchaus auch Dinge scheinbar in Verbindung bringen, die nicht wirklich oder nicht in dieser ausschließlichen Art in Verbindung stehen.

Vor allem von der zweiten Möglichkeit machen Politiker gerne Gebrauch.

> „Wenn wir mehr Lehrer einstellen, dann können wir den Schülern eine intensivere Betreuung zukommen lassen. Wenn die Schüler intensiver betreut werden, dann sind sie besser gerüstet für den Arbeitsmarkt. Wenn die jungen Leute besser auf den Arbeitsmarkt vorbereitet sind, dann sind die Betriebe auch leichter bereit, sie einzustellen.“
> Stimmt das so? Das würde bedeuten, daß die Arbeitslosigkeit durch die Einstellung von mehr Lehrern reduziert würde. Bezogen auf arbeitslose Lehrer mag das stimmen. Aber sonst?

Achten Sie darauf, daß Sie Ihre Wenn-dann-Ketten entweder so geschickt formulieren, daß Ihr Gesprächspartner nicht stutzig wird, oder sorgen Sie dafür,

daß Sie wasserdichte Beweise oder plausible Begründungen für die Korrektheit
der Abhängigkeiten vorweisen können. Wenn Ihrem Gesprächspartner die Ket-
te seltsam vorkommt, dann besteht die Gefahr, daß er Ihre gesamte Argumentation völlig ablehnt.

Bezogen auf das obige Lehrer-Schüler-Beispiel würde er auch nicht mehr akzeptieren, daß es den Schülern hilft, besser für den Arbeitsmarkt gerüstet zu sein:
„Es gibt sowieso keine Jobs."

Bezogen auf das obige Kostensenkungs-Beispiel könnte Ihr Verhandlungspartner zweifeln: „Wer sagt, daß das gesparte Kapital zur Investition genutzt wird?
Woher weiß man, daß im Falle von Investitionen für die neue Produktlinie entschieden wird? Wer garantiert, daß die neuen Arbeitsplätze in Deutschland und
nicht in Portugal oder sonstwo entstehen?"

Haben Sie sich auf solche Zweifel und Einwände vorbereitet?

3. Dann-ist-nicht-Argument

Sie formulieren zunächst eine Wenn-dann-Argumentation und sagen anschließend, daß die Dann-Konsequenz nicht richtig ist. Demnach kann auch die
Wenn-Bedingung nicht stimmen.

> Die Eltern warten spät abends auf die Heimkehr ihrer Kinder. „Wenn etwas pas-
> siert wäre, dann hätte man uns doch längst benachrichtigt." Die Umkehrung wird
> in Gedanken hinzugefügt: „Da wir nichts gehört haben, ist auch nichts passiert."

> „Wenn es in Lissabon am Hafen Probleme gegeben hätte, dann hätten die uns
> doch ein Fax geschickt. Da die sich nicht gerührt haben, können wir davon aus-
> gehen, daß die Ware planmäßig mit an Bord gekommen ist."

Mit Dann-ist-nicht-Argumenten können Sie Ihren Verhandlungspartner beruhigen oder seine Zweifel ausräumen. Sie können damit aber auch geschickt sein
Mißtrauen wecken oder Ihres zum Ausdruck bringen:

> „Wenn mit dem Projekt alles in Ordnung wäre, dann hätte Herr Müller sich ja
> dem Gremium stellen können. Das muß doch Gründe haben, daß er nicht
> kommt!"

Mit dem Dann-ist-nicht-Argument können Sie auch für die Beibehaltung des
Ist-Zustandes plädieren, wenn Ihr Verhandlungspartner Sie zu einer Änderung
überreden will:

> „Wenn Lean Management den Erfolg brächte, den Sie propagieren, dann müßte
> es der Firma XY ja nun prächtig gehen. Die haben schon vor Jahren alles ver-
> schlankt, aber deren Zahlen sind trotzdem immer schlechter geworden."

4. Wenn-ist-Fakt-Argument

Hierbei handelt es sich um ein Wenn-dann-Argument mit der Besonderheit, daß
die Wenn-Bedingung bereits Fakt ist. Demnach wird die Dann-Konsequenz sich
auch bewahrheiten.

„Wenn sich die politische Lage in XY-Land wieder beruhigt hat, sollten wir sofort die Lieferbeziehungen wieder aufnehmen. Seit Tagen kommen nur noch positive Nachrichten aus XY, demnach können wir nun ...“

„Die YZ-Partei hat immer betont, daß sie im Falle ihrer Wahl den Mittelstand erheblich fördern und zu Investitionen anregen wird. Die Wahl hat sie ja nun gewonnen, demnach ...“

Wichtig ist, daß Ihre Wenn-dann-Formulierung Ihrem Verhandlungspartner einleuchtet. Er muß innerlich sowohl die Wenn- als auch die Dann-Komponente „abnicken“. Danach verweisen Sie darauf, daß die Wenn-Bedingung erfüllt ist. Das führt zum dritten „Abnicken“. Ihr Gesprächspartner wird dadurch von Ihnen auf eine Ja-Schiene gesetzt und mit hoher Wahrscheinlichkeit zur nun folgenden Demnach-Konsequenz auch noch nicken. Diese Technik kann auch zur Manipulation vor allem in Verkaufsverhandlungen eingesetzt werden. Der Verkäufer führt den Kunden von einem zustimmenden Nicken zum nächsten bis zum endgültigen Ja der Kaufbereitschaft.

Auch ganz ohne Manipulationsabsichten können Sie die Technik zu Beginn einer Verhandlung anwenden, wenn Sie absichern wollen, daß Sie und Ihr Verhandlungspartner von gleichen Grundvoraussetzungen ausgehen: „Man kann die Lieferbeziehungen zu XY-Land wieder aufnehmen.“ – „Die Perspektive des Mittelstandes hat sich so verbessert, daß Investitionen nun ratsam sind.“ Wenn Ihr Verhandlungspartner keine Einwände vorbringt, können Sie von dieser Basis aus weitere Argumentationen bringen.

5. Das-ist-immer-so-Argument

Wir neigen zu Verallgemeinerungen, wenn wir mit der gleichen Sache immer die gleichen Erfahrungen machen.

Wenn der Besitzer eines Schreibwarenladens von der Firma XY beliefert wird und feststellt, daß die Schachtel mit angeblich 100 Bleistiften nur 93 enthält, und wenn er bei der nächsten Lieferung bemerkt, daß nicht 150, sondern nur 138 Briefumschläge in der Packung waren, dann kommt er zu dem Schluß: „Bei denen fehlt immer etwas.“ (Vermutlich ist es dann auch vernünftig, eine solche Geschäftsverbindung lieber aufzugeben.)

Umgekehrt kennen wir solche – durchaus plausiblen – Verallgemeinerungen auch: „Es ist besser, über die A19 zu fahren. Da ist nie Stau.“

In beiden Fällen handelt es sich um Verallgemeinerungen als Ableitungen von Erfahrungen.

Ihr Verhandlungspartner kann in der Regel sehr wohl beurteilen, wie Sie das „immer“ und das „nie“ gemeint haben. Wenn er nicht ausgesprochen feindselig ist, wird er Sie nicht auf Statistiken festnageln, sondern Ihnen glauben, wenn Ihre Argumente sich plausibel anhören.

Jetzt kommt ein wichtiger psychologischer Aspekt hinzu: Sie wissen aus Erfahrung, daß „immer“ und „nie“ berechtigte Verallgemeinerungen sind. Rein von der Sache her hätten Sie auch sagen können: „Aus meiner Erfahrung ..." – „Ich weiß aus Erfahrung ..."

Eine solche Formulierung ist möglicherweise ungünstig: Wenn er empfindlich ist, könnte Ihr Verhandlungspartner heraushören, daß Sie Ihre überlegene Erfahrung ihm gegenüber – dem weniger Erfahrenen – ausspielen. Damit provozieren Sie womöglich nutzlose Spitzfindigkeiten: „Wenn aber Volksfest in ABC-Hausen ist, dann stehen Sie auf der A19 bis in die Nacht hinein." Das ist in dem Gesprächszusammenhang ein wirklich blödsinniges Gegenargument. Warum tut der andere Ihnen das an? Er will Ihnen beweisen, daß Sie nicht erfahrener sind als er.

Meiden Sie Gefühlsverletzungen dieser Art. Nennen Sie Ihre zwei bis drei Beispiele und dann die Schlußfolgerung: „Das ist immer/nie so."

Sie können mit dem Das-ist-immer-so-Argument auch gleich zu Beginn Ihrer Verhandlung einen sehr verschlossenen Partner provozieren. Nennen Sie eine Verallgemeinerung, der der andere bestimmt nicht zustimmen wird. Damit bringen Sie ihn zum Reden.

> „Einen Anwalt einzuschalten, hat noch nie etwas gebracht." – „Der Vertrieb ist doch immer gegen solche Kontrollen."

An den Reaktionen Ihres Gesprächspartners können Sie erkennen, wie sehr ihn das Thema emotional mitnimmt und welche Haltung zu der Sache er genau hat.

Eine noch gerissenere Manipulationstechnik besteht darin, daß Sie zunächst mit einer Verallgemeinerung den anderen dazu herausfordern, heftig auf Sie einzureden. Sie hören dabei aufmerksam zu, stellen noch ein paar Fragen und geben dann kleinmütig zu, daß Sie sich wohl geirrt haben und sich von ihm zu einer klügeren Sicht überzeugen oder belehren lassen. Das wiederum stimmt Ihren Verhandlungspartner milde. Er nimmt Sie als einen kooperativen Gesprächspartner wahr und wird sich im weiteren Verlauf des Gespräches auch einmal von Ihnen überzeugen lassen. Vor allem, wenn Sie deutlich jünger sind als der andere, kann das Wunder wirken.

Übertreiben Sie jedoch nicht damit! Sonst könnte der andere vermuten, daß Sie aus Dummheit zu unklugen Pauschalurteilen neigen, zu denen Sie dann nicht stehen können!

6. 85%-Argument

Oft hört man den Ausspruch: „Darauf können Sie sich hundertprozentig verlassen." Niemand denkt dabei wirklich an Prozentrechnungen. Das ist bei folgender Aussage anders: „85 Prozent aller DV-Projekte scheitern an Problemen mit den Fachabteilungen." Diese Zahl suggeriert eine statistische Untersuchung mit einem Ergebnis zumindest dicht an 85%.

Betrachten Sie folgendes Beispiel: „Wenn wir diese Qualitätsverbesserungen einführen, werden wir eine Gewinnsteigerung von 25 Prozent erreichen." Die Zahl 25 ist zu markant, um nicht wie eine Beschönigung zu wirken. Glaubhafter wäre die Ankündigung von einer „Gewinnsteigerung zwischen 23 und 28 Prozent".

Zahlen sprechen den rationalen Verstand an. Der Verstand ist allerdings bei den meisten Menschen (85%?) zu träge, um die genannten Zahlen genau zu kontrollieren. Deshalb begnügen sie sich im ersten Moment mit einem Überschlag, ob die Wertigkeit plausibel klingt. Danach prüfen sie instinktiv, ob die Zahl glaubhaft klingt. Sie darf nicht zu „glatt", aber auch nicht zu „krumm" sein. Daran würde sich der rationale Verstand stoßen und wäre zum weiteren Nachfragen angespornt.

> „85,34 Prozent aller DV-Projekte scheitern an Problemen mit den Fachabteilungen." Das macht den Empfänger dieser Botschaft mißtrauisch:
> – Wer mißt denn solche Sachen? Wo? Wie?
> – Geben die Firmen dazu überhaupt ehrliche Auskünfte?
> – Welche Projekte wurden mit in die Untersuchung eingeschlossen? Auch das simple Installieren von PCs?
> – Wann gilt ein Projekt als gescheitert? Wenn es zu spät fertig wird oder wenn es gar kein Ergebnis produziert?
> – Hat man dabei große und kleine Projekte unterschieden?
> – Wann ist diese Untersuchung zum letzten Mal gelaufen? Gilt das überhaupt noch für die neuen Techniken?
> – Wer hat die Statistik erstellt? Wer hat sie in Auftrag gegeben? Wer hat welches Eigeninteresse an einem hohen oder niedrigen Ergebnis?

Wollen Sie solche Fragen provozieren? Oder wollen Sie, daß Ihr Verhandlungspartner zwar eine Zahl hört, die ihm zu Denken gibt, ihn jedoch nicht zum Tüfteln und mißtrauischen Hinterfragen anregt? Wollen Sie mit der Prozentangabe eine (Schein-)Wissenschaftlichkeit suggerieren oder nur einen groben Wert angeben?

Arbeiten Sie mit Prozentzahlen, wenn Sie

- tatsächlich über Untersuchungsergebnisse dazu verfügen;
- das Risiko eingehen können, Wissenschaftlichkeit vorzutäuschen;
- davon ausgehen können, daß Ihr Verhandlungspartner sie problemlos akzeptiert;
- notfalls Nachweise für deren Richtigkeit aus der Tasche ziehen können.

Mit Prozentangaben kann man auch dahingehend manipulieren, daß man scheinbar den rationalen Verstand anspricht, jedoch klar auf die Gefühle zielt. Das machen Politiker und Agitatoren gerne.

> „80 Prozent der Kriminalität an Bahnhöfen könnte vermieden werden, wenn man dort endlich härter gegen die Drogenszene vorgehen würde!"
> – Wieso ausgerechnet 80%? Könnten es nicht auch 70 oder 90% sein?

– Welche Kriminalität ist damit gemeint? Wurden die Schwarzfahrer mit eingerechnet? Hat man nur die Straftaten gegen Passagiere berechnet oder auch Schlägereien der Dealer untereinander?

Diese Fragen werden nicht gestellt, weil es einleuchtet, daß mit hartem Vorgehen gegen die Drogenszene eine höhere Sicherheit für die Passagiere erreicht werden kann. Das weiß der Verstand ohnehin. Mit der hohen Prozentangabe wird das Gefühl zusätzlich angestachelt, bis man bereit ist, sich dem Standpunkt des Agitators ganz anzuschließen. Kann sein, daß er für mehr Geld für Entzugsprojekte oder für die Einrichtung von Sperrzonen oder für die Ausweisung ausländischer Dealer oder für ... kämpft. Die Chance, daß er eine breite Zustimmung erfährt, ist hoch, wenn er erst einmal die Gefühle im Griff hat.

Dieser Form der Manipulation können Sie sich natürlich auch bedienen. Sie ist immer unfair. Sie tun, als ginge es ganz rational um statistische Untersuchungen und heizen in Wirklichkeit den Gefühlen Ihres Gesprächspartners ein. Wenn der andere dann ausreichend wütend oder begeistert ist, können Sie seine Zustimmung zu fast allem bekommen.

> „60 Prozent des Unterrichts fallen aus, weil die Lehrer krankfeiern. Angeblich sind sie ja so schrecklich überarbeitet. Aber mehr als 70% aller Mitglieder in linken Bürgerinitiativen sind Lehrer! Dafür sind sie dann wieder fit genug!"

Wenn Sie mit Ihren Zahlen beim Gesprächspartner auf Glaubensbereitschaft treffen, weil der andere so ähnlich selbst schon gedacht hat, dann wird er vermutlich nicht weiter nachfragen:

– Woher kommen die Zahlen? Sind sie aus der Luft gegriffen oder irgendwo erfaßt worden? Und wo? Gilt das auch in Bayern? Auch am Gymnasium?
– Was bedeutet in diesem Zusammenhang „links" oder „Bürgerinitiative"?
– Wer ist in den Bürgerinitiativen? Die Krankfeierer oder die Gesunden?
– Wieviel Unterricht fällt überhaupt aus? Lohnt es sich, dabei über 60% nachzudenken?
– Was sind die Ursachen für die anderen 40%? Liegt da vielleicht der Frust, der die Lehrer krank macht?

Diese Fragen sind viel zu mühselig. Man wird sie Ihnen nicht stellen. Legen Sie noch ein wenig nach, und schon wird Ihr Gesprächspartner mit glänzenden Augen Ihren Ideen folgen, wie man die „faulen Säcke" an den Schulen wieder zum Arbeiten bringt.

7. Kann-nicht-anders-Argument

Dieses Argument soll die Richtigkeit einer Aussage untermauern. Im allgemeinen Sprachgebrauch kommt dieses Argument meistens in folgender oder ähnlicher Formulierung vor: „Es ist so, wie ich sage. Wäre es nicht so, dann müßte ja ... Da das nicht der Fall ist, muß es so sein, wie ich sage."

> „Selbstverständlich wollen wir mit Ihnen dieses Geschäft machen. Wenn das nicht unsere Absicht wäre, hätten wir ja schon längst Verträge mit XY abschließen können. Das haben wir nicht getan, weil uns daran liegt, mit Ihnen ins Geschäft zu kommen."

Sie überzeugen Ihren Verhandlungspartner dadurch, daß Sie ihm klarmachen, daß das Gegenteil von dem, was Sie vertreten, nicht sein kann. Ihre Aussage ist deshalb glaubhaft, weil das Gegenteil nicht glaubhaft ist.

Das Kann-nicht-anders-Argument wird häufig verwendet, um Anschuldigungen oder Unterstellungen von der Gegenseite abzuwehren:

> „Ich mache Ihnen ein faires Angebot. Wenn es unfair wäre, würden Sie es schließlich doch herausfinden und in Zukunft nicht mehr mit uns arbeiten wollen. Aber auf eine langfristige Zusammenarbeit legen wir den größten Wert!"

Mit diesem Argument können Sie auch Bedenken des Verhandlungspartners vor einer Entscheidung zerstreuen:

> „Die Sache ist praktisch bombensicher. Wenn ein echtes Risiko dabei wäre, würde ich mich bestimmt nicht darauf einlassen. Das könnte ich mir gar nicht leisten."

Sie können damit allerdings auch Unsicherheiten beim anderen provozieren, ohne sich selbst durch definitive Aussagen zu kompromittieren oder der üblen Nachrede schuldig zu machen:

> „Man kann sicherlich davon ausgehen, daß die Firma XY wirtschaftlich auf absehbare Zeit stabil ist. Geredet wird natürlich immer, aber konkret habe ich noch nichts gehört."

Den Rest denkt sich Ihr Gesprächspartner selber dazu.

8. Entweder-oder-Argument

Dem Verhandlungspartner wird die Wahl gelassen, sich für eine von zwei Alternativen zu entscheiden.

> Versuchen Sie im Laufe der nächsten Wochen gelegentlich folgendes Experiment: Wenn Sie privat oder geschäftlich Besucher empfangen, bieten Sie zwei Getränke zur Auswahl. „Möchten Sie Kaffee oder Mineralwasser?" – „Sollen wir beim Italiener essen oder beim Türken?" Sie werden erleben, daß sich die gefragte Person fast immer spontan für eine der beiden Alternativen entscheidet.
> Danach ändern Sie Ihr Experiment. Sie bieten mehr als zwei Varianten an. „Möchten Sie Kaffee oder Tee? Oder darf ich Ihnen einen schönen Rotwein anbieten? Wir haben natürlich auch Säfte. Orange? Apfel? Was möchten Sie gerne?" – „Sollen wir beim Italiener essen oder beim Türken? Wir können uns auch belegte Brötchen kommen lassen. Oder sollen wir einfach um die Ecke zum Bäkker gehen? Worauf hätten Sie denn Appetit?" Sie werden erleben, daß Sie durch den Variantenreichtum die Phantasie des Gefragten angeregt haben. Er will vor einer Entscheidung zum Getränk plötzlich wissen, ob Sie nur schwarzen Tee haben oder auch grünen. Vielleicht haben Sie auch Weißwein? Am liebsten, wenn Sie es zufällig da haben, wäre ihm ein Glas Mineralwasser, aber nicht zu kalt, bitte. Bezüglich des Essens wird er nun wissen wollen, ob der Bäcker nur Kuchen hat oder auch belegte Brötchen und ob man dazu Kaffee bekommt. Wie weit ist es bis zum Italiener? Liefert der Türke auch Döner ins Haus? Aber eigentlich hat Ihr Gast gar keinen Hunger und möchte lieber erst später übers Essen nachdenken.

Das Entweder-oder-Angebot fördert die schnelle Entscheidung und führt mit hoher Wahrscheinlichkeit zu einer Wahl zwischen der einen oder der anderen Möglichkeit. Gleichzeitig gibt es der gefragten Person das Gefühl, souverän und frei entscheiden zu dürfen.

Dieses Gefühl wird jedoch leicht zunichte gemacht, wenn Sie das „Entweder" mit aussprechen. „Sie können entweder Kaffee oder Tee haben." – „Entweder Sie unterschreiben heute, oder ich schicke Ihnen die Unterlagen zu." Auch wenn Sie es nicht böse meinen, hört der andere sofort eine Einschränkung heraus und könnte sich unter Druck gesetzt fühlen. Jetzt will er gar nichts mehr trinken und weder heute noch morgen unterschreiben!

Wenn das Entweder-oder-Argument vollständig ausgesprochen wird, ist die Chance hoch, daß der andere schon aus Trotz keins von beiden will. Wenn es lediglich unterschwellig mitklingt, ist die Chance hoch, daß der andere sich für eines von beiden entscheidet. „Sie können heute unterschreiben, oder ich schicke Ihnen die Unterlagen auch gerne zu."

Das Entweder-oder-Argument wird von Verkäufern gerne gegen Ende der Verkaufsverhandlungen angewendet: „Sie können die Ware selber abholen oder von uns liefern lassen. Was ist Ihnen lieber?" (Damit ist noch nicht die „große Frage" gestellt: „Wollen Sie kaufen?")

Das bietet dem Verkäufer fast immer vier Vorteile:

1. Der Kunde fühlt sich als souveräner Entscheider und bleibt positiv gestimmt.

2. Der Kunde entscheidet schnell.

3. Der Kunde entscheidet nur zwischen den angebotenen Varianten.

4. Der Kunde hat mit dieser „kleinen Entscheidung" zwischen zwei Varianten die „große Entscheidung" schon halb für den Kauf getroffen.

Wenn Sie in Ihrer Verhandlung dem anderen etwas „verkaufen" oder ihn zu einer von Ihnen favorisierten Entscheidung führen wollen, dann können Sie ihn mit dem Entweder-oder-Argument gegen Ende der Verhandlung schrittweise zum Ergebnis führen.

9. Entweder-oder-Risiko-Argument

Mit diesem Argument bieten Sie Ihrem Verhandlungspartner wiederum zwei Alternativen zur Wahl. Allerdings ist höchst unklar, welche Konsequenzen die eine oder andere Entscheidung haben könnte. Das Argument lautet: „Entweder X oder Y." Nun soll sich der andere entscheiden. Wenn er sich für X entscheidet, könnte V passieren, muß aber nicht. Wenn er sich für Y entscheidet, könnte W passieren, muß aber nicht.

Stellen Sie sich folgende Situation vor: Sie arbeiten seit längerer Zeit in einem Unternehmen, in dem alle interessanten Posten mit relativ jungen Führungskräften besetzt sind. Dadurch sind Ihre Aufstiegschancen sehr begrenzt. Sie möchten sich gerne beruflich weiterentwickeln. Nun bekommen Sie ein attraktives Angebot der Firma XY. Eine solche Chance mag vielleicht nie wiederkommen. Allerdings wissen Sie, daß zuvor ein anderer diese attraktive Stelle kurz hatte, jedoch schon in der Probezeit gefeuert wurde. Was nun? Wenn Sie das Angebot zum Wechseln nicht annehmen, verpassen Sie vielleicht Ihre beste Karrierechance. Wenn Sie es aber annehmen und auch gefeuert werden, nimmt die alte Firma Sie nicht zurück, und der Arbeitsmarkt gibt zur Zeit kaum gute Alternativen her. Das ist die „Zwickmühle" einer Entweder-oder-Risiko-Entscheidung.

> „Wir müssen entweder die Lagerhalle vergrößern oder unser System auf lagerfreie In-when-out-Orders umstellen. Wenn wir die Lagerhalle vergrößern und mehr Ware hereinnehmen, besteht bei diesem Markt mit sich ständig ändernden Produkten die Gefahr, daß wir auf teuren Ladenhütern sitzenbleiben. Das kann uns den Ruin bringen. Wenn wir jedoch auf In-when-out-Orders umstellen, dann sind wir vielleicht zu sehr von den Lieferanten abhängig. Bei einer plötzlichen Bedarfssteigerung können wir unsere Kunden nicht schnell genug befriedigen und verlieren sie womöglich ganz. Was schlagen Sie vor?"
> Ihr Verhandlungspartner weiß nicht, ob Sie ihm damit die Wahl zwischen Gold und Diamanten oder zwischen Pest und Cholera anbieten. Sie wissen es auch nicht, deshalb lassen Sie auch lieber ihn entscheiden, als am Ende selbst die Verantwortung für negative Konsequenzen zu übernehmen.

Sie bieten Ihrem Verhandlungspartner vielleicht auch absichtlich zunächst eine riskante Entweder-oder-Alternative an, um ihn damit unter Druck zu setzen. Eine dritte Lösungsmöglichkeit für das Problem haben Sie bereits in der Hinterhand. Die wird ihm kaum gefallen. Damit er sich nicht gleich zu Beginn vehement gegen Ihre Lösungsidee ausspricht, quälen Sie ihn zunächst mit dem Risiko. Vielleicht haben Sie sogar Glück, und Ihr Verhandlungspartner kommt von sich aus auf die rettende Idee, die Ihnen schon lange vorschwebt. Falls nicht, kommen halt Sie im Laufe der Verhandlung darauf: „Warum haben wir eigentlich diese kurzlebigen Produkte im Sortiment? Können wir nicht auf solche umstellen, die weniger modegebunden sind?" Nun können Sie und Ihr Verhandlungspartner gemeinsam an dieser dritten Lösungsmöglichkeit arbeiten. Sie bekommen, was Sie wollen, und er hat das Gefühl, an der Rettung aus einer Zwickmühle mitgearbeitet zu haben.

10. Amerikanische-Wissenschaftler-Argument

Die meisten Menschen sind autoritätsgläubiger, als sie wahrhaben wollen. Das gilt ganz besonders bei „geistigen" Autoritäten. In unserem Kulturkreis haben vor allem Ärzte und Rechtsanwälte bezüglich Intelligenz und Bildung einen solchen Nimbus, daß man sich sogar in jenen Dingen von ihnen beraten läßt, die weder mit Medizin noch mit Rechtsfragen zu tun haben. Lehrer und Psychologen hingegen werden so kritisch gesehen, daß man nicht einmal ihre Ratschläge zur Erziehung und in Lebensfragen akzeptiert. Auf dem Olymp geistiger Autoritäten aber sitzen in unserem Kulturkreis „die amerikanischen Wissenschaftler". Man braucht häufig nicht einmal ihren Namen zu kennen oder wo sie als Wissenschaftler arbeiten, welches wissenschaftliche Fachgebiet sie eigentlich vertreten, an welchen Stellen man deren Forschungen dokumentiert finden kann und wie sie zu ihren Erkenntnissen gekommen sind.

Raten Sie einmal, mit welcher Aussage Sie die höchste Chance haben, Ihren Gesprächspartner zu überzeugen:

> „Kenianische Psychologen haben in Untersuchungen nachgewiesen, daß Menschen, die täglich einen Liter Bier trinken, besonders leicht ihren Streß abbauen und praktisch nie unter dem Burnout-Syndrom leiden."

> „Amerikanische Wissenschaftler haben in Untersuchungen nachgewiesen, daß sich Menschen, die täglich einen Liter Wein trinken, besonders durch eine optimistische Lebenshaltung auszeichnen und praktisch nie einen Herzinfarkt bekommen."

Im ersten Fall müssen Sie mit Zweifeln oder sogar zynischen Reaktionen rechnen: „Was wissen denn die Kenianer von Burnout? Bei denen geht doch sowieso alles pole pole (langsam)." – „Da hatten die Psychologen sicherlich eine lustige Zeit, bis sie ihr Faß endlich leer hatten!"

Im zweiten Fall wird man vermutlich nicht einmal fragen, wieviel die Winzergemeinschaft den Wissenschaftlern für dieses Ergebnis wohl bezahlt hat.

Mit amerikanischen Wissenschaftlern als Referenz haben Sie in der Regel gute Chancen, daß man Ihnen glaubt. Sie sollten auf sie verweisen, wenn Sie befürchten, daß Ihr Verhandlungspartner an Ihrer sachlichen Kompetenz zweifelt. Bereiten Sie sich darauf vor, notfalls Namen und Universitäten nennen zu können. Im Internet finden Sie heute zu fast allem, was man sich nur denken kann, amerikanische Studien, die sowohl das eine, als auch das Gegenteil davon wissenschaftlich nachgewiesen haben.

11. Das-ist-wie-Argument

Bei diesem Argument soll durch einen Vergleich die bildliche Vorstellung angeregt werden, um die Plausibilität eines Standpunktes zu verdeutlichen.

> „Man muß Menschen ausreichend Raum zur Verfügung stellen. Wenn wir mehr als drei Personen in diesen kleinen Büros unterbringen, kommt es auf jeden Fall zu unnötigem Streß und damit zu Konflikten in den Teams. Das ist genau wie in den Legebatterien. Normalerweise sind Hühner friedliche Tiere, aber in den engen Käfigen picken sie sich zu Tode."

> „Wir müssen das Projekt jetzt durchziehen. Daß dabei auch einmal Fehler passieren, kann man nicht vermeiden. Das ist wie auf jeder Baustelle. Wo gehobelt wird, fallen nun einmal Späne."

> „In jeder neuen Arbeitsgruppe gibt es am Anfang Unruhe. Die Leute müssen sich erst zusammenraufen. Das ist wie in einem Rudel oder einer Herde. Irgendwann ist die Hackordnung klar, und dann geht alles friedlich seinen Gang."

„Wenn der Kunde reklamiert, dann muß er seinen Ärger so richtig rauslassen können. Man darf ihn nicht unterbrechen! Der ist wie eine Flasche unter Druck. Wenn man da einen Pfropfen draufsetzen will, fliegt sie auseinander."

„Das Talent eines Menschen bricht sich immer Bahn. Das ist wie mit der Fließkraft des Wassers. Wenn ein Hindernis im Weg ist, fließt es darum herum oder bricht die Deiche. Raus kommt es auf jeden Fall."

„Als Führungskraft wollte ich mich nicht in die Mobbingprobleme einschalten. Wenn ein Mitarbeiter nun einmal nicht ins Team paßt, dann ist es doch klar, daß die Gruppe ihn rauszudrängen versucht. Ich sehe das, wie wenn ein Fremdkörper unter die Haut gerät. Das stößt der Körper ja auch aus."

Das Faszinierende an solchen Das-ist-wie-Argumenten ist ihre oft verblüffende Anschaulichkeit. Plötzlich sieht der andere die Dinge viel klarer als bisher. Aber: Sieht er sie auch richtig?

Kann man Mitarbeiter mit Hühnern in Legebatterien vergleichen? Ist Mobbing so ähnlich wie ein Eiterungsprozeß? Funktionieren Talente wie Wasser – und wieso ist dann nicht auch vom „Verdunsten" oder „Versickern" die Rede?

Sie können Ihren Standpunkt wunderbar mit solchen Bildern veranschaulichen. Bedenken Sie jedoch bitte, daß Ihr Verhandlungspartner Ihnen aber vorwerfen könnte, daß Vergleiche hinken. Vor allem solche, die ihn ärgern könnten (Mitarbeiter und Hühner!), sind gefährlich. Auch zu platte Vergleiche, die man schon x-mal gehört hat („Wo gehobelt wird ..."), kommen fast nie gut an. Verscherzen Sie nicht Ihre Sympathien durch unkluge Gleichstellungen!

Und Sie achten bitte sehr sorgfältig auf Das-ist-wie-Argumente der Gegenseite. Zu schnell hat man sich von der verblüffenden Anschaulichkeit blenden lassen und voreilig zugestimmt!

12. Weil-Argument

Im Laufe einer Verhandlung kommt es immer wieder auf beiden Seiten zu Warum- oder Wozu-Fragen. Der eine Verhandlungspartner will vom anderen wissen, warum er eine bestimmte Meinung vertritt oder zu bestimmten Dingen noch Bedenken hat oder auf seinen Bedingungen besteht. Der andere Verhandlungspartner will vielleicht vom einen wissen, wozu er bestimmte Konditionen braucht, wozu es gut sein soll, dieses oder jenes zu entscheiden.

Warum-Fragen sind an der Vergangenheit orientiert: „Warum haben Sie damals schon nach einem Jahr den Job hingeworfen?" – „Warum haben Sie sich nicht schon gestern für dieses Thema starkgemacht?" – „Warum wollen Sie nicht, daß wir dem Kunden diesen Rabatt einräumen?"

Die Warum-Fragen wollen in Erfahrung bringen, welche Begründungen zu dem führen, was anschließend getan, entschieden etc. wurde oder werden soll. Häufig steckt in einer Warum-Frage ein leicht vorwurfsvoller Nebenton. Der Antworter wird zu einer Rechtfertigung gedrängt.

Wozu-Fragen sind an der Zukunft oder den Zielen orientiert: „Wozu brauchen Sie weiteres Personal im Projekt?" – „Wozu sind die Drucker notwendig?" – „Wozu soll es gut sein, daß Sie mich zum dritten Mal vertrösten?"

Sie werden allerdings immer wieder erleben, daß viele Menschen zwischen einem Warum und einem Wozu nicht unterscheiden können. Sie fragen „Warum?", wenn sie „Wozu?" meinen. Das ist auch nicht so wichtig. Für Sie ist wichtig, daß Sie sich die Motive hinter diesen Fragen klarmachen!

Wenn man die Gründe oder Begründungen einer Person kennt, kann man darauf eingehen und natürlich auch gezielter Gegenargumente einsetzen. Sie können fast immer davon ausgehen, daß Ihr Verhandlungspartner Sie deshalb mit Warum oder Wozu zum Reden zu bringen versucht, weil er in Ihren Weil-Begründungen nach Schwachstellen finden will.

> Chef: „Bitte kommen Sie am Sonntag kurz ins Büro. Wir können dann die Zahlen noch einmal durchgehen."
> Mitarbeiter: „Sonntag kann ich nicht."
> Chef: „Warum nicht?"
> Mitarbeiter: „Meine Tochter hat Geburtstag. Da ist das Haus voller Kinder."
> Chef: „Da müssen Sie doch nicht die ganze Zeit dabei sein! Soviel ich weiß, ist Ihre Tochter mindestens zwölf Jahre alt. Die Kinder sind doch froh, wenn Sie mal eine Stunde weg sind! Die sind doch auch schon viel zu vernünftig, Ihnen das Haus anzuzünden. Nein, nein, um ein Uhr erwarte ich Sie hier, dann sind Sie pünktlich zum Kuchenessen wieder zu Hause."
> Wenn jetzt der Mitarbeiter zu begründen versucht, daß ihm dann die Zeit nicht mehr reicht, sich die geplante Indianer-Maske zu schminken, wird ihm der Chef erklären, daß kein normalentwickeltes Kind in dem Alter ...

Sie sehen, mit jedem Weil-Argument bringt sich der Mitarbeiter in eine dümmere Lage und verliert am Ende die Verhandlung um seinen freien Sonntag. Stellen Sie sich vor, Sie werden von den netten Nachbarn gebeten, doch bitte während deren Urlaub den Schäferhund in Pflege zu nehmen. Sie wollen das nicht. „Warum denn nicht?" Ganz egal, mit welchem Weil-Argument Sie nun kommen, die Nachbarn werden Ihnen schon nachweisen, daß das bestimmt kein Grund ist, den lieben Hund nicht nehmen zu wollen.

Überlegen Sie grundsätzlich dreimal, bevor Sie ein Weil-Argument von sich geben. Es kann immer das rhetorische Einfallstor Ihres Verhandlungspartners sein, wenn er Sie in die Enge treiben will.

Oft ist es besser, so zu antworten:

- „Darüber möchte ich nicht sprechen."
- „Ach, das würde jetzt zu weit führen."
- „Wieso fragen Sie so genau nach?"
- „Fragen Sie das jetzt im Ernst?"
- Wenn der andere beharrlich nachbohrt, winden Sie sich nicht wie ein Aal, sondern lachen ihn an und sagen: „Ist das jetzt ein Verhör?"

Die Weigerung, noch länger mit „Weil ..." zu argumentieren, ist immer das Signal, daß die betreffende Partei an dieser Stelle die Kommunikation abbrechen will. Das ist oft eine gute Möglichkeit, der Gegenpartei Grenzen zu setzen.

Auf der anderen Seite können Weil-Argumente aber auch Angebote an den anderen sein, offen über den eigenen Standpunkt, die eigene Meinung, die eigenen Ziele zu sprechen. Das fördert die Kommunikation und kann sich auf die Entwicklung eines gemeinsamen Verhandlungsergebnisses positiv auswirken.

> „Die Preise haben sich bei uns erhöht, weil die Ernten in Südamerika dieses Jahr wegen der Regenfälle sehr schlecht ausgefallen sind."

> „Dieses Modell wird sich besonders gut verkaufen, weil die Kunden vor allem in dieser Preislage nichts besseres finden können."

> „Wir möchten von diesem Geschäft Abstand nehmen, weil wir noch nicht beurteilen können, wie es bei uns nach der Umstrukturierung weitergehen wird."

> „Ich meine, wir sollten an dieser Stelle das Projekt-Budget erweitern, weil wir damit jetzt schon die Funktionen einbauen können, die ohnehin im Herbst notwendig werden."

Mit solchen Weil-Aussagen können Sie Ihrem Verhandlungspartner die Gründe für Ihre Entscheidungen, Meinungen, Standpunkte oder ähnliches nennen. Er mag die Gründe nicht für plausibel halten, aber er weiß, wie Sie die Sache sehen oder von ihm gesehen haben wollen. Er kann gezielt auf die von Ihnen genannten Gründe eingehen und dann mit Ihnen zu einer Einigung kommen.

13. Das-muß-einen-Grund-haben-Argument

Ähnlich wie das Weil-Argument will auch ein Das-muß-einen-Grund-haben-Argument die Gründe oder Ursachen für etwas zur Sprache bringen. Allerdings wird dieses Argument meistens in raffiniertem oder sogar hinterhältigem Zusammenhang gebraucht. Sie können damit bei Ihrem Verhandlungspartner Mißtrauen gegen etwas wecken oder auch Ihr eigenes Mißtrauen zum Ausdruck bringen. Trotzdem haben Sie nichts gesagt, was man gegen Sie verwenden könnte.

> „Firma XY hat uns dieses Jahr gar kein Angebot geschickt. Das muß doch einen Grund haben!"

> „Sie bieten mir trotz der allgemeinen Preissteigerungen diese Waren so günstig an. Das hat doch einen Grund, oder?"

Sie provozieren mit solchen Andeutungen Ihren Verhandlungspartner, etwas zu sagen, was

- Ihre Bedenken zerstreut;
- ihm auch schon zu dem Thema durch den Kopf gegangen ist;
- seine Vermutungen in der angedeuteten Richtung sind.

Dadurch können Sie eine Menge über sein Denken erfahren.

14. Wo-soll-das-hinführen-Argument

Dieses Argument verwenden Sie, wenn Sie Ihren Verhandlungspartner mit drastischen Schilderungen von etwas abhalten wollen.

> „Ich bin auf jeden Fall gegen Beitragserhöhungen für bestimmte Risikogruppen. Zuerst sind es die Raucher, die mehr bezahlen sollen, danach die Übergewichtigen, schließlich diejenigen, die nicht genug Obst und Gemüse zu sich nehmen, und am Ende brauchen wir Kontrolleure, die das gesundheitsbewußte Leben unserer Versicherten ausspionieren. Ich sage: Wehret den Anfängen!"

Sie können auch umgekehrt durch sich steigernde Verlockungen Ihren Verhandlungspartner auf etwas „heiß machen".

> „Wir sollten gleich hinter der Autobahnausfahrt einen überdachten Streichelzoo bauen. Das zieht Familien mit Kindern an. Wenn die Leute ohnehin schon die Abfahrt genommen haben und ihre Autos sicher auf dem Parkplatz wissen, dann können wir sie nach dem Zoobummel durch die Überführung in die Innenstadt holen. Wenn man pro Besucher nur 20,- DM rechnet, dann macht das bei ..."

Übertreiben Sie aber vor allem bei dieser „Verlockungsvariante" nicht! Wenn es sich zu reißerisch anhört, könnte Ihr Gesprächspartner Sie für einen Phantasten ohne Sinn für Realitäten halten. Dann glaubt er Ihnen gar nichts mehr und beobachtet nur verächtlich, wie Sie sich langsam selbst in Begeisterungstrance steigern.

15. Wenn-nun-jeder-Argument

Das Wenn-nun-jeder-Argument ist fast immer blödsinnig, wird jedoch von verblüffend vielen Menschen als plausibel akzeptiert. Sie können es dazu verwenden, anderen ihre Forderungen, Wünsche oder Vorhaben auszureden. Trotzdem brauchen Sie sich nicht vorwerfen zu lassen, die betreffende Person speziell nicht zu mögen oder ärgern zu wollen.

> „Ich kann Ihnen am Freitag nicht erlauben, früher Feierabend zu machen. Wenn das nun jeder wollte! Wer soll denn dann den Wochenabschluß machen?"

> „Sie müssen bitte verstehen, daß wir nun mal einen zum Protokollschreiben brauchen. Wenn sich hier jeder drückt, kommen wir nie zu einem Ergebnis."

Es ist erstaunlich, wie oft die Enttäuschten sich daraufhin kampflos zurückziehen. Sie können sich anschließend durch ein Mini-Entgegenkommen so beliebt machen, als hätten Sie eine ganz besondere Gnade erlassen.

> „Ich kann Ihnen am Freitag nicht erlauben, früher Feierabend zu machen. Wenn das nun jeder wollte! Wer soll denn dann den Wochenabschluß machen? – Na gut, ich kann Sie ja auch verstehen. Wenn Sie bereit sind, am Montag eine Stunde früher zu kommen, dann können Sie meinetwegen am Freitag schon um halb, statt um fünf gehen. Das darf aber nicht zur Regel werden!"

16. Jetzt-sind-wir-schon-so-weit-Argument

Mit diesem Argument können Sie Ihrem Verhandlungspartner klarmachen, daß er einen Rückschritt oder große Verschwendung verschuldet, wenn er Ihrem Standpunkt nicht zustimmt.

> „Jetzt sind wir schon mal so weit, daß wir die gesamte Lagerhaltung umgestellt haben. Da wollen Sie doch nicht wirklich, daß wir dieses Marktsegment nun ganz aufgeben?"

> „Wir sollten uns dazu durchringen, die Niederlassung in Schwarzbeck zu schließen. Jetzt sind wir schon mal so weit, daß wir die Transportkosten um 22% gesenkt haben. Ohne Schwarzbeck kommen wir noch mal 4% weiter runter."

> „Inzwischen haben wir 1,8 Mio in die Marktuntersuchungen gesteckt. Die können wir in den Schornstein schreiben, wenn Sie jetzt das Projekt stoppen."

Das Jetzt-sind-wir-schon-so-weit-Argument darf nie allein daherkommen. Sie müssen immer noch mindestens einen weiteren plausiblen Grund dafür haben, warum das obige Marksegment beibehalten, die obige Niederlassung geschlossen, das obige Projekt weiterhin genehmigt werden sollte.

Mit dem Jetzt-sind-wir-schon-so-weit-Argument können Sie lediglich die Dringlichkeit unterstreichen.

17. Das-ist-so-üblich-Argument

Damit fordern Sie Ihren Verhandlungspartner auf, sich an bestimmten Gepflogenheiten, Traditionen und Regeln zu orientieren.

> „Das machen wir immer durch Umlaufinfos. Das ist hier so üblich." – „Sie sollten rechtzeitig den Betriebsrat hinzuziehen. Das ist so üblich, wenn wir Projekte aufsetzen."

Andere Formulierungen meinen dasselbe:

> „Üblicherweise ..."
> „In der Regel ..."
> „Das haben wir immer so gemacht."
> „Das sind die Leute hier so gewöhnt."
> „Das kennen die nicht anders."
> „Das hat in unserem Hause Tradition."
> „Normalerweise ..."
> „Bisher war es so, daß ..."

Lassen Sie sich von solchen Formulierungen nicht einwickeln! Mit ihnen wird gerne manipuliert.

> „Was? Sie wollen das schriftlich haben? Solcher Bürokratismus ist bei uns nicht üblich." – „Machen Sie die Anzahlung am besten gleich in bar. Bei uns ist es so üblich, daß wir die Quittung dann mit den Vertragsunterlagen schicken."

Und schon schnappt die Falle zu!

5.5 Sechzehn Techniken, die Argumentationsschwächen der Gegenseite zu behandeln

1. „Offensichtlich"

Mit dieser Taktik versucht Ihr Verhandlungspartner Sie dahingehend einzuschüchtern, daß er bestimmte Sachverhalte oder Zusammenhänge für offensichtlich erklärt. Wenn Sie nun doch noch Zweifel oder Fragen dazu haben, dann kann es nur daran liegen, daß Sie zu dumm sind, das Offensichtliche zu erkennen. Aus Angst, als Dummkopf dazustehen, werden Sie nichts sagen und womöglich sogar Minderwertigkeitskomplexe entwickeln, wenn er ungebremst seinen Standpunkt ausführen kann – hofft Ihr Verhandlungspartner.

Diese Taktik kommt mit solchen Formulierungen daher:

> „Es ist doch offensichtlich, daß ..."
> „Es bedarf doch keiner Erklärung, daß ..."
> „Es liegt doch auf der Hand, daß ..."
> „Selbstredend liegen die Dinge so ..."
> „Darüber braucht man nicht zu reden, das ist selbsterklärend."
> „Wie heute jeder weiß, ist ..."
> „Das ist ja wohl klar."
> „Jeder weiß doch, daß ..."

Zu dieser Taktik, Ihnen die Wahl zu lassen, sich auch unklare Argumente widerstandslos anzuhören oder sich selbst als dumm zu zeigen, gehört übrigens auch der hinterhältige Trick, Fremdwörter und Abkürzungen zu verwenden. Ihr Verhandlungspartner tut so, als müsse jeder normale Mensch wissen, was im ZPE festgeschrieben ist, woraus sich eine GffW zusammensetzt und was man bei einem Trente-et-quarante erleben kann.

Sie outen sich nicht als dumm, wenn Sie nachfragen. Im Gegenteil! Ihr Verhandlungspartner wird Sie sehr viel mehr respektieren, wenn Sie solchen Spielchen Widerstand entgegensetzen. Außerdem werden Sie vermutlich erleben, daß in den meisten Fällen die Person, die sich solche Undurchsichtigkeiten geleistet hat, selbst ins Stammeln gerät, wenn sie einmal erklären muß, was sie nicht erklären wollte.

Kontern Sie mit Formulierungen wie:

- „Wieso selbstredend? Das verstehe ich jetzt nicht."
- „Doch, ich glaube schon, daß man darüber reden muß. Wie ist da eigentlich genau Ihre Sicht?"
- „So offensichtlich ist das durchaus nicht. Erklären Sie es mir doch mal bitte."
- „Ja, dazu wollte ich gerne einmal im Detail hören, wie Sie die Sache einschätzen."
- „Nee, auf meiner Hand liegt das nicht. Das müssen Sie mir schon erläutern, was bei Ihnen auf der Hand liegt."

- „Ja doch, mir ist das klar. Allerdings habe ich plötzlich meine Zweifel, ob Ihnen das gleiche klar ist, wie mir. Erklären Sie mir doch mal, wie Sie das sehen."
- „Wofür stehen die Buchstaben GffW eigentlich genau?"
- „Trente-was? Das können Sie mir doch sicher dolmetschen?"
- „Halten Sie mich gerne für dumm, aber das hätte ich von Ihnen gerne noch einmal auf Deutsch gehört."
- „Das wundert mich, daß Sie in diesem Zusammenhang diesen Begriff verwenden. Was verstehen Sie genau darunter?"

Ob flapsig, ironisch, sachlich oder übertrieben naiv, Ihre Nachfrage wird Ihren Verhandlungspartner warnen, sich bei Ihnen mit dieser Taktik in Zukunft zurückzuhalten. Er erkennt, daß Sie sich nicht durch angebliche „geistige Überlegenheit" einschüchtern lassen, sondern sehr scharf analysieren, wie man Ihnen gegenüber argumentiert.

2. „Ehrenwort"

Mit der „Ehrenwort-Taktik" wird gerne gelogen – das wissen wir zumindest aus der Politik. Ihr Verhandlungspartner will damit erreichen, daß Sie seine Worte widerstandslos akzeptieren und auf keinen Fall kritisch hinterfragen. Das tut er, weil er lügt, selbst nicht so genau Bescheid weiß oder mit Ihnen pokert. Er hofft, daß Sie seinem Anstand oder seinem Sachverstand glauben.

Für den Fall, daß Sie ihm nicht glauben, sollen Sie wenigstens widerstandslos akzeptieren und ihn nicht mit kritischen Fragen in Schwierigkeiten bringen. Ihr Verhandlungspartner läßt Ihnen die Wahl, ihm brav zuzustimmen oder ihn zu beleidigen. Da Sie ja so gut erzogen sind, andere nicht beleidigen zu wollen, schweigen Sie lieber zu dem, was Sie sehr wohl hinterfragen könnten – hofft Ihr Verhandlungspartner.

Wenn er Ihnen die Wahl läßt, an seinen Anstand zu glauben oder seine Ehre anzugreifen, wird er mit folgenden Formulierungen arbeiten:

> „Ich gebe Ihnen mein Ehrenwort."
> „Beim Leben meiner Mutter ..."
> „Ich bin wirklich kein Lügner, wenn ich sage ..."
> „Sie wollen sicher nicht behaupten, daß ich ein Lügner bin?"
> „Wenn ich etwas verspreche, dann halte ich das auch."
> „Auf mein Wort können Sie sich verlassen."
> „Sie können jeden fragen, der mich kennt. Ich würde niemals ..."
> „Das ist für mich Ehrensache."
> „Wir haben ja alle unsere Fehler und Schwächen, aber glauben Sie mir, in dieser Sache ..."
> „Solche Dinge würde ich niemals tun."
> „Wollen Sie mir unterstellen, daß ich gar kein Gewissen habe?"
> „Ich verbürge mich persönlich dafür, daß ..."

Auf solche Erpressungen – nichts anderes ist es – können Sie antworten:

- „Wir sollten nicht gleich mit Ehrenwörtern dramatisieren, sagen Sie mir ganz einfach ...“
- „Bei solchen Beteuerungen fällt mir als erstes Bill Clinton ein. Der hatte im Nachhinein plötzlich eine ganz neue Definition zum Begriff sexual relationship. Bevor wir hier auf der Basis von Ehrbeteuerungen weitermachen, sollten wir erst einmal alle Definitionen auf den Tisch legen. Was genau verstehen Sie unter ...?“
- „Ob ich Ihnen glaube, spielt hier keine Rolle. Erklären Sie es mir so, daß ich es meinen Leuten plausibel machen kann.“
- „Ich bin nun mal ein mißtrauischer Mensch und bisher mit dieser Haltung nicht schlecht gefahren. Deshalb sagen Sie mir bitte ...“
- „Wieso habe ich gesagt, daß Sie ein Lügner sind. Das lasse ich mir nicht unterstellen! Ich will allerdings sehr wohl wissen ...“
- „Wie soll ich beurteilen, ob Ihr Gewissen so reagiert wie meines?“
- „Wenn Sie mit Ihrer Ehre dafür einstehen können, dann spricht sicher nichts dagegen, daß Sie es auch noch mit Fakten unterlegen.“
- „Ich frage nicht jeden, ich frage Sie.“
- „Sie sagen, daß Sie Ihre Versprechen immer halten. Das tue ich auch. Und mir selbst habe ich versprochen, mich nie auf mündliche Zusagen zu verlassen.“
- „Wie verbürgen Sie sich dafür? Wollen Sie eine Bürgschaft unterschreiben? Beim Notar? Jetzt aber wieder zu Thema. Was ich von Ihnen ...“
- „Das hört sich ja richtig nett und treuherzig an, wie Sie das so sagen, aber ich bin nun mal eher faktenorientiert.“
- „Mir kommen die Tränen!“

Ob Sie es glauben oder nicht, die wenigsten Menschen mögen gegen Ehrbeteuerungen anderer angehen! Darauf bauen windige Finanzberater und sonstige Gauner. Und das lernen sie auch gezielt in ihren Trainings!

Ehrbeteuerungen werden besonders gerne Menschen mit sympathischer und verbindlicher Ausstrahlung geglaubt und Menschen, die mit sehr guten Manieren und gepflegter Kleidung daherkommen. Lassen Sie sich davon nicht einwickeln!

Wenn Ihr Verhandlungspartner Ihnen die Wahl läßt, seinem Sachverstand zu glauben oder ihn zu beleidigen, dann kann sich das wie folgt anhören:

> „Ich bin seit siebzehn Jahren im Geschäft. Das können Sie mir nun wirklich glauben.“
> „Sie wollen mir doch sicher nicht unterstellen, daß ich das nicht weiß.“
> „Aus meiner Erfahrung ...“
> „Nach allem, was ich bisher darüber weiß, gibt es für mich nicht den geringsten Zweifel, daß ...“
> „Ich kenne mich damit aus. Deshalb sage ich ...“
> „Ich habe mich seit Jahren gründlich mit dem Thema befaßt. Glauben Sie mir, wenn ich sage ...“
> „Das ist mein Beruf, solche Sachen zu wissen!“

Darauf können Sie antworten:

- „Sie haben da sicherlich mehr Erfahrung als ich. Deshalb würde ich gerade von Ihnen gerne noch hören ...“
- „Wenn Sie das so genau wissen, dann können Sie es mir ja auch so erklären, daß ich es verstehe.“
- „Das sagen Sie! Von anderen, die auch solange im Geschäft sind wie Sie, hört man anderes.“
- „Daß Sie das wissen, glaube ich gerne. Was mich stört ist, daß ich es nicht weiß. Deshalb ...“
- „Sie wollen, daß ich Ihnen glaube. Ich bin leider vom Typ her so, daß ich lieber nicht blind glaube, sondern genau weiß, wem oder was ich warum zustimme. Sie können mir doch ganz bestimmt ...“
- „Ich fürchte, mir fehlt da das gesunde Urvertrauen. Helfen Sie mir, damit ich die Sache auch so gut verstehe wie Sie und nicht auf Glauben angewiesen bin.“
- „Und wenn mich später einer danach fragt, wie soll ich das dann erklären?“

Lassen Sie sich nicht mit Ihrer guten Erziehung, andere nicht beleidigen zu wollen, erpressen. Ein Verhandlungspartner, der solche Spielchen mit Ihnen versucht, verdient nichts anderes als Zweifel an seiner Ehre und/oder seinem Sachverstand. Er mag diese Technik vielleicht instinktiv einsetzen, um Ungenauigkeiten auf seiner Seite zu verschleiern. Trotzdem sollten Sie sich vor Augen halten, daß es eine Taktik ist, die windige Strukturvertriebe ihren Mitarbeitern gezielt einpauken. Der Erfolg – selbst bei Akademikern! – gibt ihnen recht.

3. Moralische Erpressung

Mit moralischer Erpressung will Ihr Verhandlungspartner Sie in eine bestimmte Richtung drängen und dazu veranlassen, etwas zu tun oder zu akzeptieren, was Sie eigentlich nicht wollen. Sie haben die Wahl, sich ihm zu unterwerfen oder ein herzloser Schuft zu sein.

Wir kennen das aus Ehe- und Familiendramen:

„Wenn du mich wirklich lieben würdest, dann würdest du ...“
„Das tust du mir an, nach allem, was ich für dich geopfert habe!“
„Denk an Vaters Blutdruck!“
„Deinetwegen habe ich nächtelang nicht geschlafen!“
„An meinem Grabe wirst du es bereuen, aber dann ist es zu spät!“

Mit solchen Erpressungen sollten Sie auch in geschäftlichen Verhandlungen rechnen:

„Das macht Ihnen wohl nichts aus, daß Ihre Kollegen ...“
„Liegt Ihnen denn gar nichts an der Umwelt?“
„Im Interesse des Unternehmens sollten Sie ...“
„Wenn Sie an die Zukunft unserer Kinder denken würden, dann ...“
„Das müssen Sie mit Ihrem Gewissen ausmachen, wie Sie ...“

„Haben Sie doch etwas Mitleid mit ...“
„Ist es das, was Sie unter Teamgeist verstehen?“
„Schade, ich hätte gedacht, auf Sie könnte man sich verlassen.“
„Es fällt Ihnen ja offensichtlich sehr leicht, Ihre Kollegen im Stich zu lassen!“
„Menschlichkeit und Hilfsbereitschaft bedeuten Ihnen wohl gar nichts.“
„Sie wissen doch, was es dem Müller bedeutet. Das ist Ihnen wohl egal, oder?“
„Bis jetzt hätte ich mich für Sie als hilfreichen Kollegen verbürgt. Aber da muß ich mich wohl getäuscht haben.“

Diese Art der Manipulation ist so gemein, daß Sie eigentlich auf der Stelle aufstehen und die Verhandlung abbrechen sollten. Sagen Sie ganz klar: „Ich lasse mich nicht erpressen.“

Es ist nicht grundsätzlich falsch, an Ihr Mitleid oder Ihr gutes Herz zu appellieren. Sätze wie die folgenden müssen schon mal erlaubt sein:

„Jetzt geben Sie Ihrem Herzen einen Ruck. Damit können Sie dem Müller eine echte Freude machen.“
„Ich bitte Sie wirklich, lassen Sie uns mit dieser Sache nicht im Stich.“
„Ach, seien Sie doch kein Frosch.“

Was Sie sich nicht bieten lassen dürfen, sind die drohenden Nebentöne, daß Sie ein mieser Typ sind, wenn Sie sich nicht willig unterwerfen. Wenn der andere erst einmal herausgefunden hat, daß man Sie auf die weiche Tour erpressen kann, hört er nie mehr damit auf. Genaugenommen bietet man Ihnen die Alternative, ein erpreßbarer Trottel oder ein Schuft zu sein. Die zweite Variante ist hier ganz bestimmt die würdevollere.

Sie können antworten mit:

- „Höre ich da eine Erpressung heraus?“
- „Um mein Gewissen kümmere ich mich selbst. Da lassen Sie lieber die Finger weg.“
- „Jetzt sage ich gar nichts mehr. Jetzt fühle ich mich von Ihnen unter Druck gesetzt.“
- „Versuchen Sie, mir auf die Tränendrüsen zu drücken?“
- „Könnten Sie nicht versuchen, einfach sachlich zu bleiben?“
- „Haben Sie keine Argumente mehr, oder warum versuchen Sie es jetzt bei meinen Gefühlen?“
- „Sie werden ja richtig sentimental!“
- „Überreden lasse ich mich nicht. Entweder können Sie mich überzeugen, oder ich bleibe bei meinem Standpunkt.“
- „Nein, heute tue ich kein gutes Werk mehr. Heute bin ich lieber fies und gemein.“
- „Sie greifen mich in meinem Charakter an, und ich soll Ihnen einen Gefallen tun? Jetzt ganz bestimmt nicht mehr!“

4. Vorauseilende Diffamierung

Bevor Sie sich überhaupt geäußert haben, versucht Ihr Verhandlungspartner Sie daran zu hindern, einen ihm nicht genehmen Standpunkt zu vertreten. Das tut er, indem er den mißliebigen Standpunkt diffamiert. Damit hat er Sie nicht beleidigt, weil Sie ja noch nichts in der Richtung gesagt haben. Aber Sie scheuen – so hofft er – davor zurück, nach der Diffamierung genau diesen Standpunkt zu vertreten.

> „Natürlich gibt es immer noch ein paar Ahnungslose, die da glauben ...“
> „Wenn man die Sache nur emotional und nicht vernünftig betrachtet, dann kann man sicherlich dem Irrtum erliegen ...“
> „Wer von allen guten Geistern verlassen ist, der wird an dieser Stelle vielleicht sagen ...“
> „Für einen Anfänger könnte sich das ...“
> „Viele lassen sich ja von den Medien beeinflussen, solche Leute können nicht anders als ...“
> „Den einfachen Leuten können die Politiker einreden, daß ...“
> „Wer blind dem Zeitgeist folgt, der wird vermutlich ...“
> „Wer nur an die eigenen egoistischen Ziele denkt, der ...“
> „Wem charakterliche Werte nichts mehr gelten, der kann an dieser Stelle ...“
> „Wer dabei Angst hat, sollte lieber ...“
> „Angsthasen und Drückeberger werden dazu vermutlich ...“
> „Wer allerdings zu feige ist, dieses Thema anzugehen ...“

In eine positive Richtung, aber mit der gleichen Diffamierungstechnik gesprochen, hört sich das so an:

> „Mit etwas Nachdenken muß man einfach zu dem Schluß kommen ...“
> „Wer auch nur einen Funken Anstand und Verantwortungsbewußtsein hat, der muß doch ...“
> „Der gesunde Menschenverstand sagt einem doch ...“
> „Wer selbständig denken kann, der wird ja wohl ...“
> „Wenn man mit Mut und Selbstbewußtsein an die Sache herangeht, dann ist doch klar ...“
> „Eine gesunde Risikobereitschaft gehört natürlich dazu, wenn ...“

Durch diese Diffamierungstechnik versucht Ihr Verhandlungspartner Sie dahin zu bringen, daß Sie sich seinem Standpunkt anschließen oder sich als Dummkopf, Schurke, Manipulationsopfer oder Feigling zu erkennen geben. Er geht davon aus, daß Sie das nicht wollen.

Lassen Sie sich nicht von solchen Manövern einschüchtern. Wer so argumentiert, hat ganz sicher keine sachlich überzeugenden Argumente oder gar Beweise zur Verfügung.

Sie können offensiv auf solche Diffamierungen eingehen und Ihrem Verhandlungspartner klar sagen, daß Sie diese Manipulationstechnik erkannt haben und sich dadurch nicht davon abhalten lassen, Ihre eigene Meinung zu vertreten, auch wenn er glaubt, diese in den Schmutz ziehen zu müssen. Das ist natürlich eine Kampfansage und führt zur Konfrontation. Auf der anderen Seite müssen Sie sich bewußt machen, daß es mit einem Menschen, der zu solchen Taktiken greift, keine harmonische und faire Verhandlung gibt. Es kann ratsam sein, dann lieber gleich die Fronten zu ziehen und dem anderen zu sagen, daß Sie für solche Spielchen nicht dumm genug sind.

Sie können auch etwas friedlicher, aber genauso deutlich reagieren: „Jetzt machen Sie aber einen Punkt! Wir sollten doch versuchen, sachlich zu bleiben und nicht in Bausch und Bogen allen Andersdenkenden Dummheit (Schlechtigkeit, Feigheit …) unterstellen!"

Ihr Verhandlungspartner erkennt, daß Sie seine Taktik durchschaut haben, aber weiterhin zu einem fairen Gespräch bereit sind. Vermutlich wird er jetzt einen kleinen Rückzieher machen, „daß es natürlich immer Ausnahmen gibt …"

Wenn er jedoch weiter Meinungsgegner diffamieren will, dann wissen Sie, daß ihm an einer fairen Verhandlung mit Ihnen nichts liegt. Er will Sie in seine Richtung zwingen oder unterwerfen. Das ist typisch für Moralapostel und Fundamentalisten. Entweder man ist auf ihrer Seite oder man gehört zu denen, die man hemmungslos beleidigen und bekämpfen darf oder sogar muß!

Sie können auch selbstbewußt, humorvoll oder provokativ darauf eingehen und dem Diffamierer entgegenhalten:

- „Wenn Sie das so sehen, dann gehöre auch ich zu den Leuten ohne einen Funken Verstand. Jetzt erklären Sie mir doch mal, wieso …"
- „Nee, die gesunde Risikobereitschaft fehlt mir auch. Ich habe einen ausgeprägten Überlebensinstinkt. Was bringt Sie zu der selbstmörderischen Haltung …?"
- „Das kann sein, daß Sie in mir auch so ein Egoistenschwein sehen. Ich fühle mich ganz wohl dabei. Jetzt machen Sie mir doch mal plausibel …"

Mit diesen flapsigen Antworten wird für Ihren Verhandlungspartner deutlich, daß Sie seine miese Taktik durchschaut haben und sich davon nicht einschüchtern lassen, jedoch sehr wohl darauf achten, ob er in dieser Richtung weitermacht.

Wenn ja, werden Sie das ganz klar als persönliche Beleidigung erkennen. Davor wird er sicherlich zurückschrecken. Falls nicht, sollten Sie die Verhandlung abbrechen. Dann gibt es kein Verhandeln mehr. Was dann kommt, kann nur noch aggressives Bekämpfen sein, und das findet auf anderen Ebenen als im Gespräch statt.

5. „Schurke"

Die „Schurken-Taktik" will die sachliche Auseinandersetzung um ein Thema dadurch vermeiden, daß sie die Person in Mißkredit bringt, die einen anderen Standpunkt vertritt.

Ihr Verhandlungspartner wird selten Sie persönlich angreifen. Aber er wird statt dessen die Personen diffamieren, die Sie als Referenzen nennen. Häufig wird der gute Charakter der betreffenden Person in Zweifel gezogen. Er kann aber auch Zweifel an deren Kompetenz oder Intelligenz äußern.

> „Auf die Ärzte sollte man in dieser Sache lieber gar nicht hören. Da liest man jeden Tag, was die an Schmu den Kassen in Rechnung stellen. Wie ist das überhaupt mit dem Herzklappenskandal ausgegangen?"
>
> „Herr Müller sollte lieber ganz still sein. Der hat ja sowieso die Steuerfahndung am Hals."
>
> „Was die Vertreter der Partei sagen, sollte man lieber ganz vorsichtig betrachten. Von denen ist doch in diesem Jahr schon die zweite mit Ladendiebstahl hochgegangen."
>
> „So so, den Müller meinen Sie. Was haben Sie denn mit dem zu tun? Das ist doch auch ein dicker Freund vom Pleiten-Schneider, nicht wahr?"
>
> „Der Meier sollte lieber vor seiner eigenen Tür kehren. Der ist mit seinem Geschäft schon nach zwei Jahren in den Konkurs gerutscht."
>
> „Wenn die Krause mit ihrem Projekt erfolgreich gewesen wäre, dann hätte mich deren Meinung vielleicht noch interessiert. Aber so – nein!"
>
> „Hören Sie mir mit dem Schramme auf. Der spricht ja nicht mal Englisch. Wie soll der wissen, was in Amerika ankommt?"
>
> „Der Wachmer ist doch erst zwei Jahre im Geschäft. Daß der schon eine große Lippe riskiert, ist ja sehr mutig. Ja ja, die Jugend!"

Tückisch ist, daß Ihr Verhandlungspartner fast immer gut darauf achtet, daß das, was er an Abfälligkeiten sagt, auch tatsächlich stimmt. Das sollte Sie nicht erschüttern!

Fast nie spielt das Gemeine, das dabei geäußert wird, im aktuellen Verhandlungsthema eine Rolle.

> Egal, ob Ärzte bei ihren Abrechnungen Schmu machen – wenn sich die Verhandlung zum Beispiel um ein Krankenhausprojekt dreht, dann kann die Meinung der Ärzte sehr wohl wichtig sein.
>
> Egal, ob Herr Meier mit seinem Geschäft in den Konkurs gerutscht ist – seine Meinung zum aktuellen Verhandlungsthema kann sehr wohl relevant sein.

Sie müssen angesichts solcher Unterstellungen, daß Ihre Referenzen Schurken, Dummköpfe oder blutige Anfänger sind, überhaupt nicht in Verteidigungshaltung gehen. Sie müssen nicht rechtfertigen, daß Ihre Referenzen anständig, intelligent und ausreichend erfahren sind. Sie müssen auch nicht beweisen, warum deren Meinung wichtig ist.

Ihr Verhandlungspartner soll Ihnen – wenn er schon solche Angriffe startet – plausibel machen, wieso Ihre Referenzen wertlos sind. Fragen Sie ihn:

- „Was hat das denn jetzt damit zu tun?"
- „Wo sehen Sie den Zusammenhang?"
- „Wie meinen Sie das genau?"
- „Was wollen Sie damit sagen?"

- „Verstehe ich nicht. Was hat das eine mit dem anderen zu tun?"
- „Wie soll uns das, was Sie jetzt gesagt haben, weiterbringen?"

Sie können sich auch an dem alten Kinderreim orientieren: „Wer's sagt, der ist es selber, da lachen alle Kälber." Geben Sie die Gemeinheit gleich zurück:

> „Ausgerechnet Sie müssen dazu was sagen! Sie haben doch selbst erzählt, wie Sie die Versicherung übers Ohr gehauen haben!"
> „Und das von Ihnen! Wenn ich daran denke, was Sie hier so an Stiften und Papier mitgehen lassen, da sollten Sie zu Ladendiebstählen lieber gar nichts sagen."
> „Was heißt, Meier ist in Konkurs gegangen? Wenn Sie rechnen könnten, hätten Sie sich mit Ihrem Hausbau nicht so übernommen."
> „Wozu braucht der Schramme Englisch? Die Fakten waren sehr klar im Bericht von Professor Jossen beschrieben. Wenn Sie Ihre Zeitplanung im Griff hätten, könnten Sie auch etwas besser informiert sein."

Diese Gegenangriffe gelingen natürlich nur, wenn Sie ausgesprochen schlagfertig sind und die Leichen im Keller Ihres Verhandlungspartners kennen. Sie bringen jedoch fast nie mehr als die momentane Erleichterung, zurückgefeuert zu haben. Dem weiteren Verhandlungsablauf schadet es auf jeden Fall. Wählen Sie lieber die nüchterne Nachfrage.

6. Ausklammern

Durch die Ausklammerungstaktik versucht Ihr Verhandlungspartner gleich zu Beginn, die zu behandelnden Themen einzugrenzen.

> „Um es gleich vorweg zu sagen: Das Thema Vergütung steht heute nicht zur Debatte. Wir sollten erst einmal klären, ob und in welcher Form wir die Zielvereinbarungen ..."
> „Über Personalfragen wollen wir heute noch nicht reden. Jetzt geht es erst einmal um ..."
> „Lassen wir die Kostenfrage mal ganz außer acht und konzentrieren uns auf ..."
> „Über die Wahlen kann man natürlich immer reden, aber das bringt uns hier nicht weiter. Unser heutiger Schwerpunkt ist ..."
> „Ob uns die Pläne der Geschäftsleitung nun gefallen oder nicht, steht hier gar nicht zur Debatte. Was wir zu klären haben ..."

Wenn Sie sich schon am Anfang widerstandslos mit solchen Ausklammerungen abfinden, wird es Ihnen später schwerfallen, bei Bedarf doch noch auf das Thema zu kommen. Ihr Verhandlungspartner wird Sie dann nämlich mit großen Augen anschauen und sagen: „Wir hatten uns doch geeinigt, daß das heute nicht zur Debatte steht!" Dann sind Sie die schuldige Person, die vom Thema abkommt oder unfaire Abstecher macht.

Lassen Sie sich von Anfang an nicht solche Ausklammerungen diktieren! Auch wenn Sie selbst noch gar nicht die Absicht haben, das betreffende Thema zur Sprache zu bringen, sollten Sie aus zwei Gründen die Ausklammerung ablehnen:

1. Sie brauchen vielleicht doch noch das offene Hintertürchen zu dem betreffenden Thema. Sie können nie wissen, ob es für Sie noch wichtig wird.

2. Sie sollten Ihrem Verhandlungspartner gleich klarmachen, daß Sie sich solche Diktate nicht widerstandslos gefallen lassen. Wer sind Sie denn, daß Sie nicht mitbestimmen dürfen, worum es heute geht oder nicht?

Kontern Sie mit Antworten wie:

- „Das können wir ja immer noch sehen, ob wir darüber reden müssen oder nicht."
- „Wir können das im Moment gerne zurückstellen, wenn Sie mit ... beginnen möchten."
- „Das wird sich ja zeigen, ob das Thema hier wichtig wird oder nicht. Von mir aus können wir zunächst gerne ..."
- „Das ist mir egal, womit Sie anfangen möchten. Hauptsache, wir lassen keinen wichtigen Punkt aus."
- „Na ja. Wenn Sie meinen, daß wir auch ohne dieses Thema zu einem Ergebnis kommen ..."
- „Gut, wenn Sie meinen. Aber das sage ich gleich: Tabus darf es hier nicht geben! Was für unser heutiges Thema wichtig ist oder noch wird, muß offen auf den Tisch."
- „Jetzt fangen wir am besten erst einmal an, dann sehen wir ja, was zu klären ist und was nicht."
- „Meinen Sie wirklich? Ich weiß nicht so recht. Aber gut, fangen wir erst mal so an, wie Sie sich das vorstellen."
- „Also, da sollten wir uns nicht jetzt schon Scheuklappen anlegen."

Sie sollten nicht feindselig oder zu hart gegen die Ausklammerungsversuche vorgehen. Sie wollen schließlich keine Endlosdiskussion darüber, was heute diskutiert werden soll und was nicht. Sie sollen lediglich mit Ihrer möglichst kooperativ-freundlich klingenden Antwort dem anderen klarmachen, daß Sie sich nicht vorschreiben lassen, worüber Sie reden, und daß Sie selbstverständlich bei Bedarf die Sprache auf das Thema bringen werden, das Sie für wichtig halten.

7. „Neumodischer Kram"

Mit der Taktik, Ihre Vorschläge und Ideen als „zu modern" oder überflüssig abzutun, verbindet sich meistens die Aussage, daß es „solche Sachen" doch früher auch nicht gab, und trotzdem hat es funktioniert. Ihnen wird suggeriert, daß Sie mit Ihren Vorschlägen wohl die bisherigen Erfolge (des Unternehmens), die guten alten Traditionen und Werte anzweifeln oder gar angreifen wollen. Ihr Verhandlungspartner will keine Neuerungen und Änderungen, hat jedoch keinen vernünftigen Grund, diese abzulehnen. Also verlegt er sich auf die Taktik, daß „es das früher auch nicht gab" und deshalb auch in Zukunft nicht notwendig sein wird.

Er wird sich wie folgt um Ihre Änderungsvorschläge herumdrücken:

> „Das hatten wir bisher doch auch nicht und waren trotzdem erfolgreich."
> „Nun besteht das Unternehmen seit mehr als hundert Jahren, und jetzt wollen Sie, daß wir ... über Bord werfen?"
> „Es ging doch bisher ganz wunderbar auch ohne Ihre ..."
> „Wollen Sie damit sagen, daß wir das bisher alles falsch gemacht haben?"
> „Das hat es hier noch nie gegeben, und es hat auch nie gefehlt."
> „Was soll denn daran falsch sein, wenn wir unsere Erfolgsgeschichte wie gehabt und ohne Experimente fortsetzen?"

Gerne wird das Festklammern am Alten auch in schöne Worte gekleidet. So klingt es besser und suggeriert, daß Ihre Vorschläge edle Werte zerstören. Das kann sich folgendermaßen anhören:

> „Das Vertrauen unserer Kunden liegt doch auch in der Kontinuität, da sollten wir nicht riskieren ..."
> „Aber gerade durch unsere Beständigkeit ..."
> „Wir wollen gar nicht alle Neuerungen mitmachen. Für uns ist eine dauerhafte ..."
> „Vor allem in der heutigen Zeit, wo ständig alles über Bord geworfen wird, sind Verläßlichkeit und Geradlinigkeit das A und O vertrauensvoller ..."
> „Zu unserer bisherigen Standfestigkeit hat immer gehört, ..."
> „Wir müssen für unsere Kunden auch in Zukunft wie bisher der Partner sein, der ganz bewußt lieber Verzicht übt als voreilig ..."

Wenn man Sie offen diffamieren will, hört sich das so an:

> „Ich weiß nicht, ob wir so blindgläubig jeder Modewelle folgen sollten, die uns da von Amerika herübergeschwappt kommt."
> „In Ihrem Alter möchten Sie natürlich ..."
> „Wenn Sie mit der Sache nur nicht den gerissenen Verkäufern/Beratern/Medien auf den Leim gegangen sind."

Auf keinen Fall sollten Sie sich auf Diskussionen einlassen, die Ihnen als Kritik am Bisherigen ausgelegt werden könnten. Bedenken Sie bitte, daß diese Taktik nur selten in böser Absicht angewendet wird. Meistens steckt echte Angst vor dem Risiko oder den Unbequemlichkeiten einer Neuerung dahinter. Argumentieren Sie deshalb bewußt positiv und beruhigend.

- „Gerade weil das Unternehmen bisher so erfolgreich ist, meine ich, sollten wir die Chance nutzen ..."
- „Unsere Kunden können auch daran unsere vertrauenswürdige Kontinuität erkennen, daß wir uns auch von zukünftigen Entwicklungen nicht abhängen lassen."
- „Bisher waren wir erfolgreich weil ... Aber wie sich heute der Zukunftsmarkt abzeichnet, da sollten wir ..."
- „Nun ja, wenn man bedenkt, wie noch in den fünziger Jahren unsere Produktion ... Das machen wir heute auch anders. Wer sagt uns denn, daß das, was wir heute tun, für die Ewigkeit gültig ist? Ich schlage deshalb vor ..."

Nur wenn man Sie offen diffamiert, sollten Sie ruhig auch hart dagegenhalten. Dann will der andere sowieso keine faire Diskussion mit Ihnen führen.

- „Was spricht gegen Amerika? Sollen wir uns an den Russen ein Beispiel nehmen oder nur noch im eigenen Saft schmoren?"
- „Ja, ich bin jünger als Sie, aber deswegen würde ich mir nie erlauben, an Ihrer Lernfähigkeit zu zweifeln."
- „So alt sind Sie doch auch noch nicht!"
- „Es stimmt, daß ich mich stets am Markt informiert halte. Ich tausche mich bewußt mit möglichst vielen Fachleuten aus und lese aktuelle Publikationen. Aber ich denke mal, daß auch Sie Ihr Wissen noch aktuell halten. Oder?"

8. Skurriler Sonderfall

Mit skurrilen, abgelegenen, unglaublichen und höchst seltenen Sonderfällen und Beispielen wird Ihr Verhandlungspartner Ihnen kommen, wenn er eine Idee oder einen Vorschlag von Ihnen abschmettern will.

> Sie schlagen vor, in der Wohnstraße Tempo 30 einzuführen. Ihr Verhandlungspartner kommt mit dem Einwand: „Das können wir nicht machen. Wenn jetzt in einem der Häuser ein Kind sich eine Erbse in die Nase gesteckt hat und zu ersticken droht, dann müssen die Eltern schnell zum Krankenhaus. Tempo Dreißig kann dann tödlich sein!"

> Sie wollen, daß grundsätzlich keine Kinder in die Abteilung mit den Sex-Videos mitgenommen werden. Ihr Verhandlungspartner kontert mit dem Beispiel, daß aber doch ein Vater mit sechsjährigem Kind an der Hand auf dem Weg vom Bäcker für sich und seine Frau ... Soll er das Kind solange draußen wie einen Hund anbinden?

> Sie plädieren dafür, daß im Unternehmen jede Führungskraft bis zum Ende des Geschäftsjahres mit jedem Mitarbeiter des eigenen Bereichs ein Beurteilungsgespräch führt. Ihr Verhandlungspartner sieht mit dieser Regelung große Probleme entstehen: „Aber was ist, wenn eine Führungskraft zum Beispiel im Herbst verunglückt und monatelang im Krankenhaus liegt, da können wir doch nicht verlangen ..."

> Sie schlagen vor, im Rahmen der Werbekampagne jedem Kind, das Ihre Geschäftsräume betritt, mit einem Überraschungsei zu beschenken. Ihr Verhandlungspartner hat sofort die kleinen Diabetiker vor Augen. Sie schlagen alternativ die Verteilung von Luftballons vor. Ihr Verhandlungspartner erinnert an den Fall, als ein Kleinkind starb, weil es ein Stück Luftballongummi verschluckte.

> Das bekannteste Beispiel zu dieser Taktik kennen wir von der Diskussion um Wehr- oder Zivildienst: „Was, Sie wollen nicht zum Bund? Aber wenn ein Mann Ihre Mutter angreifen würde, wären Sie dann auch nicht zur Verteidigung bereit?"

Die Taktik besteht darin, daß ein unwahrscheinlicher – aber irgendwie doch noch denkbarer – Fall präsentiert wird, der den Gegner überrumpeln soll. Sie wissen natürlich auf der Stelle, daß der vom anderen an den Haaren herbeigezogene Sonderfall nicht paßt oder so selten ist, daß er nicht für den Normalfall als Standard herhalten kann – trotzdem sind Sie erst einmal sprachlos.

Diese Taktik kann bewußt eingesetzt sein, um Ihren Standpunkt zu Fall zu bringen. Sehr detailliert denkenden Menschen mit einer Neigung zu „genialem Wahnsinn" ist das aber oft selbst nicht einmal bewußt. Sie sind zwanghaft darauf fixiert, bei jeder Entscheidung oder jeder Änderung nur etwas durchgehen zu lassen, was grundsätzlich immer und überall und für alle noch so absurden Extremfälle gültig ist. Diese Haltung haben sie nicht nur bei der Verhandlung mit Ihnen, sondern grundsätzlich. Sie können sich nie auf etwas festlegen oder zu etwas entschließen, weil da immer noch die Möglichkeit bestehen könnte, daß eventuell ...

Ob Sie es mit einem Taktiker oder einem verbissenen Einzelfallsezierer zu tun haben, können Sie Ihrem Gegenüber – falls Sie ihn nicht ohnehin kennen – fast immer ansehen. Der Taktiker serviert Ihnen den Sonderfall und beobachtet dann lustvoll, wie Sie verdutzt nach Worten suchen. Der verbissene Einzelfallsezierer grübelt offensichtlich mit und macht seinerseits Vorschläge, wie dem Problem beizukommen ist, findet dann jedoch auch dazu wieder den Sonderfall – und tüftelt an dem Problem noch herum, wenn Sie schon lange gegangen sind.

Mit einem Einzelfallsezierer können Sie zu keinem Ergebnis kommen. Entweder Sie haben die Macht, ihn zu bezwingen, oder Sie müssen einen Mächtigen, der ihn zwingen kann, auf Ihre Seite bringen.

Wenn Sie es mit einem Taktiker zu tun haben, können Sie antworten:

- „Sie sind ja wirklich kreativ. Nun aber zurück zur Realität ..."
- „Und wie oft kommt das Ihrer Schätzung nach vor?"
- „Das muß ich mir aufschreiben. Den kannte ich noch nicht. Jetzt aber wieder zum Thema ..."
- „Wenn das passiert, fällt uns bestimmt auch wieder eine Lösung ein."
- „Solche Sachen, wie Sie sie schildern, passieren mir nie. Vielleicht liegt das an Ihnen?"
- „Sie sind ja wirklich ein rabenschwarzer Pessimist. Wir wollen jetzt aber lieber so positiv denken, daß das nicht passiert."
- „Das Beispiel kenne ich! Den Film habe ich auch gesehen."
- „Warum wollen Sie, daß wir hier Probleme lösen, die wir noch gar nicht haben?"
- „Sie sagen mir Bescheid, wenn der Fall eingetreten ist, dann sage ich Ihnen, wie wir damit umgehen können."
- „Wetten, daß das nicht passiert!"

Es ist völlig in Ordnung, wenn Ihr Verhandlungspartner sieht, daß Sie solche Beispiele nicht ernstnehmen und auch nicht verschreckt darauf reagieren. Noch besser ist es, wenn Sie ihm klarmachen können, daß er sich mit seinen skurrilen Sonderfällen selbst lächerlich macht.

9. Faktenblindheit

Wenn Sie bei Ihrem Verhandlungspartner Faktenblindheit feststellen, dann handelt es sich in der Regel nicht um ein bewußtes Manipulationsmanöver. Ihr Verhandlungspartner kann etwas nicht sehen, weil es seinen Werten, Wünschen, Vorurteilen oder Prinzipien widersprechen würde. Um nicht das in Frage stellen zu müssen, an was er fest glaubt, verschließt er sich lieber allen Beweisen, die dagegensprechen könnten.

> Faktenblindheit kennen wir zum Beispiel bei Eltern, die steif und fest der Ansicht sind: „Unser Kind tut das nicht." Das Kind kann „es" vor ihrer Nase tun – sie würden es nicht sehen.

> Wenn jemand felsenfest an die Heilwirkung von Bachblütenkuren glaubt, dann könnte ihm keine Schulmedizin helfen. Wenn jemand für sich entschieden hat, den täglichen Alkoholkonsum im Griff zu haben und jederzeit aufhören zu können, dann sieht er das so, und Punkt. Wenn jemand überzeugt ist, daß Italiener keine Arbeitsmoral haben, dann können ihn tausend italienische Workaholics nicht umstimmen.

Faktenblindheit soll nicht an die Tabus einer Person rühren. Lieber wird der eigene Augenschein angezweifelt, als daß man in Frage stellt, was bisher gegolten hat.

> Die Führungskraft streitet einfach ab, daß es im Team Konflikte gibt. Das, was sich wie Streit anhört oder wie Feindschaft aussieht, ist nur momentane Überlastung. Die Mitarbeiter sind ein harmonisches Team, und basta.

> Der Parteipolitiker streitet einfach ab, daß die Statistik ergeben hat, daß die Kinder eines bestimmten Schultyps mehr unter Streß leiden, aber weniger wissen als Kinder des anderen Schultyps. Die Statistiker haben sich ganz bestimmt ideologisch beeinflussen lassen.

> Die Stadtplaner streiten einfach ab, daß die Staus erst aufgetreten sind, seit die Verkehrsführung verlegt wurde. Das hat ganz andere Gründe. Es gibt ja jetzt auch viel mehr Autos als früher.

Bei einem solchen Verhandlungspartner fühlen Sie sich wie beim Psychologen:

> Psychologe: „Sie brauchen meine Hilfe."
> Sie: „Nein, ich fühle mich wohl."
> Psychologe: „Das kann nicht sein. Sie haben Minderwertigkeitskomplexe."
> Sie: „Das stimmt nicht."
> Psychologe: „Das ist der Beweis! Sie trauen sich nicht einmal, es zuzugeben."

Bei einem Faktenblinden besteht am Ende immer die Gefahr, daß Sie nicht mehr wissen, wer eigentlich „spinnt": Sie oder der andere. Überzeugen können Sie einen Faktenblinden weder mit logischen Argumenten noch mit stichhaltigen Beweisen. Seine Seele will nicht glauben, was Sie ihm nachweisen können. Bevor er Ihnen glaubt, wird er Ihre Beweise umdeuten.

Faktenblindheit ist typisch für Sektierer, Ideologen, Moralapostel und Menschen, die durch Vorurteile oder Wunschdenken geprägt sind. Auch die Angst, eigene Fehler eingestehen zu müssen, kann zu Faktenblindheit führen.

Verbeißen Sie sich nicht in Diskussionen mit einem Faktenblinden. Sie regen sich nur auf und erreichen nichts. Sie sollten jedoch im Nachhinein zu einem unabhängigen Dritten gehen und ihm beide Standpunkte darlegen. Lassen Sie sich dann beraten, ob nicht am Ende Sie selbst auch mit Faktenblindheit geschlagen sind! Es kommt nicht selten vor, daß Menschen in Verhandlungen deshalb auf der Stelle treten, weil sie ideologisch verschiedene Standpunkte vertreten und beide durch punktuelle Blindheit behindert sind.

10. „Thema verfehlt"

Die Taktik, am Thema vorbeizuargumentieren, wird oft so raffiniert angewendet, daß Sie es im aktuellen Fall vielleicht nicht einmal bemerken. Erst wenn die Verhandlung längst vorbei ist, kommt Ihnen der Trick zum Bewußtsein. Vor allem wegen dieser Taktik sollten Sie bei vielen Verhandlungen möglichst eine zweite Person mitnehmen. Während eine Person sich in den Austausch der Argumente begibt, kann die andere sich zurücklehnen und darauf achten, ob die Gegenseite nicht mit hinterhältigen Ablenkungsmanövern vom Thema abweicht. Nach einiger Zeit sollten die Rollen – Diskutierer und Beobachter – wechseln.

Die Taktik funktioniert so, daß Ihr Verhandlungspartner Ihnen gegenüber einen Standpunkt vertritt, der

- so nahe am ursprünglichen Thema ist, daß Sie die Abweichung nicht bemerken,
- scheinbar als Gegenmeinung zu Ihrer dargestellt wird, jedoch nichts damit zu tun hat,
- von Ihnen notgedrungen Zustimmung erfahren muß, weil er so plausibel ist.

Mit Ihrer Zustimmung zu den Ausführungen der Gegenseite sieht es so aus, als hätten Sie sich überzeugen lassen. Wenn Ihr Verhandlungspartner ein Profi in der Kunst der Manipulation ist, werden Sie am Ende selbst nicht mehr wissen, warum Sie jemals anderer Meinung waren als er.

> Sie wollen nach etlichen Unfällen mit Kampfhunden die Haltung dieser Tiere einschränken. Sie stehen auf dem Standpunkt, daß für das Halten dieser nachweislich gefährlichen Hunde eine Sondergenehmigung erforderlich sein muß und daß höhere Steuern ...
> Die Hundezüchter und -halter lehnen solche Einschränkungen natürlich ab. Der Sprecher des Züchterverbandes wettert gegen Sie: „Es ist falsch, einfach zu behaupten, Kampfhunde seien gefährlich! Jeder Hund muß erzogen werden. Das ist die Aufgabe des Halters. Und das ist beim Dackel genau das gleiche. Wenn hier jemand gefährlich ist, dann ist das die Person, die einen Hund überhaupt erst scharf dressiert. Wir haben so viele Hunde, die angeblich als Kampfhunde gelten und in Wirklichkeit jahrelang friedlich sogar mit Kleinkindern in einem Haushalt leben. Man kann doch einem Hund nicht die Schuld dafür zuschieben, wie er erzogen ist!"
> Das ist ja alles richtig. Sie müssen notgedrungen dem Sprecher des Züchterverbandes zustimmen. Aber: Was hat das mit Ihrem Standpunkt zu tun? – Nichts!

Die eine Partei plädiert für die finanzielle Förderung von kinderreichen Familien, weil in der heutigen Gesellschaft Kinder inzwischen zum Armutsrisiko geworden sind.

Die andere Partei scheut die Kosten und argumentiert: „Kann man denn wirklich das Glück, Kinder zu haben, nach Geldwert messen? Es gibt doch nichts Schöneres, als ein kleines Kind heranwachsen zu sehen ...“
Kommt Ihnen das nicht irgendwie bekannt vor?
Dadurch werden glatt die Realitäten verdreht. Die Partei, welche die Familien mit Kindern fördern will, steht nun als herzlose Partei da, die offensichtlich nur materiell denkt. Hingegen stellt sich die Partei, der die finanziellen Probleme von Eltern offensichtlich nicht wichtig genug sind, selbst als „kinderfreundlich" dar.

Sie wollen in Ihrem Unternehmen die Nichtraucher vor der Belästigung durch Zigarettenqualm schützen und setzen sich für ein Rauchverbot in allen Büros mit Ausnahme speziell ausgewiesener Raucherzimmer ein.

Die Gegenseite meint dazu: „Wir sollten lieber unser teamorientiertes und kollegiales Betriebsklima beibehalten. Es muß doch möglich sein, daß erwachsene Menschen das notwendige Verantwortungsbewußtsein mitbringen, sich rücksichtsvoll mit ihren Kollegen ...“

Nicht selten hören sich die Ausführungen, die vom eigentlichen Thema ablenken sollen, höchst edel und salbungsvoll an. Um so unangenehmer wird die Situation in einem solchen Fall für Sie.

Obwohl Sie etwas gegen die Gefahr durch Kampfhunde unternehmen wollen, stehen Sie unversehens wie ein Hundehasser da, der unschuldigen Tieren Schuld in die Schuhe resp. unter die Pfoten schieben will.

Obwohl Sie kinderreiche Familien fördern wollen, stehen Sie plötzlich wie ein herzloser Mensch da, dem Geld wichtiger ist als das Glück, das einem nur Kinder schenken können.

Obwohl Sie nur die gesundheitlichen Risiken der Nichtraucher reduzieren wollen, stehen Sie als der Vergifter des Betriebsklimas da.

Es ist ganz schwer, im Wortgefecht gegen diese Taktik allein anzukommen. Nehmen Sie eine zweite Person mit, die notfalls eingreift und sagt: „Moment! Darum geht es meinem Kollegen hier gar nicht!"

Wenn Sie alleine mit dem Ablenkungsmanöver fertig werden müssen, sollten Sie ganz ruhig Ihren Verhandlungspartner seinen ausschweifenden Sermon loswerden lassen. In der Regel wird er sehr lange und sehr polemisch monologisieren. Gehen Sie nicht dagegen an. Es würde dem anderen gefallen, wenn er Ihnen zusätzlich den Vorwurf machen kann, Sie seien so unhöflich, ihn nicht einmal ausreden zu lassen. Lassen Sie den Unsinn rechts und links an Ihren Ohren vorbeigleiten. Sie können sowieso nicht dagegen argumentieren. Es ist ja alles richtig, was er sagt. Lassen Sie ihn sich so richtig „leerreden". Und dann sagen Sie:

- „Wieso spricht das gegen meine These?"
- „Und was hat das jetzt damit zu tun?"

- „Wieso soll das ein Widerspruch zu meinem Standpunkt sein?"
- „Und wo sehen Sie den Zusammenhang zu unserem Thema?"

Wichtig ist, daß Sie Ihre Antwort als Frage formulieren. Sagen Sie nicht: „Das hat doch damit nichts zu tun!" Dann besteht die Gefahr, daß der andere sagt: „Wieso?" Dann sind Sie wieder an der Reihe, ihm zu erklären, warum seine Ausführungen daneben waren. Sparen Sie sich die Mühe. Bleiben Sie stur dabei, daß Sie nicht sehen, was die Gegenrede überhaupt mit dem Thema zu tun hat. Soll sich der andere doch in seinen Abschweifungen verheddern!

Sie können Ihren Verhandlungspartner auch damit verblüffen, daß Sie einfach seine Ausführungen in Ihrem Sinne mißverstehen. Sagen Sie zum Beispiel:

- „Ganz richtig, was Sie sagen. Demnach stimmen Sie mir auch zu, daß wir Kampfhunde nur noch mit Sondergenehmigungen zulassen sollten."
- „Das sehe ich genauso wie Sie. Dann sind wir uns also einig, daß wir die Familien ab sofort ..."
- „Jawohl, Sie haben völlig recht. Dann sollten wir die Raucherzimmer am besten im Erdgeschoß ..."

Ihr Verhandlungspartner wird natürlich aufschreien und mit leicht genervter Stimme seinen Vortrag wiederholen. Wenn er wieder zum Ende kommt, bestätigen Sie ihm: „Ja, genau! Deshalb sollten wir auch sofort die Kriterien für die Sondergenehmigungen ..."

Irgendwann bleibt dem anderen nichts anderes übrig, als Ihnen erschöpft nachzugeben oder doch noch auf das Thema zu kommen, um das es eigentlich schon längst hätte gehen sollen.

11. Extremunterstellung

Die Taktik der Extremunterstellung funktioniert so, daß Ihr Verhandlungspartner den Standpunkt, den Sie vertreten, dermaßen ins Extrem verzerrt, daß er dadurch angreifbar wird.

> Sie gehen nach der Probezeit zu Ihrem Chef und wollen über eine Gehaltserhöhung verhandeln. Der Chef schlägt die Hände über dem Kopf zusammen und fragt Sie, was in Sie gefahren ist. Er kann Ihnen doch nicht alle halbe Jahr mehr Geld geben! – Das haben Sie auch nicht gefordert!

> Ein Unternehmen will die Maschinen besser ausnutzen und deshalb auch am Wochenende Schichtarbeit einführen. Sofort wird erbittert dagegengehalten, daß es in unserem Kulturkreis einfach nicht angeht, den Sonntag zum normalen Arbeitstag zu erklären. – Das war nicht die Absicht des Unternehmens.

> Die eine Partei plädiert für die Liberalisierung der Ladenschlußzeiten. Die andere wettert sofort dagegen, daß es ein Unding ist, die Geschäfte 24 Stunden am Tag geöffnet zu halten. – Wer sprach von 24 Stunden?

> Die eine Partei will sich für die bessere Förderung hochbegabter Kinder einsetzen. Sofort tritt die andere Partei einen erbitterten Kampf gegen diese „Elitebevorzugung" an. – Wieso Bevorzugung?

Die eine Partei setzt sich für die Möglichkeit der aktiven Sterbehilfe ein, die andere setzt dagegen, daß man in Zukunft Menschen, die nicht mehr in unsere Leistungsgesellschaft passen, dann wohl einfach umbringen will. – Das wollen auch die Befürworter der aktiven Sterbehilfe nicht!

Die Geschäftsführung des Unternehmens will ein leistungsorientiertes Vergütungssystem einführen. Der Betriebsrat mobilisiert sofort die Mitarbeiter gegen die drohende Benachteiligung älterer und kranker Kollegen. – Darum ging es dem Vorstand gar nicht.

Sie schlagen vor, die Investitionen in den Bereich XY zu reduzieren, weil sich die betreffenden Produkte auf Dauer ohnehin nicht mehr am Markt behaupten können. Die Gegenseite wirft Ihnen vor, Sie wollten das Unternehmen durch Investitionsstopp von allen Innovationen am Markt abhängen und damit ins Aus treiben. – Sie haben nie vorgeschlagen, alle Investitionen zu stoppen.

Sicherlich haben Sie ähnliche Situationen schon einmal erlebt, in denen Sie sich mißverstanden und in Standpunkten angegriffen fühlten, die Sie gar nicht vertreten haben, die Ihr Gegner jedoch benutzt hat, Sie ins Unrecht zu setzen. Dazu dürfen Sie nicht schweigen. Sie müssen sofort eingreifen. Wenn Sie nämlich zu lange dazu schweigen, haben Sie bereits zugestimmt, daß die Extremübertreibung tatsächlich Ihrer Meinung entspricht. Wenn Sie später auf Ihren tatsächlichen Standpunkt zurückkommen, könnte es so aussehen, als machten Sie einen Rückzieher und Ihr Verhandlungspartner habe mit seinem vehementen Eingreifen gerade noch das Schlimmste verhindert.

Sagen Sie zum Beispiel:

- „Wieso alle halbe Jahre? Ich bringe doch nicht alle halbe Jahre eine Probezeit zum Abschluß."
- „Wer will den Sonntag abschaffen? Es soll doch lediglich Halle 11 in Betrieb bleiben."
- „Wie kommen Sie denn auf 24 Stunden? Warum nehmen wir uns nicht ein Beispiel an den Holländern, die ..."

Manchmal können Sie auch Ihrerseits mit Extremübertreibungen kontern:

- „Es geht doch nicht an, daß ich trotz guter Leistung für immer auf dem Gehalt sitzenbleibe, das ich in der Probezeit bekommen habe."
- „Wird jetzt hier der Sabbat eingeführt, daß man gar nichts mehr arbeiten darf? Werden die Kinos, Videotheken, Kneipen und Fußballstadien nun auch sonntags geschlossen, oder gehören die inzwischen schon zur christlichen Liturgie?"

Mit Ihren „Gegenextrema" eröffnen Sie allerdings eine Kampfdiskussion. Sie müssen im Einzelfall entscheiden, ob das ratsam ist.

Häufig steckt in der Verzerrung Ihres Standpunktes gar keine bewußte Manipulationsabsicht. Es kann sein, daß Ihr Verhandlungspartner aus purer Angst vor Veränderungen Ihren Standpunkt so übertreibt, daß die Beibehaltung eines Status quo wie eine Rettung vor drohendem Übel erscheint.

Sie müssen unbedingt darauf achten, daß Sie gegebenenfalls auch öffentlich Ihren Standpunkt ganz unmißverständlich darlegen. Die Taktik der Extremübertreibung wendet Ihr Verhandlungspartner oder auch Meinungsgegner nicht nur bei der Verhandlung Ihnen gegenüber an. Er wird versuchen, die Öffentlichkeit durch seine Extremübertreibungen gegen Sie zu mobilisieren.

12. Mängelsucherei

Die Mängelsucherei gehört wie die Extremübertreibung zu den Taktiken, die Ihr Verhandlungspartner anwenden könnte, um Ihre Änderungsvorschläge im Interesse des Status quo abzuschmettern. Egal, welchen Vorschlag Sie machen, Ihr Verhandlungspartner findet daran etwas auszusetzen und lehnt es deshalb ab. Er tut so, als könne man nur dann etwas Neues versuchen, wenn vorher garantiert werden kann, daß das Neue absolut mängelfrei und allumfassend ist.

> Sie wollen ein neues Schutzsystem gegen Betriebskriminalität einführen. Ihr Verhandlungspartner wendet ein: „Damit kann man doch auch nicht garantieren, daß hier nichts mehr geklaut wird. Wenn zum Beispiel jemand ...“

> Sie wollen, daß durch eine bessere Qualitätskontrolle die Reklamationsrate gesenkt wird. Ihr Verhandlungspartner: „Reklamationen kann man gar nicht abschaffen. Irgendein Kunde hat immer etwas auszusetzen.“

> Sie wollen, daß alle Firmenfahrzeuge endlich auch mit Airbags gegen Seitenaufprall versehen werden. Ihr Verhandlungspartner: „Es gibt keinen totalen Fahrerschutz. Wenn im Sturm ein Baum aufs Auto fällt, da hilft auch Ihr Seitenaufprallschutz nicht weiter.“

> Sie wollen, daß die Schule durch Umbauten und Einstellung von Fachkräften auch für behinderte Kinder geöffnet werden kann. Ihr Verhandlungspartner: „Man kann nicht alle Kinder in die normale Schule integrieren. Es wird immer Behinderungen geben, die eine getrennte Förderung notwendig machen.“

Diese Mängelsucher bestehen darauf, daß Sie erst einmal nachweisen müssen, daß sich durch Ihren Vorschlag sämtliche Probleme lösen lassen. Vorher kann leider nicht zugestimmt werden. Und damit ist Schluß der Diskussion. Es gibt nämlich nichts, was alles und für immer regelt.

Wenn Sie mit der Taktik konfrontiert werden, sollten Sie sich davor hüten, über die verbleibenden Mängel oder Lücken zu diskutieren.

> Diskutieren Sie nicht darüber, ob wirklich noch gestohlen werden kann und wo und von wem und was. Lassen Sie sich auf keine Diskussion über Kundenpsychologie und Reklamationslust ein. Streiten Sie nicht übers Wetter und seine möglichen schädlichen Auswirkungen. Vertiefen Sie sich nicht in die unterschiedlichsten Möglichkeiten geistiger, körperlicher und seelischer Behinderungen. Ihr Gesprächspartner wird immer einen Fall aus dem Ärmel zaubern, der durch Ihren Vorschlag nicht verbessert werden kann.

Bringen Sie Zahlen mit in die Verhandlung.

> Legen Sie auf den Tisch, wie viele Reklamationsfälle mit welchen Kosten es im Laufe der letzten Monate gegeben hat, die durch Ihre Änderung gezielt in Zu-

kunft verhindert werden. Präsentieren Sie die Statistik mit den Unfällen, bei denen ein seitlicher Aufprall durch einen entsprechenden Schutz hätte abgefangen werden können. Nennen Sie konkrete Fälle von Kindern, die in integrierten Schulen besser gefördert werden konnten als in Sonderschulen.

Bleiben Sie eisern bei gut vorbereiteten Zahlen und konkreten Beispielen.

13. Vorbilder

Wenn Ihr Verhandlungspartner spürt, daß es schwierig wird, Sie von etwas zu überzeugen, dann versucht er vielleicht, Sie damit zu locken, daß er Ihnen andere Personen oder Referenzen nennt, die sich bereits längst haben überzeugen lassen.

In der einfachsten Form kennen Sie diese Taktik bestimmt vom Einkaufen. Sie drehen sich im Laden vor dem Spiegel und wissen nicht so recht, ob Sie das Sakko nun kaufen sollen oder nicht. Da sagt der Verkäufer: „Dieser Farbton wird gerne genommen. Wir verkaufen ihn besonders oft an Geschäftsleute, die viel im Flugzeug unterwegs sind." Ja, wenn das so ist, dann nehmen Sie das Sakko natürlich. Zum internationalen Jet Set der gutangezogenen Geschäftsleute möchten Sie schließlich auch gehören.

Die Taktik, einen Unentschlossenen durch geeignete Vorbilder zu überzeugen, basiert auf der psychologischen Erkenntnis, daß wir

- bei aller Individualität auch mit einem ausgeprägten Nachahmungs- und sogar Herdeninstinkt ausgerüstet sind.
- gerne so sein oder so handeln möchten wie die Leute, die wir als Vorbilder ansehen, um diesen ähnlich zu werden.
- das Risiko einer Entscheidung für geringer halten, wenn wir sehen, daß andere vor uns mit der gleichen Entscheidung auch erfolgreich waren.

> „In Frankreich werden diese Regalsysteme seit Jahren ..."
> „Eine vergleichbare Technik hat die Firma XY in ihrer Produktion eingesetzt."
> „In der freien Wirtschaft haben sich Zielvereinbarungssysteme inzwischen durchgesetzt. Deshalb sollten auch wir ..."
> „Dieses Modell hat Lady Di ..."

Es handelt sich bei dieser Taktik in der Regel nicht um eine hinterhältige Manipulation. Warum sollte Ihr Verhandlungspartner Sie nicht darauf hinweisen, daß ihm „vorbildliche" Personen, Unternehmen, Staaten als Referenzen dienen? Wichtig ist nur, daß Sie sich davon nicht blenden lassen. Überlegen Sie kritisch, ob das, was in Frankreich/für Firma XY/in der freien Wirtschaft etc. gut ist, auch zu dem paßt, was Sie vertreten. Überlegen Sie, ob das, was Lady Di vor vielen Jahren kaufte, auch für Sie heute noch brauchbar sein kann.

Fragen Sie nach:

- „Warum glauben Sie, daß das auch in diesem Fall paßt?"
- „Wo sehen Sie die Parallelen zu unserem Fall?"
- „Wie sollen wir das auf unsere Situation übertragen?"

14. Empfehlung

Sich auf eine Empfehlung zu berufen, ist der Vorbild-Taktik ähnlich. Ihr Verhandlungspartner geht davon aus, daß Sie einer Sache zustimmen, wenn er Ihnen klarmachen kann, daß die in Ihren Augen richtigen Leute das auch empfehlen.

> Aus der Werbung kennen Sie: „Das empfiehlt der Zahnarzt seiner Familie." – „Von Hundezüchtern empfohlen."
> Haben Sie jemals persönlich bei Zahnärzten kontrolliert, ob das wahr ist? Empfehlen das alle Zahnärzte? Wenigstens die Mehrheit? Wo kann man die Statistik nachlesen, wie viele Zahnärzte das empfohlen haben und wie viele nicht?
> Welcher Hundezüchter genau hat dieses Futter empfohlen? Hat er Geld vom Hersteller dafür bekommen? Sind seine Hunde gesünder als die der anderen Züchter?

So genau forscht kaum jemand nach. Auch Ihr Verhandlungspartner wird sich vermutlich darauf verlassen, daß Sie seine vagen Empfehlungen für bare Münze nehmen oder sich zumindest unbewußt davon beeindrucken lassen.

> „Wissenschaftler der Harvard University raten heute jedem Unternehmen ..."
> „Die Psychologen empfehlen, daß man den Mitarbeitern ..."
> „Fachleute empfehlen, daß man sich erst für die Systeme und dann für die Rechner entscheidet."
> „Von Unternehmensberatern hört man zunehmend, daß ..."
> „Die Meinungsforscher sagen ..."

Lassen Sie sich nicht mit solchen unspezifischen Empfehlungen abspeisen. Sie sagen nichts aus. Fragen Sie konkret nach:

- „Wer sagt das?"
- „Haben Sie dazu ein paar Unterlagen, wo ich das genauer nachlesen kann?"
- „Nennen Sie mir bitte die Referenzen. Dafür interessiere ich mich sehr."

Vielleicht stimmte die Empfehlung, dann ist es gut, wenn Sie sich noch intensiver erkundigen. Vielleicht war die angebliche Empfehlung auch nur ein „Werbegag" zur Unterstützung des Standpunktes Ihres Verhandlungspartners. Dann ist es gut, wenn Sie sich nicht davon haben blenden lassen. Das bedeutet ja nicht, daß der Standpunkt als solcher damit wertlos ist. Aber es sollte Ihrem Verhandlungspartner etwas besseres dazu einfallen, als Sie mit „Zahnärzten" und „Hundezüchtern" zu manipulieren.

15. Sog der Masse

Ihr Verhandlungspartner kann versuchen, Sie damit zu überzeugen, daß sehr viele Menschen auch schon überzeugt wurden, daß sehr viele Menschen Erfahrungen mit der betreffenden Sache haben, daß sehr viele Menschen auch der Meinung sind ...

> Das kann sich dann wie folgt anhören:
> „Dieses Produkt haben inzwischen mehr als fünftausend Personen gekauft."

„Diesen Eignungstest haben wir inzwischen mit über siebentausend Kundenberatern verschiedener Banken erfolgreich durchgeführt."

„Wir haben eintausend beliebig ausgewählte Bürger gefragt, die überwiegende Mehrheit ...“

Für Sie ist in der Regel weder die Anzahl noch der Erfolg nachprüfbar. Wie geht es inzwischen den fünftausend Menschen, die das obige Produkt gekauft haben? Hat man kontrolliert, ob die im Test erfolgreichen Kundenberater dann auch im Beruf erfolgreich waren? Vielleicht bezieht sich „erfolgreich durchgeführt" lediglich auf die Tatsache, daß man es geschafft hat, siebentausend Menschen den Test anzudrehen? Wer sagt uns, daß bei den eintausend beliebig ausgewählten Bürgern die Klugen in der Mehrheit waren?

Lassen Sie sich von solchen beeindruckenden Zahlen nicht blenden. Fragen Sie nach, wer die Zahlen ermittelt hat, wo man das nachlesen kann ...

Sie werden staunen, wie oft ein Mensch, der zuvor noch selbstbewußt mit Zahlen jonglierte, bei konkreten Nachfragen plötzlich einen ganz ausweichenden Tonfall in der Stimme hat.

16. Sog der Zeit

Ihr Verhandlungspartner kann versuchen, Sie damit zu überzeugen, daß etwas seit langer Zeit Bestand hat, seit langer Zeit im Einsatz oder seit langer Zeit noch nicht passiert ist. Er will, daß Sie daraus die Gültigkeit auch für die Zukunft ableiten oder daraus ableiten, daß etwas wahr sein muß.

„Das Christentum muß der wahre Glaube sein. Sonst hätte er sich niemals über zwei Jahrtausende gegen alle Anfechtungen behaupten können."

„Seit Jahrhunderten haben sich die Menschen von der Astrologie leiten lassen. Das kann doch nicht alles falsch gewesen sein."

„Mit diesen Booten fahren wir seit mehr als dreißig Jahren hinaus. Noch nie ist eines in Seenot geraten."

„Mit diesem Futterzusatz arbeiten wir seit Jahren. Wieso soll das jetzt plötzlich schädlich sein?"

„Seit mehr als vierhundert Jahren läuten die Glocken zu jeder vollen Stunde. Das kann man doch nicht dem Zeitgeist opfern und zur Lärmbelästigung erklären!"

Häufig können Sie darauf sofort antworten:

„Der jüdische Glaube muß demnach noch wahrer sein, denn er ist immerhin schon fünftausend Jahre alt. Im südlichen Afrika gibt es sogar Völker, die glauben seit zwanzigtausend Jahren an ihre Gottheiten."

„Jahrhundertelang haben die Menschen geglaubt, die Erde sei eine Scheibe. Aber damit ist heute auch Schluß."

„Je älter die Boote, desto gefährlicher!"

Manchmal haben Sie jedoch nicht spontan eine Antwort parat. Ihnen fehlen die Gegenbeispiele, die wissenschaftlichen Hintergrundinformationen oder auch die notwendige Schlagfertigkeit.

Wenn Sie dennoch das Gefühl haben, daß Dauerhaftigkeit nicht als einziges Argument angeführt werden darf, dann sagen Sie:

- „Weiterentwicklungen gibt es immer wieder. Warum soll hier ein Stillstand notwendig sein?"
- „Damals war die Wissenschaft eben noch nicht so weit wie heute. Warum verschließen Sie sich den neuen Erkenntnissen?"
- „Warum soll das in Zukunft auch noch sinnvoll sein?"
- „Das ist ja nicht ungewöhnlich, daß etwas irgendwann einen Anfang hat und irgendwann auch wieder ein Ende."
- „Woraus schließen Sie, daß das so noch lange weitergehen kann?"

Wichtig ist, daß Sie sich nicht die Rolle aufdrängen lassen, dem anderen beweisen zu müssen, daß Dauerhaftigkeit nichts aussagt. Lassen Sie sich statt dessen vom anderen erklären, warum sein Verweis auf die lange Zeit Sie überzeugen soll. Wenn er dann bessere Argumente hat, ist es gut. Wenn nicht, sollten Sie sich durch das Zeitargument nicht beeindrucken lassen.

6 Zehn strategische Konzepte und kluge Taktiken

6.1 Die 4-Varianten-Methode

Sie sollten nicht nur Ihre Argumente und deren Verkettungen planen, sondern auch strategische Konzepte für die gesamte Verhandlung entwickeln. Damit ist natürlich nicht garantiert, daß Sie Ihre Strategie dann auch wunschgemäß durchsetzen. Zum Teil hängt es von der Machtfrage ab, ob Ihre Strategie oder die der Gegenseite zum Einsatz kommt. Es kann auch von der Frage abhängig sein, welche der beiden Seiten etwas von der anderen will, auf welcher Seite Überzeugungsarbeit geleistet werden muß.

Es kann sinnvoll sein, sich auf mehr als eine Strategie vorzubereiten. Einerseits zwingt Sie die sorgfältige Vorbereitung dazu, Ihren Standpunkt und die zu erwartenden Gegenpositionen sehr gründlich zu durchdenken und mögliche Lücken in Ihrer Argumentation vorzeitig aufzudecken. Andererseits bleiben Sie flexibel, wenn Sie sich nicht zu sehr auf eine Strategie festlegen und dann erkennen müssen, daß Ihr Verhandlungspartner Sie mit Dingen überrascht, mit denen Sie überhaupt nicht gerechnet haben. Bereiten Sie sich intensiv vor, aber legen Sie sich nicht zu sehr auf ein Konzept fest.

Die 4-Varianten-Methode ist eine sehr gute Strategie, wenn Sie Ihren Verhandlungspartner von einem Projekt oder Vorhaben überzeugen wollen. Dabei kann es sich um ein neues Marketingkonzept in Ihrem Unternehmen handeln, um einen Vorschlag zum neuen Steuergesetz oder zu den Fischereirechten oder um eine Lösung für die Schulprobleme der Kinder oder den Hausbau.

Sie wollen Ihren Vorschlag einbringen, wissen jedoch, daß Sie zu einem gemeinsamen Ergebnis mit der anderen Seite kommen müssen, wenn Ihre Ideen nicht ganz abgelehnt werden sollen. Vielleicht haben Sie für sich bereits eine klare Vorstellung davon, wie die Ideallösung für das Vorhaben aussehen würde. Leider können Sie sich aber auch vorstellen, daß Sie auf ein Nein der Gegenseite prallen werden. Dann besteht die Gefahr, daß sich die Gegenseite in ihrer ablehnenden Haltung etabliert und am Ende nicht einmal einen Kompromiß auszuhandeln bereit ist.

Beugen Sie durch die 4-Varianten-Methode vor. Klammern Sie sich nicht zu sehr an Ihre Idealvorstellung, sondern bereiten Sie vier denkbare Problemlösungen oder Vorschlagskonzepte vor:

1. Ideallösung

Das wäre Ihre Lieblingslösung. Vielleicht wird Sie Ihrem Verhandlungspartner nicht gefallen. Vielleicht ist sie zu teuer, zu aufwendig, zu wenig zustimmungsfähig bei Dritten ...

4 Varianten	Merkmale	Reihenfolge
Ideallösung	perfekt, aber zu teuer, aufwendig ...	3
Akzeptable Lösung	gut und realistisch, aber nicht perfekt	4
Unbefriedigende Lösung	realistisch, aber mit etlichen Nachteilen behaftet	2
Notlösung	billig und leicht zu realisieren, aber sehr notdürftig	1

Abbildung 22: Die 4-Varianten-Methode

Behalten Sie diese Variante als Zukunftsvision im Auge, beharren Sie jedoch auch nicht darauf nach dem Motto: Die oder keine.

2. Akzeptable Lösung

Diese Variante ist meistens eine abgespeckte Version der Ideallösung. Das, was Ihrem Verhandlungspartner nicht gefallen könnte, entfällt oder ist abgemildert. Dennoch könnten auch Sie sich notgedrungen damit abfinden.

3. Unbefriedigende Lösung

Diese Variante ist realistisch, jedoch so sehr mit Mängeln und Nachteilen behaftet, daß sie ziemlich unerfreulich bis abschreckend wirkt.

4. Notlösung

Diese Lösung läßt sich leicht, billig und schnell einführen. Aber sie ist wirklich eine fast unerträgliche Notlösung, über die sich beide Parteien und Dritte nur ärgern würden. Und sie ist das abschreckende Beispiel dafür, was passieren kann, wenn man sich in der Verhandlung jetzt nicht partnerschaftlich zu einem gemeinsamen Ergebnis durchringen kann.

- Sie sollten nicht mit der Idealvorstellung in die Verhandlung einsteigen. Fangen Sie mit der Notlösung an. Stellen Sie sie als durchaus machbar dar, sprechen Sie jedoch auch gleich Ihre Bedenken mit an. Diese Notlösung wird auch Ihrem Verhandlungspartner schrecklich genug vorkommen. Er fegt sie Ihnen vom Tisch. Damit erhalten Sie nicht die schreckliche Lösung, und er hat schon einmal die Befriedigung, sich gegen einen Ihrer Vorschläge durchgesetzt zu haben.

- Seien Sie nun so „kompromißbereit", eine verbesserte Lösung vorzuschlagen. Präsentieren Sie die unbefriedigende Lösung. Auch daran wird Ihr Verhandlungspartner einiges auszusetzen haben.
- Als drittes kommen Sie mit Ihrer Idealvorstellung. Sie haben vielleicht Glück und können diese nun durchsetzen, nachdem klargeworden ist, daß etwas anderes doch nicht so gut ist. Falls die Ideallösung nun aber mehr ist, als Ihr Verhandlungspartner hinnehmen mag, dann sollten Sie ihn nun wenigstens davon überzeugen, daß sie als Zukunftsvision oder unter anderen Gegebenheiten ganz hervorragend wäre. Leider müssen Sie gemeinsam notgedrungen zum Machbaren zurück.
- Bieten Sie jetzt die akzeptable Lösung an. Na ja, sie hat ein paar Schwachstellen, aber im Vergleich zu den deutlich schlechteren Varianten ist sie sehr gut. Die Ideallösung wäre natürlich viel besser, aber man muß ja realistisch bleiben. Auf diese Variante einigen Sie sich mit Ihrem Verhandlungspartner.

Mit dieser Strategie erreichen Sie zwar nicht ganz das, was Sie wollen, aber Sie scheitern auch nicht. Außerdem erlebt Ihr Verhandlungspartner Sie als kooperativen Menschen, mit dem man sich einigen kann. Sie und die Gegenseite gehen als Teilsieger aus der Verhandlung heraus. Wer weiß, vielleicht haben Sie sogar später noch Chancen, doch zur Ideallösung zu kommen. Den anderen haben Sie für die Idee zumindest einmal interessiert. Er kann sich jetzt positiv mit dem Gedanken befassen, weil er die Auseinandersetzung positiv erlebt hat.

6.2 Die Bilanz-Methode

Nach der Bilanz-Methode können Sie vorgehen, wenn es darum geht, Leistungen und Gegenleistungen auszuhandeln. Das klassische Beispiel sind Gehaltsverhandlungen im außertariflichen Bereich. Haben Sie als Führungskraft einen Bewerber mit sehr anspruchsvollen Gehaltswünschen vor sich, können Sie ihn mit der Bilanz-Methode zu einer realistischen Haltung zurückführen.

Nach der Bilanz-Methode werden in der Politik zum Beispiel Abrüstungs-, Friedens- oder Koalitionsverhandlungen geführt. Unternehmen gehen so zum Beispiel bei Fusionsverhandlungen oder bei Auftragsvergaben an Externe vor. Im Grunde geht es dabei immer um die beiden Grundfragen:

1. *Welche Forderungen stellt die Gegenseite an Sie?*
2. *Was bietet Ihnen die Gegenseite dafür an?*

- Sie gehen bei der Bilanz-Methode ganz klassisch nach dem bereits beschriebenen Phasenmodell BEZAHL vor. Nach der Begrüßung lassen Sie Ihrem Verhandlungspartner den Vortritt, alles zu sagen, was er Ihnen sagen möchte. Er soll alle seine Forderungen an Sie ungehindert auf den Tisch legen. Erst danach legen Sie dar, was Sie wollen, und handeln dann das gemeinsame Ergebnis aus.

- Dokumentieren Sie sofort alle Forderungen schriftlich. Notieren Sie auf einem großen Blatt oder dem Flip-Chart der Reihe nach die Forderungen, damit der andere sehen kann, was Sie schreiben. Nicken Sie jede der Forderungen ab. „Abnicken" bedeutet nicht, daß Sie bereits eine Zusage geben, daß Sie die jeweilige Forderung erfüllen. Es bedeutet lediglich, daß Sie Verständnis für die Forderung haben und – wären Sie auf der Gegenseite – das gleiche auch fordern würden. Es stört jedoch überhaupt nicht, wenn der andere Ihr „Abnicken" möglicherweise mit einer Zusage verwechselt!
- Ermutigt durch Ihre positive Aufnahmebereitschaft und Ihr beharrliches Nachfragen, was Sie außerdem für den anderen tun können, wird der Verhandlungspartner langsam aber sicher seine Zurückhaltung aufgeben und eine Forderung nach der anderen stellen. Sie notieren alles unter freundlichem Abnicken auf dem Papier. Irgendwann fällt dem anderen nichts mehr ein. Er hat sich leergefordert. Fragen Sie nach, ob das wirklich alles ist. Wenn ja, dann nicken Sie alles noch einmal ab und ziehen dann einen zweiten leeren Zettel aus der Tasche.
- Sie bestätigen dem anderen, daß Sie selbstverständlich gerne seinen Forderungen nachkommen wollen. Es ist natürlich klar, daß auch Sie Forderungen haben und Gegenleistungen erwarten. Fragen Sie, was der andere Ihnen bietet. Notieren Sie. Stellen Sie auch eigene Forderungen. Die gehören auch auf diese Liste.

Auf diese Weise entstehen zwei „Bilanzen". Die eine sagt aus, was Partei A sich als Verhandlungsergebnis wünscht. Die andere stellt die Wünsche von Partei B zusammen.

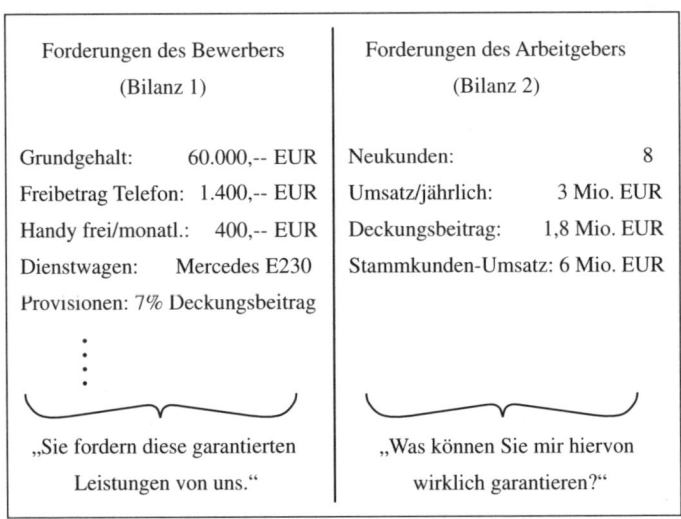

Abbildung 23: Die Bilanz-Methode

Fast immer wird sich nun zeigen, daß die Bilanz für Ihren Verhandlungspartner wesentlich vorteilhafter ausgefallen ist. Ein solches Ergebnis wäre unfair, wie er nun selber schwarz auf weiß sehen kann.

Er muß Ihnen jetzt notgedrungen entgegenkommen. Er wird bei eigenen Forderungen von sich aus Abstriche machen und auf Ihre Forderungen mit Zugeständnissen reagieren. Jetzt können Sie beide auf faire Weise – in einem Prozeß gegenseitigen Gebens und Nehmens – zu einem Verhandlungsergebnis nach dem Win-Win-Prinzip kommen: Jeder gewinnt, keiner verliert. Es gibt deshalb keinen Verlierer, weil die Zugeständnisse dem jeweiligen „Gegner" nicht abgerungen werden mußten. Sie sind statt dessen Angebote von der Partei, die das Zugeständnis macht.

Der typische Fehler, den manche Verhandlungsführer bei dieser Methode machen, ist der, daß sie vorab schon ankündigen, daß sie erst einmal die Gegenseite hören, später jedoch eigene Forderungen stellen wollen. Das ist falsch! Tun Sie das nicht. Nicht selten nimmt der andere dabei schon einen drohenden Unterton wahr, und damit bremsen Sie die Bereitschaft der Gegenseite, wirklich alle Forderungen offen auf den Tisch zu legen. Der andere wird zu viele eigene Dinge in der Hinterhand behalten und Sie ständig fragen, was Sie zu diesem oder jenem sagen ... Er wird zwischendurch immer wieder Ihre Forderungen mit lächerlichen Gegenleistungen abspeisen wollen. Das führt dazu, daß in einem unübersichtliches Hin und Her der beste Taktierer und der zäheste Kleinkrämer gewinnt.

Halten Sie sich konsequent daran, alle Forderungen unkommentiert, aber mit einem freundlichen Nicken anzunehmen und erst ganz zum Schluß mit der Botschaft zu überraschen, daß Sie auch etwas dafür möchten. Dann haben Sie gute Chancen, mit dem Verhandlungspartner zu einer für Sie günstigen Einigung zu kommen, auch wenn Sie ihm rhetorisch unterlegen sein sollten.

6.3 Die Verbündeten-Methode

Die Verbündeten-Methode ist mehr als eine rhetorische Taktik, denn dahinter steckt eine längerfristige Strategie. Sie können Sie anwenden, wenn Sie zum Beispiel im eigenen Unternehmen

- eine Änderung einführen wollen und mehrere unterschiedliche Gegner dabei haben.
- einen (Karriere-)Konkurrenten aus dem Felde schlagen wollen und dafür die Mehrheit der anderen Kollegen, Mitarbeiter und Führungskräfte auf Ihre Seite bringen müssen.
- sich selbst zum Wortführer einer Sache, eines Zieles oder einer Strategie machen wollen.
- eine bisher mächtige Person entmachten und sich selbst an die Stelle bringen wollen.

Man kennt dieses Verfahren von Machtkämpfen innerhalb von Parteien, wenn mehrere Personen um die Kanzlerkandidatur kämpfen. Man kennt dieses Verfahren auch von Machtkämpfen in den Top-Führungsetagen der Konzerne. Wenn man einmal bewußt darauf achtet, kann man es auch bei Vereinen, Kirchengemeinden, Zeitungsredaktionen, Verbänden etc. beobachten.

Diese Methode ist keine Technik, die nur bei Verhandlungen angewendet wird. Verhandlungen sind jeweils nur die Schauplätze, wo die Machtkämpfe und öffentlichen Meinungsgefechte ausgetragen werden. Es geht darum, daß die Person, die im eigenen Lager die Mehrheiten und die Macht erringen kann, dann auch durchsetzt, was sie erreichen will.

Das kann innerhalb einer politischen Partei der Kampf um die Kanzlerkandidatur sein, aber auch der Kampf um die Vormacht von „Realos" oder „Fundis". In Unternehmen kann der Sieger dieses Verfahrens die weitere Strategie bestimmen.

Bei der Verbündeten-Methode geht es nicht darum, mit guten Argumenten vom eigenen Standpunkt zu überzeugen, sondern sich selbst die Macht zu verschaffen, den eigenen Standpunkt durchsetzen zu können. Ganz ohne Überzeugungsarbeit geht es hierbei jedoch auch nicht. Der Schwerpunkt liegt dann allerdings darin, daß man die Mehrheiten oder starken Verbündeten überzeugt, daß die betreffende Person

- der oder die Beste ist;
- für die richtigen Werte und Ziele steht;
- geeignet ist, die gewünschten Werte und Ziele auch Realität werden zu lassen.

Es geht nicht darum – falls man es selber überhaupt schon weiß! –, die Mehrheiten in die Details einzuweihen, wie man später, sobald man die Macht hat, vorgehen wird.

Diese Methode funktioniert aufgrund eines psychologischen Phänomens: Menschen fangen unweigerlich an, etwas zu glauben, wenn man es nur oft genug wiederholt und sie nicht mit Details ins Grübeln bringt.

Wenn Sie immer wieder von sich behaupten, daß Sie, sollte man Sie wählen, als Kanzler die Arbeitslosigkeit in den Griff bekommen werden, wird man es Ihnen irgendwann glauben, und sei es nur, weil man es glauben möchte und vom Vorgänger enttäuscht ist. Wenn Sie jedoch erklären, mit welchen Methoden Sie im Detail gegen die Arbeitslosigkeit vorzugehen planen, dann entwickeln sich Zweifel, ob es so überhaupt geht.

Der Unterschied liegt darin, daß pauschale Erklärungen Hoffnungen und Sehnsüchte ansprechen. Details wecken den kritischen Verstand und führen zu Bedenken und Zweifeln.

Diese Methode funktioniert nicht nur beim „dummen Wahlvolk", sondern auch bei scharf und strategisch denkenden Menschen, die sich von dieser Art der Manipulation – und etwas anderes ist es nicht! – eigentlich nicht einwickeln lassen dürften.

Machen Sie zum Beispiel klar, daß Sie für das Unternehmen der Hoffnungsträger sind, daß Sie den Erfolg am globalen Markt garantieren werden ... Man wird Ihnen irgendwann glauben. Erklären Sie nicht, wie Sie das erreichen wollen. Das würde mindestens einen Besserwisser auf den Plan rufen, der laut ruft: „So geht es nicht!" Und schon zweifeln alle anderen mit.

Bei der Verbündeten-Methode können Sie in folgenden Schritten vorgehen:

1. Bereiten Sie sich schriftlich vor.

- Formulieren Sie Ihre Ziele.
- Formulieren Sie, mit welcher Grundbotschaft Sie an die Öffentlichkeit gehen wollen.
- Erstellen Sie eine Liste wichtiger Meinungsbildner, Entscheider und anderer Personen, die Sie als Verbündete gut gebrauchen können.
- Analysieren Sie bei jeder dieser Personen, wie sie vermutlich zu Ihren Zielen und Ihrem Vorhaben steht.
- Wer sind die stärksten Gegner Ihrer Ziele?
- Wer sind deren Verbündete?

2. Suchen Sie sich Verbündete.

Grundsätzlich gilt, daß Sie niemals feindselig gegen andere antreten und persönliche Konfrontationen meiden sollten. Konferenzen und Besprechungen sind im Unternehmen die Arenen, in denen Sie demonstrieren, daß Sie stets ein harter, aber fairer Diskussionspartner sind, daß Sie stets sachlich und engagiert für Ihre Anliegen eintreten, daß Sie niemals die Person eines Meinungsgegners angreifen.

Durch ein solches Verhalten machen Sie es anderen leicht, sich mit Ihnen zu verbünden. Sie flößen Respekt ein und gewinnen gleichzeitig an Sympathie.

Tun Sie das, was man heute als „Beziehungsmanagement" oder „Networking" bezeichnet. Suchen Sie immer wieder den Kontakt zu den Menschen, die Ihnen beim Erreichen Ihrer Ziele und bei der Stärkung Ihrer Person nützlich sein können. Lassen Sie diese Verbündeten jedoch nicht zu früh wissen, wozu Sie sie brauchen. Niemand will sich „benutzt" fühlen!

Wichtig ist zunächst, daß Ihre potentiellen Verbündeten Sie so sehr respektieren und mögen, daß sie Ihnen bei Verhandlungen, Meetings und Konferenzen auch dann nicht in den Rücken fallen, wenn sie Ihnen nicht ganz zustimmen können.

3. Machen Sie sich unangreifbar.

Entwickeln Sie zwei bis drei griffig formulierte Argumente für Ihren Standpunkt oder Ihre Person. Diese Argumente müssen moralisch unangreifbar sein.

Sie wollen neue Arbeitsplätze schaffen.
Ihr Änderungsprojekt wird das Unternehmen fit machen für den globalen Markt.
Ihr Konzept steht für eine qualitativ hochwertige Ausbildung.

Diese Argumente beweisen, daß Ihre Ziele edel und uneigennützig sind. Sie streben nicht nach einer Machtposition, weil Sie machtgierig sind, sondern weil Sie kämpferisch für das eintreten, was für die Gemeinschaft, das Unternehmen, die Zukunft etc. positiv sein wird.

Vielleicht sträuben Sie sich, solche Pauschalaussagen überhaupt als Argumente zu bezeichnen. Denken Sie daran: Feinsinnige und in sich schlüssige Argumente regen den analytischen Verstand an. Sie provozieren kritisches Mitdenken und könnten Zweifel wecken. Permament wiederholte, eingängige Kernbotschaften hingegen sprechen eher die Gefühle, Sehnsüchte und Hoffnungen an. Wichtig ist nur, daß Sie selbst nicht so pauschalierend und vereinfacht denken, wie Sie sich äußern! Die im Grunde simplen Kernbotschaften mit ihren unangreifbaren Argumenten müssen später, wenn Sie Ihre Machtposition haben, durch Ihre Taten und Erfolge bestätigt werden!

4. Machen Sie sich zum Hoffnungsträger.

Lange bevor die eigentlichen Verhandlungen, Diskussionen und Gespräche beginnen, bei denen die Details auf den Tisch kommen und kritisch unter die Lupe genommen werden, müssen Sie mit Hilfe Ihrer zwei bis drei Argumente deutlich machen, für welche unangreifbare Position Sie stehen. Niemand macht sich zum Verbündeten einer Person, von der man nicht recht weiß, wofür sie eigentlich steht. Viele sind aber bereit, sich als Verbündete der Person zu zeigen, die für die „richtigen" Ziele steht.

5. Treiben Sie einen Keil zwischen Ihre Gegner.

Schüren Sie Zweifel, Abneigungen und Mißtrauen zwischen den Menschen, von denen Sie nicht wollen, daß sie sich gegen Sie verbünden. Achten Sie jedoch darauf, daß Sie nie im Hintergrund gegen eine bestimmte Person hetzen. Damit verschaffen Sie sich höchstens den vernichtenden Ruf, ein fieser Intrigant zu sein.

Machen Sie es Meinungsgegnern schwer, Sie öffentlich anzugreifen, indem Sie sympathisch, freundlich und charmant auftreten. Keiner Ihrer Meinungsgegner will der Bösewicht sein, der einen netten und sympathischen Menschen angreift! Und wenn Ihre Meinungsgegner in der Öffentlichkeit notgedrungen „nett" zu Ihnen sind, wächst unter ihnen das gegenseitige Mißtrauen.

6. Verschaffen Sie sich Gehör.

Ein Hoffnungsträger darf nicht wie ein verklemmter Pedant, ein vergeistigtes Genie oder wie ein liebes Mäuschen auftreten. Ein Hoffnungsträger muß sich kraftvoll, dynamisch und voller Elan präsentieren. Man soll Ihnen nicht nur glauben, daß Sie die „richtigen" Dinge vertreten, man soll auch davon überzeugt sein, daß Sie die Person sind, die es wirklich schafft, die Dinge erfolgreich anzupacken.

- Setzen Sie sich in Meetings und Konferenzen an strategisch günstige Plätze, und nehmen Sie mit Ellenbogen, Unterlagen etc. viel Raum ein. Quetschen Sie sich niemals verschüchtert zwischen andere.
- Beteiligen Sie sich aktiv an Diskussionen. Schläfern Sie nicht mit öden Monologen oder gar schulmeisterlichen Belehrungen ein. Äußern Sie sich kurz und knackig mit griffigen Argumenten, die man sich auch über den Tag hinaus merken kann.
- Sprechen Sie laut und deutlich. Warten Sie nicht immer wie in der Schule, bis man Ihnen das Wort erteilt, sondern ergreifen Sie es von sich aus. Lassen Sie es ruhig zu, daß andere Dynamiker Ihnen auch gelegentlich ins Wort fallen. Tun Sie das ebenfalls von Zeit zu Zeit. Die entsetzten Zeugen am Konferenztisch spielen mit ihren guten Manieren in den rhetorischen Kämpfen um Macht und Positionen überhaupt keine Rolle.
  Achten Sie bewußt einmal darauf: Wo zum Beispiel zehn Personen oder mehr zusammenkommen, um etwas zu besprechen oder auszudiskutieren, wird man nach kurzer Zeit nur noch zwei oder drei Diskutierer haben. Der Rest sitzt dabei. Unterschätzen Sie jedoch diesen Rest nicht! Das sind oft die Mehrheiten oder die mächtigen Verbündeten, die am Ende beurteilen, wessen Standpunkt sie unterstützen werden.
- Verschaffen Sie sich Gehör; Sie können dabei auch laut werden, aber niemals aggressiv, beleidigend oder kompliziert in Details.

7. Wiederholen Sie beharrlich Ihre unangreifbaren Argumente.

Bauen Sie auf die Macht der Wiederholung. Steigen Sie bei Meetings und Konferenzen nicht in die Details ein. Erläutern Sie nicht die Details, die für Ihren Standpunkt sprechen, und weisen Sie auch Ihrem Meinungsgegner nicht in Einzelheiten nach, warum sein Standpunkt falsch ist.

Wiederholen Sie lieber möglichst oft Ihre zwei bis drei unangreifbaren Argumente. Verbündete und Mehrheiten können dann immer nur mit dem Kopf nikken, wenn Sie sich äußern. Gegner können nicht gegen Sie argumentieren, weil positive Allgemeinplätze nicht zu knacken sind.

8. Erkennen Sie Ihre Chance, und schaffen Sie blitzschnell Tatsachen.

Wenn Sie das Feld bis zu diesem Schritt bereitet haben, dann müssen Sie „nur" noch den günstigen Zeitpunkt erkennen, an dem Sie Ihren Gegner stürzen, entmachten bzw. ins Aus stellen können.

Aus den Medien kennt man solche Blitzaktionen, wenn von einem Tag zum anderen ein Top-Manager seinem Karrierekonkurrenten zum Opfer gefallen ist oder wenn nach einem Wahldesaster gleich bei der nächsten Parteisitzung der bisherige Star vom Sockel gestoßen wird.

Eine solche Aktion muß so schnell gehen, daß weder der Betroffene noch die Zeugen noch Ihre Verbündeten richtig mitbekommen, was genau Sie eigentlich

so blitzschnell gemacht haben. Ihre Verbündeten werden Ihnen nicht Einhalt ge-
bieten, weil sie – durch Ihre „Vorarbeit" – Ihnen gegenüber eine grundsätzlich
positive Haltung entwickelt haben. Sie könnten auch nicht eingreifen, weil sie
gar nicht schnell genug verstehen, was sich in der Blitzaktion eigentlich abspielt.

Das ist der Trick bei der Verbündeten-Methode! Ihre Verbündeten stehen auf
Ihrer Seite, sind aber von Ihnen nie in die Details Ihrer Pläne eingeweiht worden. Deshalb agieren sie nicht gegen Sie, weil Sie es weder wollten noch könnten.

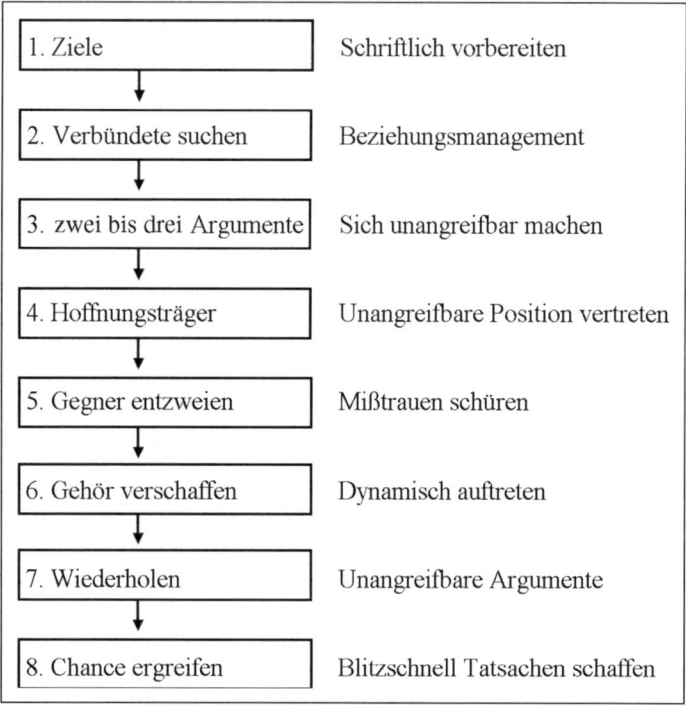

Abbildung 24: Die Verbündeten-Methode

Rhetorische Fähigkeiten zur Durchsetzung von Zielen werden oft maßlos über-
schätzt. Ohne solche Fähigkeiten ist man natürlich ziemlich verloren. Aber
Rhetorik allein als punktuell einzusetzende Kunst in Kommunikationssituatio-
nen nutzt wenig, wenn keine klare Strategie dahintersteht.

Allein mit Rhetorik können Sie etwas erreichen, wenn Sie es mit Verhandlungspartnern zu tun haben, denen Sie nicht bekannt sind und die nichts über Sie wissen. In den meisten Fällen werden Sie jedoch auf Verhandlungspartner treffen,
die nicht nur darauf achten, was Sie an plausiblen Argumenten und stichhaltigen Beweisen bieten, sondern die immer auch über Sie, Ihre Position, Ihren Ein-

fluß und Ihr Ansehen vor Dritten nachdenken. Dies ist bei der Entscheidung, ob man Ihnen zustimmen soll oder nicht, wesentlicher als eine ausgefeilte Rhetorik mit perfekten Formulierungen.

Wirklich wichtige Verhandlungen stehen außerdem in den seltensten Fällen für sich allein. Sie sind in der Regel in langfristige Prozesse und Entwicklungen eingebunden. Deshalb brauchen Sie ein strategisches Konzept wie zum Beispiel die Verbündeten-Methode.

Bei dieser Methode handelt es sich ganz klar um Manipulation. Im Nachhinein wird das Ihren Verbündeten auch bewußt. Wenn sie sich nämlich von dem Überraschungsschlag wieder erholt haben und untereinander austauschen, werden sie gemeinsam analysieren, wie Sie seit Wochen oder Monaten vorgegangen sind. Im Nachhinein wird ihnen klar, welche kleinen Schritte letztlich zu dem für sie so überraschenden Ergebnis geführt haben.

Wenn Sie jetzt die in Sie gesetzten Hoffnungen erfüllen, werden Ihre Verbündeten zufrieden sein. Sie bilden sich nämlich ein, klug und vorausschauend mit Ihnen „auf das richtige Pferd gesetzt" zu haben. Wenn sich in der Zeit danach jedoch zeigt, daß Sie die in Sie gesetzten Hoffnungen nicht erfüllen, wird man Sie als Blender bezeichnen. Ihre Verbündeten ärgern sich, darauf hereingefallen zu sein, und werden sich von Ihnen distanzieren. Mancher wird sich nun auch beeilen, öffentlich zu behaupten, schon früher vor Ihnen gewarnt zu haben.

Die Verbündeten-Methode ist wenig geeignet für Verhandlungen zwischen Ihnen und Kunden oder anderen Personen, die nicht zu Ihrem unmittelbaren Kreis gehören. Sie ist erfolgreich, wenn Sie im eigenen Lager etwas durchsetzen wollen. Vergessen Sie nicht, daß Sie nach Ihrem Coup erfolgreich sein müssen, sonst ist diese Methode bei Ihren „Fans" nie mehr erfolgreich.

6.4 Die Nicht-heute-Methode

Die Nicht-heute-Methode wenden Sie an, wenn Sie zwar in Ruhe Ihren Standpunkt darlegen, jedoch nicht intensiv diskutieren wollen. Es kann verschiedene Gründe dafür geben, daß Sie klugerweise ein Hin und Her an Argumenten vermeiden:

- *Sie sind Ihrem Verhandlungspartner an Schlagfertigkeit unterlegen.*
  Wenn Sie bereits wissen, daß Sie in einem Wortgefecht kaum mithalten können, sollten Sie mit dieser Methode den möglichen Schlagabtausch lieber von vornherein unterbinden, als sich in die Enge treiben zu lassen. Das ist für Sie würdevoller und meistens auch erfolgreicher.

- *Ihr Verhandlungspartner ist Ihnen an Schlagfertigkeit unterlegen.*
  Menschen, die wenig schlagfertig sind, hassen es, in Wortgefechte verwickelt zu werden. Sie fühlen sich als rhetorische Verlierer und rächen sich da-

für später, indem sie Zusagen, die man aus ihnen herausgeholt hat, einfach nicht einhalten. Manche Menschen sind auch vom Typ her eher ruhig und gehen lieber analytisch und grüblerisch an Dinge heran. Sie „machen dicht" und sagen gar nichts mehr, wenn sie sich in Diskussionen bedrängt fühlen. Da Sie Ihre Verhandlungsziele erreichen und nicht billige Gefechte um das letzte Wort gewinnen wollen, sollten Sie bei rhetorisch schwachen Personen und bei Schweigern jeden Druck vermeiden. Geben Sie dem anderen Zeit, ohne Streß über Ihre Argumente nachzudenken.

- *Sie haben sehr gute, aber auch komplizierte Argumente auf Ihrer Seite.*
  Wenn der andere Ihnen zu schnell und zu viel dazwischenredet, können Sie sich nicht mehr auf Ihre Argumente und deren Verkettungen konzentrieren. Man bringt Sie aus dem Konzept, und die Verhandlung endet womöglich in sinnlosen Detaildiskussionen um Nebensächlichkeiten. Dann ist es besser, Sie bitten den anderen, Ihnen zunächst einfach nur zuzuhören und später auf Fragen, Bedenken oder Einwände zu kommen.

- *Ihr Verhandlungspartner muß sich zu etwas überwinden.*
  Sie wollen durch die Verhandlung erreichen, daß der andere einer Sache zustimmt, zu der er keine Lust hat, die ihm unangenehm, zu teuer etc. ist. In solchen Fällen besteht die Gefahr, daß er herumdruckst, sich windet, Ausflüchte sucht und sich von Ihnen bedrängt fühlt. Sie versuchen in bester Absicht, dem anderen beim Überwinden seiner inneren Hürden zu helfen, und geraten schließlich vom Überzeugen ins Überreden. Der andere ergreift dann entweder die Flucht oder macht rasch Zusagen, die er später widerruft.

- *Ihr Verhandlungspartner muß Dritte überzeugen.*
  Vielleicht wissen Sie, daß Ihr Verhandlungspartner Ihnen durchaus zustimmen würde. Leider weiß er noch nicht, wie er im eigenen Lager – z. B. bei seinen Vorgesetzten – begründen soll, daß er sich mit Ihnen geeinigt hat. Solange er das nicht weiß, mag er sich auch Ihnen gegenüber nicht festlegen. Geben Sie ihm Bedenkzeit. Dann kann er sich in Ruhe eine Strategie ausdenken, wie er im eigenen Lager mit dem Ergebnis umgehen soll.

- *Sie möchten an die Großzügigkeit und das Entgegenkommen des anderen appellieren.*

  Dabei kann es sich um eine Gehaltsverhandlung mit Ihrem Vorgesetzten oder um ein Gespräch mit Ihrem Bankberater handeln, von dem Sie weitere Kredite brauchen. Als Führungskraft wollen Sie vielleicht Ihren Mitarbeiter motivieren, bestimmte Aufgaben zu übernehmen. Als Kollege wollen Sie zum Beispiel Probleme in der lateralen Zusammenarbeit regeln.

  Bevor der andere sich in die Position von Mach-ich-nicht-tu-ich-nicht-will-ich-nicht verrennt, bitten Sie ihn, erst einmal Ihnen zuzuhören und sich dann die Sache durch den Kopf gehen zu lassen. So gelangt er zu einer freien, wohlüberlegten Entscheidung.

- *Ihr Verhandlungspartner ist ein Mensch, der vor Neuem grundsätzlich zu-rückschreckt.*

  Es gibt Menschen, die gegenüber allem, was für sie neu und ungewohnt ist, erst einmal eine ablehnende Haltung einnehmen. Sie können selbst noch so wundervollen und überzeugenden Argumenten unmöglich sofort zustim-men. Und je mehr Sie helfen wollen, die Scheu vor dem Neuen zu überwin-den, desto mehr gerät der „Traditionalist" oder „Gewohnheitsmensch" in Panik und verschanzt sich hinter einem „Nein", auch wenn er dafür keine vernünftigen Gründe nennen kann.

- *Sie wissen von sich selbst, daß Sie zur Schwäche der Rechthaberei und des Dogmatismus neigen.*

  In diesem Fall können Sie sich mit dieser Methode selbst disziplinieren, an-statt sich unbeliebt zu machen. Legen Sie Ihren Standpunkt einmal (!) über-zeugend dar, und lassen Sie dann dem anderen die Freiheit, nach einer Bedenkzeit ja oder nein dazu zu sagen.

- *Ihr Verhandlungspartner ist übermäßig empfindlich gegenüber allem, was er für Beeinflussung hält.*

  Menschen mit extremem Autonomiestreben und der Einstellung, unmani-pulierbar zu sein, reagieren auf Überzeugungsversuche allergisch. Sie sagen vielleicht schon aus Prinzip nein, wenn ein anderer sie mit guten Argumen-ten überzeugen will. Diese Menschen wollen eigentlich auch gar nicht ver-handeln, sondern sich nur völlig neutral informieren und dann unbeeinflußt entscheiden.

  Achten Sie bei diesen Menschen darauf, daß Ihr Ton sehr sachlich und ohne jeden Nebenklang von Druck oder Verlockung bleibt. Sagen Sie recht unter-kühlt, was Ihr Standpunkt ist, wieso Sie die Dinge so sehen und was Sie ger-ne als Entscheidung von ihm hätten. Den Rest will der Autonomiebewußte mit sich selbst ausmachen.

Die Nicht-heute-Methode können Sie bei einem Verhandlungstermin – mit ei-ner Verhandlungspause – anwenden oder auch auf zwei Termine verteilen. Letzteres ist meistens besser, weil es dem anderen die Chance gibt, Ihre Argu-mente zu überschlafen.

Gehen Sie in folgenden Schritten vor:

1. Vereinbaren Sie die Spielregel: Nicht heute!

Sagen Sie Ihrem Verhandlungspartner in netter Form, daß Sie heute oder im Moment noch gar keine Antwort erwarten. Bitten Sie ihn, sich zunächst einfach nur anzuhören, was Sie sagen möchten. Erst später wird man darüber reden und eine Entscheidung fällen.

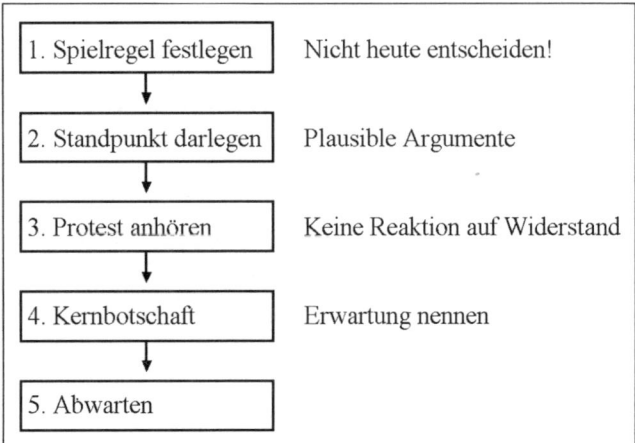

Abbildung 25: Die Nicht-heute-Methode

Falls Sie mit Protesten rechnen, können Sie auch vorwarnen, daß sich einige Ihrer Argumente vielleicht überraschend anhören werden. Bauen Sie jedoch nicht selbst Barrieren gegen Ihren Standpunkt auf!

- Sie dürfen zum Beispiel nicht sagen:
  „Sie werden bestimmt dagegen sein."
  „Was ich Ihnen zu sagen habe, wird Ihnen bestimmt nicht gefallen."
  „Das wird sich für Sie schrecklich anhören."

- Sagen Sie:
  „Manches wird Sie vermutlich überraschen."
  „Vielleicht werden Sie sich zunächst wundern."

Machen Sie es nicht zu spannend! Sie wollen nicht, daß der andere mißtrauisch wird und sich gleich in eine ablehnende Haltung zurückzieht.

2. Legen Sie Ihren Standpunkt dar.

Sagen Sie, was Sie zu sagen haben, und liefern Sie plausible Argumente und möglichst auch gute Beweise. Legen Sie vorher Ihre Ausführungen zurecht, damit die Argumentationskette stimmt und Ihnen die Sätze flüssig von den Lippen kommen.

Beachten Sie:

- Langweilen Sie den anderen nicht mit endlosen Monologen.
- Bringen Sie keine Details, die der andere nach dem nächsten Satz bereits vergessen hat.
- Verzichten Sie auf einen belehrenden Ton.
- Garnieren Sie Ihre Argumente nicht mit Erklärungen, die sich wie Entschuldigungen oder Rechtfertigungen anhören.

Das sollten Sie tun:

- Unterstützen Sie Ihre Ausführungen visuell. Fertigen Sie während des Erklärens zum Beispiel eine Skizze an.
- Beobachten Sie den anderen, und hören Sie sofort auf zu reden, wenn Sie an ihm erste Anzeichen von Langeweile wahrnehmen.
- Klären Sie durch Zwischenfragen, ob Ihr Standpunkt korrekt angekommen ist.

3. Lassen Sie Protest in stoischer Ruhe zu.

Wenn Sie mit Ihren Ausführungen fertig sind, lehnen Sie sich zurück, und fragen Sie nur nach, ob der andere weitere Informationen wünscht. Fragen Sie nicht, was er dazu sagt oder gar, ob es ihm gefällt.

- Wenn der andere gegen Ihren Standpunkt wettert, so nehmen Sie das kommentarlos zur Kenntnis.
- Gehen Sie jetzt nicht noch einmal inhaltlich auf Ihre Argumente ein. Ganz egal, was der andere von Ihrem Standpunkt hält, Sie antworten nur, wenn er Verständnisfragen stellt.
- Auf Einwände oder Gegenwehr reagieren Sie gar nicht oder nur mit Wiederholungen dessen, was Sie bereits gesagt haben.
- Der andere muß jetzt „Dampf ablassen" können. Es darf jedoch nicht zu einem rhetorischen Schlagabtausch kommen. Beschwichtigen Sie notfalls mit Bemerkungen wie:
  „Das sollten wir heute nicht übers Knie brechen."
  „Heute muß nichts entschieden werden."
  „Das soll ja auch nur erst einmal ein Denkansatz sein."
- Wenn Sie spüren, daß der andere sich leer gezetert oder bis zur Erschöpfung entrüstet hat, lehnen Sie sich wieder vor und kommen zum nächsten Schritt.

4. Sagen Sie abschließend, was Sie erwarten.

- Fassen Sie noch einmal ganz kurz als Kernbotschaft zusammen, welche Entscheidung Sie für die richtige halten oder was Sie vom anderen erwarten.
- Begründen Sie nicht mehr, und wehren Sie auch jeden Versuch ab, die Sache jetzt endgültig zu regeln.
- Bitten Sie den anderen, sich vor einer Entscheidung alles noch einmal in Ruhe durch den Kopf gehen zu lassen.
- Vereinbaren Sie einen weiteren Termin, und bringen Sie das Gespräch positiv aber zügig zum Ende.

5. Warten Sie ab.

Meiden Sie bis zum vereinbarten Termin jeden Kontakt mit Ihrem Verhandlungspartner. Er soll ungestört nachdenken oder sich vielleicht auch mit Dritten aus dem eigenen Lager beraten.

Sie können hoffen, daß der andere in dieser Zeit des „Schmorens" zu einer Ihnen genehmen Entscheidung kommt. Vielleicht wird er auch einen Kompromißvorschlag machen, den Sie akzeptieren können. Vielleicht wird er auch mit Ihnen eine tiefere Diskussion führen wollen. Darauf sollten Sie positiv eingehen. Das ist auch bei heftigsten Einwänden und stärksten Zweifeln schon ein halbes Ja.

Wenn der andere Ihnen jedoch ausrichten läßt, daß er ablehnt oder sogar den zweiten Termin platzen läßt, dann bedeutet das einen negativen Bescheid. Verfolgen Sie ihn dann nicht mehr mit weiteren Überzeugungsversuchen. Das würde seine Haltung unnötig verhärten und Sie in seinen Augen zur lästigen Plage machen.

6.5 Die Überfall-Methode

Wie der Name schon sagt, dient die Überfall-Methode dazu, Ziele durch eine Kombination aus Überraschung und Drohung durchzusetzen. Von einer Verhandlung mit einem fairen Austausch von Argumenten kann hierbei keine Rede sein. Es ist eine unfaire Methode.

Die Überfall-Methode ist dann erfolgreich, wenn zwischen den betroffenen Personen ein Machtgefälle besteht. Auch ein Mitarbeiter kann gegenüber der Führungskraft diese Methode anwenden. Aber dann hat der Mitarbeiter irgendein Druckmittel in der Hand.

Sie sollten sehr gut überlegen, ob Sie die Überfall-Methode anwenden wollen. Sie machen sich damit nicht gerade beliebt. Mit dieser Methode werden Sie vielleicht Ihre Ziele durchsetzen, aber die Gefahr von Folgekonflikten und späteren „Rache-Aktionen" des „Überfallenen" ist groß.

Sollte ein anderer die Überfall-Methode gegen Sie anwenden, brauchen Sie später keine moralischen Bedenken zu hegen, wenn Sie nach dem ersten Schreck Ihre Zusagen doch wieder rückgängig machen. Sie müssen sich nicht bieten lassen, daß andere Sie mit unfairen Methoden unter Druck setzen und dann von Ihnen verlangen, daß Sie bekannte Spielregeln der Fairneß einhalten wie „Ein Mann, ein Wort." oder „Was man verspricht, das muß man halten."

Niemand muß sich an etwas halten, was unter Druck zustande gekommen ist! Das gilt natürlich auch für diejenigen, bei denen Sie selbst die Methode anwenden.

Die Überfall-Methode spielt sich in folgenden Phasen ab:

1. Festlegen der Ziele und Kernargumente

- Was soll durchgesetzt werden?
- Welche Einwände oder Ausflüchte könnte der andere vorbringen?
- Welche Druckmittel kann man gegen den anderen einsetzen?

2. Spielen mit verdeckten Karten

Der andere wird unter Vorspiegelung falscher Tatsachen in das Gespräch gelockt. Man lädt ihn zum Beispiel zur Besprechung eines Scheinthemas ein.

3. Verunsicherung durch Ort- und Zeitwahl

Man legt Ort und Termin so fest, daß die Gesprächssituation für den anderen möglichst unangenehm ist. Es kann sich um das Chefzimmer und dort um einen unbequemen Stuhl vor dem Schreibtisch handeln oder auch um eine Tischecke mitten im Hauptbetrieb der Kantine. Der Termin sollte so gelegt sein, daß der andere unter Zeitdruck steht.

4. Einlullen

Die Wachsamkeit des arglosen Gesprächspartner wird durch einen netten Small talk am Anfang eingelullt. Er soll sich entspannen und mit einem positiven Austausch rechnen.

5. Überfall

Überraschend kommt das eigentliche Thema auf den Tisch. Dem anderen wird barsch mitgeteilt, was man von ihm will und welche negativen Konsequenzen es für ihn haben würde, sollte er nicht zustimmen. Die Sache muß jetzt sofort geregelt werden.

Der andere wird nicht gefragt, sondern informiert, als sei bereits alles beschlossen und nicht mehr zu ändern.

6. Abruptes Ende des Gesprächs

Eine Antwort wird nicht mehr abgewartet, sondern es wird sofort verabschiedet. Per Handschlag oder Unterschrift muß der andere besiegeln, was soeben vereinbart wurde.

Bevor der Überfallene begriffen hat, was geschehen ist, steht er schon wieder auf dem Flur und kann jetzt erst nachdenken. Ganz fiese Taktierer sorgen auch noch dafür, daß Dritte sofort über das „Verhandlungsergebnis" informiert werden. Das kann durch ein Telefonat passieren: „Ich habe hier gerade Frau/Herrn XY bei mir, wir haben vereinbart ..."

Durch diese künstlich geschaffenen Zeugen fühlt sich der Überfallene noch mehr an Zusagen gebunden. Es wäre ihm peinlich, das eigene Wort zurückzunehmen. Lassen Sie das nicht mit sich machen!

6.6 Die 3-Fragen-Methode

Die 3-Fragen-Methode können Sie anwenden, wenn Ihr Gesprächspartner mit Ihnen über seine Forderungen verhandeln will. Sie möchten diesen Forderungen gar nicht oder nur sehr begrenzt nachkommen. Auf der anderen Seite liegt Ihnen daran, sich die Sympathien nicht zu verscherzen. Sie streben an, daß die betreffende Person ihre Forderungen selber zurückzieht oder wenigstens modifiziert.

Sie können bei der 3-Fragen-Methode wie folgt vorgehen:

1. *Hören Sie zu.*

Lassen Sie den anderen seine Forderungen stellen. Unterbrechen Sie nicht und zeigen Sie weder durch Worte noch durch Kopfschütteln oder ähnliches Ihre Abwehr. Hören Sie aufmerksam und wohlwollend zu.

2. *Prüfen Sie die Forderungen.*

Sie sollten Forderungen grundsätzlich erst einmal prüfen. Es kann ja sein, daß sie erfüllbar und berechtigt sind. Dann ist es gut. Falls Sie bei Ihrer ablehnenden Haltung bleiben, sollten Sie jetzt trotzdem nicht in eine Detaildiskussion einsteigen. Äußern Sie auch keine Einwände gegen die Forderungen. Kommentieren Sie sie überhaupt nicht.

3. *Stellen Sie die erste Frage.*

Lassen Sie sich erklären, wie es zu dieser Forderung gekommen ist. Stellen Sie eine oder mehrere der folgenden Fragen:

- „Warum und wozu wollen Sie das haben?"
- „Warum kommen Sie damit zu mir?"
- „Warum wollen Sie das ausgerechnet jetzt?"
- „Warum glauben Sie, daß Ihnen das zusteht?"
- „Warum wollen Sie das und nichts anderes?"
- „Könnten Sie Ihre Probleme nicht auch ohne meine Hilfe lösen?"

Sie bringen Ihren Verhandlungspartner in die Situation, sich rechtfertigen zu müssen. Das schwächt seine Position. Wenn Sie Glück haben, fällt es ihm bereits jetzt schwer, seine Forderung gut zu begründen, und er zieht sie zurück.

4. *Stellen Sie die zweite Frage.*

Lassen Sie sich jetzt erklären, warum Sie überhaupt Entgegenkommen zeigen sollten. Stellen Sie eine oder mehrere der folgenden Fragen:

- „Warum sollte ich das tun?"
- „Wo ist mein Vorteil bei der Sache?"
- „Was habe ich davon?"
- „Was bieten Sie mir als Gegenleistung an?"

Vielleicht bekommen Sie jetzt tatsächlich ein attraktives Angebot und können die Forderung dann auch erfüllen. Falls aber kein attraktives Angebot an die Forderung geknüpft wird, sollte es dem anderen nun – hoffentlich – peinlich sein, mit leeren Händen etwas von Ihnen zu verlangen.

5. Stellen Sie die dritte Frage.

Lassen Sie sich beweisen, daß die Forderung berechtigt ist. Stellen Sie eine oder mehrere der folgenden Fragen:

* „Woher soll ich wissen, daß es gut ist, Ihren Wünschen nachzukommen?"
* „Können Sie beweisen, daß Ihre Forderungen vernünftig sind?"
* „Wer sagt mir, daß es richtig ist, was Sie von mir verlangen?"
* „Woher soll ich wissen, daß kein Risiko bei der Sache ist?"
* „Warum muß das Problem unbedingt so gelöst werden, wie Sie es vorschlagen?"
* „Woher soll ich wissen, daß es nicht doch noch eine bessere Lösung als die Ihre gibt?"

Wenn der andere jetzt überzeugende Argumente vorbringt, dann ist es gut. Falls nicht, empfehlen Sie ihm, sich die Sache lieber noch einmal in Ruhe durch den Kopf gehen zu lassen. Versprechen Sie, daß Sie das auch tun werden. Man muß doch nichts übers Knie brechen – zumal wenn keine plausiblen Gründe vorliegen.

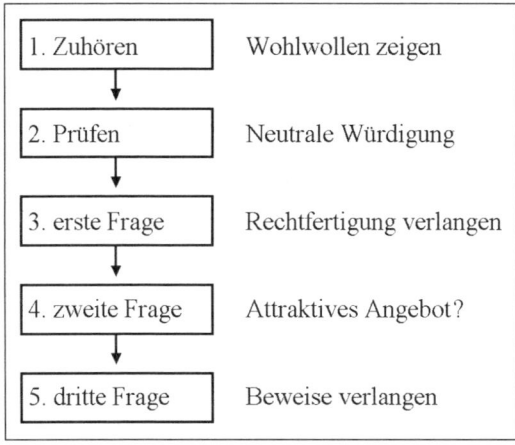

Abbildung 26: Die 3-Fragen-Methode

Wichtig bei dieser Methode ist, daß Sie niemals eine negative Haltung einnehmen, sondern stets mit positiven und interessierten Fragen Ihre grundsätzliche Offenheit demonstrieren. Es ist ja nicht so, daß Sie nicht wollen – Sie verstehen eben nur nicht, wozu es gut sein soll!

Wichtig ist auch, daß Sie keine Gegenargumente oder Einwände vorbringen. Vermeiden Sie, plötzlich in eine Situation zu geraten, in der Sie Ihre Ablehnung begründen müssen.

6.7 Die Schuld-Methode

Das Ziel der Schuld-Methode ist es, beim anderen ein schlechtes Gewissen zu schüren, um ihn damit leichter zu Zugeständnissen und Kompromissen zu bewegen. Die Schuld-Methode gehört nicht zu den fairen Verhandlungs-, sondern zu den Manipulationstechniken.

> Wir kennen sie aus dem täglichen Leben als moralische Erpressung:
> „Nach allem, was ich für dich geopfert habe, bist du nicht einmal bereit, für mich ..."
> „Deinetwegen habe ich ... Da kann ich doch erwarten ..."
> „So leicht, wie ihr es heute habt, hatten wir es damals nicht. Wir mußten ..."

Auf diese Weise wecken Sie beim Gegner Schuldgefühle. Um sich vom schlechten Gewissen zu entlasten, will der „Beschuldigte" eine gute Tat zur Wiedergutmachung tun. Damit erfüllt sich Ihre Absicht bei dieser Taktik.

Die Schuld-Methode sollten Sie nicht einsetzen, wenn Sie normalerweise Ihrem Verhandlungspartner gegenüber in der stärkeren Position sind, zum Beispiel als Vorgesetzter gegenüber dem Mitarbeiter. Sie gewinnen damit vielleicht im Einzelfall eine bestimmte Verhandlung, langfristig verlieren Sie jedoch an Würde und Respekt. Als mächtigere Person sollten Sie dann doch lieber mit der 3-Fragen- oder der Überfall-Methode arbeiten.

Als Mitarbeiter können Sie zum Beispiel gegenüber Ihrem Vorgesetzten die Schuld-Methode anwenden. Dann gehen Sie wie folgt vor:

1. Erinnern Sie den anderen an seine Schuld.

Ob Sie das während der Verhandlung oder bereits einige Zeit davor tun, müssen Sie im Einzelfall entscheiden. Wenn die Person, die Sie mit der Methode unter Druck setzen wollen, Ihnen gegenüber nichts verbrochen hat, dann müssen Sie sich etwas ausdenken, zum Beispiel: „Ihnen geht es viel besser als mir."

> Nehmen Sie sich die Opas zum Vorbild, die ihren Enkeln vorhalten, daß sie als Kinder keine warme Dusche kannten und morgens immer erst die Eisschicht auf dem Waschwasser knacken mußten. Ihre Botschaft muß lauten: „Ich habe mehr gelitten als Sie, und dafür müssen Sie mich entschädigen."

2. Treten Sie „geknickt" auf.

Drücken Sie weder durch Ihre Köperhaltung noch durch Ihre Stimme oder Wortwahl zu viel Selbstbewußtsein aus. Sprechen Sie etwas leiser als Ihr Gesprächspartner, und sitzen Sie möglichst so, daß Sie kleiner wirken als er. Sie wollen schließlich nicht für Ihre Ziele kämpfen, sondern ihn dazu bewegen, sich für Sie einzusetzen oder Ihnen entgegenzukommen.

Aber übertreiben Sie nicht!

> Eine Stimme mit jammerndem Unterton und flehende Dackelaugen machen Sie zu einem „Verlierer-Typen". Das stößt den anderen ab, und er wird gar nichts

mehr für Sie tun. Er wird instinktiv davon ausgehen, daß Ihnen nichts zusteht, weil Sie als „Jammerlappen" kein besseres Schicksal verdient haben.

3. Erinnern Sie an Ihre guten Taten.

Bevor Sie eine Forderung stellen, sollten Sie noch einmal kurz daran erinnern, daß Sie dem anderen oder der Firma etc. auch schon viel Gutes getan haben und ihm schon oft entgegengekommen sind. Betonen Sie, daß Sie auch in Zukunft immer bereit sein werden, für seine Anliegen persönliche Opfer zu bringen.

4. Stellen Sie Ihre Forderung.

Stellen Sie Ihre Forderung als Bitte, jedoch in dem erkennbaren Selbstbewußtsein, daß es Ihnen zusteht und Sie keinen Zweifel an der Erfüllung Ihrer Bitte haben. Gehen Sie dann sofort zum nächsten Schritt.

5. Zeigen Sie Ihre vorauseilende Dankbarkeit.

Lassen Sie nach Ihrer Forderung keine Gesprächspause entstehen! Sie sollten jede Diskussion über deren Berechtigung vermeiden. Danken Sie statt dessen freundlich, jedoch mit dem Ausdruck der Selbstverständlichkeit, daß es ohnehin klar war, daß man Ihrer Bitte entsprechen mußte.

Beenden Sie nun sofort das Gespräch.

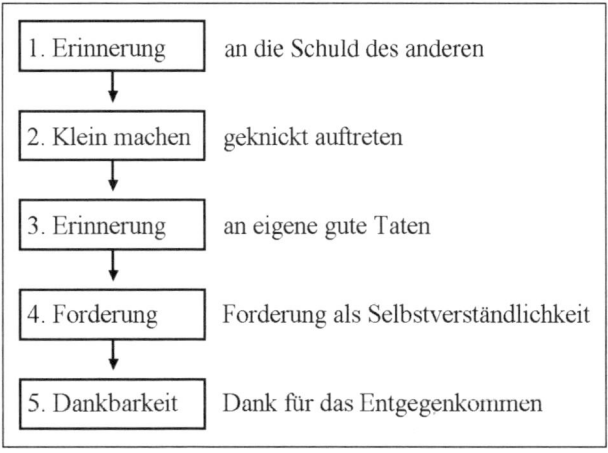

Abbildung 27: Die Schuld-Methode

Als Führungskraft sollten Sie sich von dieser Methode möglichst nicht einwickeln lassen. Sonst werden Sie erleben, daß das alte Sprichwort stimmt: „Wenn man dem Teufel den kleinen Finger reicht, nimmt er die ganze Hand." Wer einmal mit der Schuld-Methode bei Ihnen erfolgreich war, kommt wieder!

So können Sie die Schuld-Methode abwehren:

1. Sie werden an Ihre „Schuld" erinnert.

Wenn man Ihnen eine tatsächliche Schuld vorhält, dann fragen Sie ganz überrascht, ob die Schuld etwa noch offen ist oder ob der andere sich nicht vielleicht an Ihre damalige Entschuldigung oder Wiedergutmachung erinnert.

Sie können dem anderen auch sofort ins Wort fallen und sich wieder einmal dafür bedanken, daß er Ihnen damals so großherzig verziehen hat. Damit ist Ihre Schuld vom Tisch. Schritt 1 dieser Methode lief ins Leere.

Wenn der andere jedoch ganz allgemein (siehe obige „Opa-Taktik") darauf hinweist, daß sein Schicksal so sehr viel härter war oder ist als Ihres, dann fragen Sie mit freundlich-besorgtem Unterton, in welcher Weise Sie persönlich dafür verantwortlich sind.

2. Der andere tritt „geknickt" auf.

Bauen Sie den anderen auf. Machen Sie ihm Komplimente, oder loben Sie ihn zum Beispiel für seine guten Leistungen als Mitarbeiter oder für seine großen Fortschritte im Projekt XY.

Jetzt wird es ihm schwerfallen, weiterhin „geknickt" vor Ihnen zu sitzen, und er ist nun notgedrungen Ihnen gegenüber zu Dankbarkeit für Ihre netten Worte verpflichtet.

3. Sie werden an seine guten Taten erinnert.

Wenn es sich um Ihren Mitarbeiter handelt, fragen Sie ihn, ob ihm etwa damals, als er sich so engagiert hat, Gehalt schuldig blieb. Auch bei anderen Gesprächspartnern sollten Sie erstaunt nachfragen, ob denn damals die guten Taten unbelohnt blieben oder warum man sich erst jetzt damit meldet.

4. Der andere stellt seine Forderungen.

Hören Sie in Ruhe zu. Es kann ja sein, daß die Forderungen berechtigt sind. Wenn ja, dann machen Sie klar, daß Sie sie erfüllen werden, daß Sie das jedoch auch ohne den Hinweis auf vergangenes Unrecht oder gute Taten getan hätten. Es darf bei Ihrem Gesprächspartner nicht der Eindruck entstehen, seine Taktik habe gewirkt.

Sollten die Forderungen unberechtigt sein oder Sie diese aus bestimmten Gründen nicht erfüllen wollen, dann steigen Sie jetzt auf die 3-Fragen-Methode um.

5. Der andere bedankt sich.

Nehmen Sie den Dank an, mißverstehen Sie ihn jedoch bewußt als Dank für Ihre Gesprächsbereitschaft! Sagen Sie dem anderen, daß Sie selbstverständlich immer ein offenes Ohr für ihn haben, wenn er sich wieder einmal mit Ihnen austauschen möchte. Dann verabschieden Sie ihn mit dem Hinweis, daß Sie ihm seine Forderungen natürlich nicht verübeln und er sicherlich Verständnis dafür hat, daß Sie sie nicht erfüllen. Bedanken Sie sich anschließend für das Verständnis, und brechen Sie das Gespräch ab.

6.8 Die Basar-Methode

Die Basar-Methode wenden Sie an, wenn Sie es mit einem Verhandlungspartner zu tun haben, der

- Sie persönlich nicht mag und Sie im Zweifel lieber ärgert, als Ihnen einen Gefallen zu tun.
- so gierig ist, daß er seine Forderungen sofort hochschraubt, wenn er bei Ihnen Interesse an einem bestimmten Ergebnis feststellt.
- dringend von Ihnen etwas will, was Sie zwar auch wollen, aber nicht ganz so dringend.
- mit Ihnen in einem gleichwertigen Machtverhältnis steht.

Mit der Basar-Methode verhindern Sie, daß Sie der andere – weil er Ihre Ziele kennt – unter Druck setzen kann.

> Es funktioniert wie auf dem orientalischen Basar: Da dürfen Sie auch niemals Ihr Kaufinteresse zeigen, wenn Sie nicht wollen, daß der Händler seine Preise steigen läßt. Statt dessen machen Sie deutlich, daß Sie zwar durchaus eine gewisse Kaufbereitschaft haben, aber eigentlich auch wieder nicht, oder wenn doch, dann aber nur zu einem sehr günstigen Preis, aber vielleicht auch lieber doch nicht, oder nur, um dem Händler einen Gefallen zu tun, dafür muß er jedoch seine Preise senken, aber im Grunde möchten Sie doch nicht ...

Die Basar-Methode funktioniert nicht, wenn Ihr Verhandlungspartner über mehr Macht verfügt als Sie oder wenn es ihm egal ist, ob die Verhandlung zu einem Ergebnis führt oder nicht. Sie funktioniert auch nicht, wenn Sie sich in Ihr Verhalten, Ihre Worte und Körpersprache nicht eisern unter Kontrolle haben. Sie müssen Ihre wahren Gedanken hinter einem „Poker Face" verbergen können und dürfen sich durch nichts provozieren lassen.

Diese Methode gehört nicht zu den unfairen Manipulationstechniken. Auch Ihr Verhandlungspartner weiß, daß zu jeder Verhandlung immer ein wenig Bluff und Schauspielerei gehören. Wenn er ein Profi ist, wird er versuchen, Ihnen durch Angriffe, Tiefschläge, Drohungen oder auch Mitleidsgeschichten die Ruhe zu rauben, damit Sie am Ende doch zeigen, wie sehr auch Ihnen an einem bestimmten Ergebnis gelegen ist. Pech für Sie. Dann wird er seine Forderungen gleich verdoppeln.

Gehen Sie bei der Basar-Methode wie folgt vor:

1. Verbergen Sie Ihr Interesse.

Machen Sie es dem anderen schwer, überhaupt mit Ihnen zu einem gemeinsamen Gesprächstermin zu kommen. Jammern Sie über Ihren vollen Terminkalender.

Kommen Sie leicht verspätet zur Verhandlung, und sprechen Sie nicht als erster das eigentliche Thema an. Bleiben Sie eine Weile beim Small talk. Denken Sie an den alten Merksatz: „Wer eine Verhandlung anfängt, hat sie auch schon verloren."

2. Zeigen Sie, daß das Thema weder wichtig noch dringend ist.

Wenn der andere endlich zur Sache kommt, lassen Sie sich von ihm noch einmal an Details erinnern. Tun Sie, als hätten Sie irgendwie nicht mehr so klar vor Augen, worum es eigentlich gehen sollte.

Lassen Sie den anderen möglichst viel reden, hören Sie mit freundlicher Höflichkeit zu. Schweifen Sie, wenn Sie an der Reihe sind, ein wenig vom Thema ab. Machen Sie deutlich, daß man die Sache Ihrer Meinung nach auf keinen Fall übers Knie brechen muß. Das hat alles viel Zeit und muß auch nicht unbedingt geklärt werden.

3. Erwarten Sie ein gutes Angebot.

Machen Sie Ihrem Verhandlungspartner klar, daß Sie ein Mensch sind, mit dem man über alles reden kann und der auch zu Einigungen bereit ist – wenn es sich lohnt und keinen Aufwand bedeutet. Für minimale Vorteile oder einen zu hohen Preis lohnt sich für Sie jedoch nicht der Aufwand, sich um ein Ergebnis zu bemühen oder auch nur das Gespräch fortzusetzen.

4. Verspotten Sie das Angebot.

Lachen Sie, wenn der andere Ihnen ein Angebot macht. Gehen Sie nicht im Detail darauf ein, sondern sagen Sie lachend, daß damit das Thema für Sie vom Tisch ist.

5. Drohen Sie mit Abbruch der Verhandlungen.

Sie können sagen, daß Sie unter diesen Umständen nicht weiterreden wollen. Sie können aber auch schon mal Ihre Unterlagen zusammenschieben, Ihre Mappe zuklappen oder durch ähnliche Signale Ihren drohenden Abgang ankündigen.

Fangen Sie wieder beim 3. Schritt an. Verspotten Sie auch das nachgebesserte Angebot. Machen Sie so weiter, bis Sie Ihren Verhandlungspartner da haben, wo Sie ihn haben wollten.

6. Klagen Sie über das schlechte Ergebnis.

Sie brauchen nicht in Tränen auszubrechen, aber nehmen Sie sich ruhig ein Beispiel am ägyptischen Mumienhändler, dem ganz bestimmt Frau und Kinder verhungern werden, weil er seine Ware so billig verschleudert.

Verkneifen Sie sich jedes Anzeichen von Befriedigung darüber, daß Sie zu dem von Ihnen gewünschten Ergebnis gekommen sind. Gönnen Sie dem anderen die freudige Illusion, Sie überredet oder ausgetrickst zu haben. Damit sichern Sie sich gegen spätere Nachforderungen ab, und Sie können nach dem gleichen Konzept später noch öfter bei diesem Verhandlungspartner erfolgreich vorgehen.

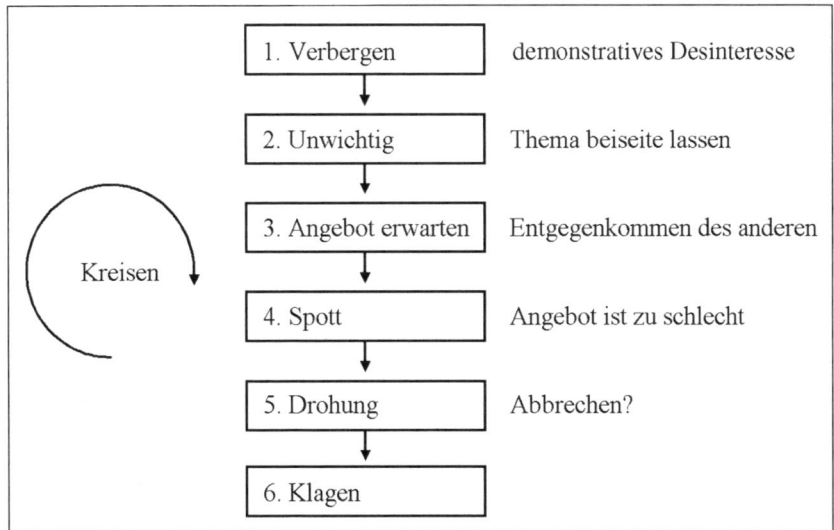

Abbildung 28: Die Basar-Methode

6.9 Die So-oder-gar-nicht-Methode

Die So-oder-gar-nicht-Methode ist so einfach, daß sie fast immer aus Dummheit oder Wut zum Einsatz kommt, jedoch fast nie aus einer klugen Überlegung heraus. Man sagt dem anderen, was man will, und damit basta. Je nach Machtverhältnissen bedeutet das für den anderen: „Friß oder stirb." – „Friß oder bring mich um."

Wenn Sie diese Methode anwenden wollen, sollten Sie sich vorher gut überlegt haben, wie es weitergehen soll, falls der andere der So-Bedingung nicht zustimmt, sondern sich für die Gar-nicht-Variante entscheidet. Was machen Sie dann?

Unerfahrene Mitarbeiter versuchen manchmal nach dieser Methode eine Gehaltserhöhung durchzudrücken. Sie erklären im Brustton der Überzeugung, daß sie eine bessere Bezahlung verdient haben. Wenn der Chef Nein sagt, müssen sie beschämt davongehen. Danach ist es kaum möglich, jemals in dieser Sache wieder ernstgenommen zu werden. Es kann jedoch auch sein, daß der Chef der Gehaltsforderung notgedrungen nachkommt, um eine Kündigung zu verhindern. Aber die Rache kommt! Die So-oder-gar-nicht-Methode ist eine Erpressung und wird auch so wahrgenommen.

Sie können diese Methode als „Glücksspiel" anwenden. Vielleicht kommen Sie damit durch, und man erfüllt ohne Abstriche Ihre Forderungen. Falls nicht, nehmen Sie halt die Konsequenzen in Kauf oder vergessen das Thema achselzuckend. Auf keinen Fall dürfen Sie nach dem Nein der Gegenseite plötzlich doch noch Zugeständnisse machen. In diesem Fall, schaltet Ihr Gesprächspartner sofort instinktiv auf die Basar-Methode um. Das wird teuer für Sie.

Wenn Sie mit der So-oder-gar-nicht-Methode arbeiten wollen, sollten Sie jede Detaildiskussion vermeiden. Erklären Sie nicht, warum Sie diese Forderung stellen und warum Sie sie für berechtigt halten. Der andere wird Sie sofort in ein Hin und Her von Argumenten verwickeln, und am Ende haben Sie Ihre eigene Forderung vergessen.

> Das passiert gelegentlich bei unerfahrenen Führungskräften. Sie geben dem Mitarbeiter nach der So-oder-gar-nicht-Methode ihre Anweisungen, und der Mitarbeiter will nun wissen, warum. Jetzt fällt der Führungskraft ein, daß sie ja kooperativ, kommunikativ, antiautoritär und partnerschaftlich führen wollte. Also erklärt sie nun das Warum und Wieso. Darauf hat der Mitarbeiter einiges einzuwenden. Die Führungskraft will jetzt unbedingt überzeugen, damit der Mitarbeiter hochmotiviert an die Arbeit geht. Die Überzeugungsversuche ziehen sich in die Länge. Der Mitarbeiter äußert einen Zweifel nach dem anderen und kann nicht begreifen, warum ...
> Schließlich wird aus dem Gespräch, das nach der So-oder-gar-nicht-Methode anfing, ein zähes Ringen um die Güte des lieben Mitarbeiters, doch der flehentlichen Bitte des Chefs nachzukommen.

Lassen Sie sich nicht auf diese Weise entwürdigen. Wenn Sie sich für die So-oder-gar-nicht-Methode entschieden haben, dann nennen Sie Ihre Forderungen und nehmen die Antwort des anderen hin. Daraus ziehen Sie dann Ihre Konsequenzen. Bei der So-oder-gar-nicht-Methode gibt es keine Verhandlung im eigentlichen Sinn.

Häufig wird diese Methode aus emotionalem Druck heraus angewendet. Irgendwann liegen die Nerven blank, ist das Faß übergelaufen. Ohne strategisches Konzept rennt man zum anderen und stellt ihn vor die So-oder-gar-nicht-Wahl.

Ob Sie dabei Ihrem Chef mit der Kündigung oder Ihrem Ehepartner mit der Scheidung drohen –

- haben Sie überlegt, was Sie tun wollen, wenn der andere wider Erwarten nicht auf die So-Bedingung eingeht, sondern Ihnen eiskalt die Gar-nicht-Variante abnimmt?
- Können Sie dann noch analysieren, ob es sich um Bluff handelt?
- Wollen Sie dann auch bluffen und Ihrerseits zustimmen?
- Wollen Sie dann doch lieber unter dem Gelächter der Gegenseite einen Rückzieher machen?
- Wissen Sie, wie danach die Beziehung zwischen Ihnen und dem anderen aussehen wird?

Die So-oder-gar-nicht-Variante ist fast nie klug. Sie setzen damit dem anderen die Pistole auf die Brust oder riskieren selbst Kopf und Kragen. Überlegen Sie

dreimal, bevor Sie sich darauf einlassen. Und gehen Sie niemals im Gefühls-
rausch zur Verhandlung.

Ein Kunde kann mit der So-oder-gar-nicht-Methode arbeiten, wenn der Markt für
ihn günstig ist. Wenn man auf seine Konditionen eingeht, kauft er das Produkt –
falls nicht, geht er halt zur Konkurrenz. Die Entscheidung, ob er auf das Geschäft
eingehen oder lieber auf den Kunden verzichten will, liegt dann beim Anbieter.

6.10 Die Goldene-Mitte-Methode

Bei der Goldene-Mitte-Methode zeigen Sie sich Ihrem Verhandlungspartner gegenüber kooperativ und kompromißbereit. Sie appellieren damit an den anderen, seinerseits fair zu sein und Ihnen entgegenzukommen. Was bleibt ihm
anderes übrig?! In Wirklichkeit sorgen Sie dafür, daß der angebliche Kompromiß sehr viel mehr zu Ihren Gunsten ausfällt, als Ihr Verhandlungspartner ahnt.
Gehen Sie in folgenden Schritten vor:

1. Planen Sie Ihre Strategie sorgfältig.

Legen Sie Ihre Ziele und Ihre Vorgehensschritte fest. Was wollen Sie im Idealfall
erreichen? Was muß mindestens für Sie herauskommen? Welche Zugeständnisse
muß der andere machen? In welchen Schritten können Sie ihm entgegenkommen?

2. Demonstrieren Sie Ihre Fairneß.

Gehen Sie freundlich auf den anderen ein. Betonen Sie, daß Sie bereit sind, ihm
im Interesse eines fairen Kompromisses entgegenzukommen. Erinnern Sie daran, daß trotz entgegengesetzter Standpunkte eine Konfrontation letztlich niemandem dient, jeder Abstriche machen muß und Sie dazu bereit sind. Lullen Sie
den anderen ein, und bringen Sie ihn dazu, sich notgedrungen nun auch zu Ab-
strichen bereit zu erklären.

3. Markieren Sie den Extremstandpunkt auf Ihrer Seite.

Verweisen Sie darauf, daß ein anderer– ein knallharter Kämpfer nämlich – in dieser Verhandlung einen extremen Standpunkt vertreten würde. Tun Sie so, als würden auch Sie diesen Standpunkt einnehmen, wären Sie nicht so kompromißbereit.
Sagen Sie Dinge wie:

- „Ein anderer an meiner Stelle würde gar nichts investieren."
- „Wenn sich der Vorstand hier einschalten würde, wäre die Sache ganz
  schnell vorbei."
- „Müßten Sie heute mit Herrn Müller darüber reden, dann könnten Sie sich
  auf ... gefaßt machen."
- „Gut, daß Sie nicht mit Frau Wisser in dieser Sache zu tun haben, die besteht
  auf ..."

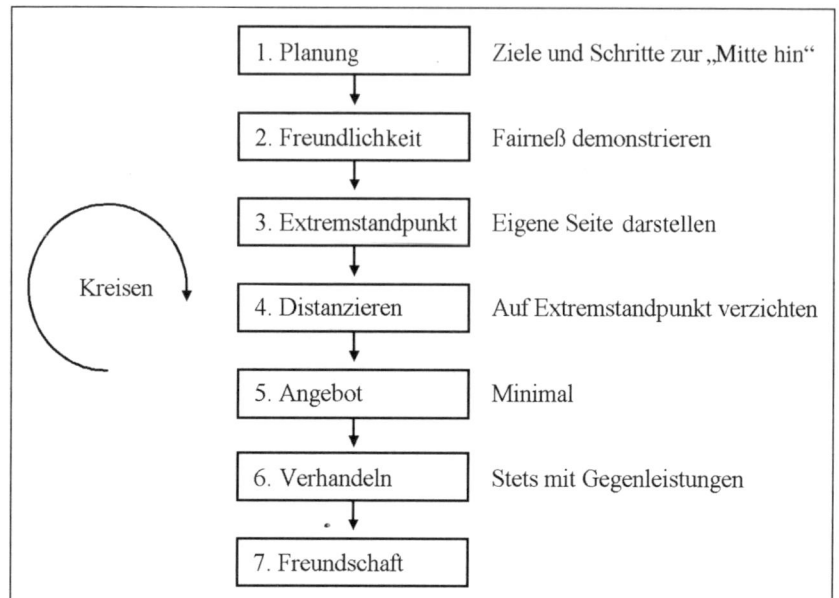

Abbildung 29: Die Goldene-Mitte-Methode

4. Distanzieren Sie sich vom Extremstandpunkt.

Beruhigen Sie Ihren Verhandlungspartner damit, daß Sie viel zu kooperativ sind, als daß Sie auf dem soeben genannten Standpunkt beharren würden. Sagen Sie, daß Sie lieber im Interesse einer Einigung, die allen Seiten dient, einen fairen Kompromiß anstreben.

5. Machen Sie Ihr erstes Angebot.

Bieten Sie Ihrem Verhandlungspartner einen „Kompromiß" an, der für ihn ein wenig besser ist als der soeben vorgestellte Extremstandpunkt. In Wirklichkeit ist er jedoch weit schlechter, als es ein echter Kompromiß wäre.

6. Verhandeln Sie.

Dem anderen wird Ihr Angebot nicht genügen. Bevor Sie sich jedoch auch nur einen Millimeter in seine Richtung bewegen, verlangen Sie erst einmal ein Entgegenkommen von ihm. Das muß er jetzt tun, Sie sind schließlich auch schon vom Extrem abgewichen.

Verhandeln Sie nun schrittweise so, daß Sie für jedes winzige Zugeständnis immer eine saftige Gegenleistung verlangen.

7. Schließen Sie das Gespräch in aller Freundschaft ab.

Wenn Sie zum „Kompromiß" gefunden haben, beenden Sie das Gespräch mit freundlichen Worten. Erklären Sie, daß es Sie freut, mit ihm in fairer Verhandlung einen „goldenen Mittelweg" gefunden zu haben. Sagen Sie dem anderen, daß er zwar ein harter, jedoch auch fairer Verhandler war. Danken Sie ihm dafür. Erinnern Sie allerdings auch noch einmal daran, was alles Sie auf dem Weg vom Extremstandpunkt bis zum Ergebnis geopfert haben.

Für diese Methode brauchen Sie einen Verhandlungspartner, der entweder gutgläubig oder harmoniesüchtig ist – oder am besten beides. Bei einem harten Egoisten kommen Sie damit nicht sehr weit. Bei der Goldene-Mitte-Methode gewinnt in der Regel der raffiniertere Bluffer, der bessere Taktierer oder Schauspieler.

Und unterschätzen Sie nie den anderen! Mancher stellt sich harmoniesüchtig und naiv, wiegt Sie in Sicherheit und holt dann doch durch zähes Feilschen mehr heraus, als Sie jemals zugestehen wollten.

7 Widerstände überwinden, Partner bleiben

7.1 Hart oder weich verhandeln?

Die meisten Menschen kennen leider nur die Alternativen „weich" oder „hart" verhandeln. Häufig werden diese beiden Alternativen auch noch moralisch etikettiert: das weiche Verhandeln gilt als freundlich und kooperativ, das harte als aggressiv, böse und feindselig. Und hart verhandeln tut natürlich „nur die Gegenseite". Man selbst ist ja nicht so!

> Seminare zum Thema „Hartes Verhandeln" sind gut besucht. Der Versuch, Seminare zum Thema „Weiches Verhandeln" anzubieten, scheitert an mangelnden Anmeldungen. Wollen potentielle Verhandler Härte zeigen? Oh nein, solche bösen Absichten weisen sie weit von sich. Sie müssen das harte Verhandeln lernen, weil sie immer auf Menschen treffen, die leider nicht so nett und kooperativ sind, weich zu verhandeln. Man bereitet sich doch nur zum Selbstschutz und zur Verteidigung auf das harte Verhandeln vor!

In der Tat ist in einer Verhandlung, bei der der harte und der weiche Stil aufeinandertreffen, immer der harte der erfolgreiche. Das heißt jedoch nicht, daß sich auf den ersten Blick immer der harte als solcher erkennen läßt. Der harte Stil arbeitet auch mit Tricks wie – zum Beispiel in familiären Verhandlungen – Tränen oder Schmeicheleien. Auch das weiche Verhandeln ist nicht immer auf den ersten Blick als solches erkennbar. Es kann durchaus mit Türenknallen und lauten Stimmen einhergehen.

Was sind die wesentlichen Unterschiede zwischen hartem und weichem Verhandeln?

Hartes Verhandeln ist immer ein rücksichtloser Kampf um den eigenen Sieg über den anderen.

- Der Verhandlungspartner wird grundsätzlich als Gegner betrachtet, den es zu bezwingen gilt.
- Kampfmittel können Bedrohungen, Tricks, Manipulationtechniken, aber auch Schmeicheleien, Bestechungen und Versprechen sein.
- Manchmal wird der andere auch durch Zähigkeit und taktierende Beharrlichkeit „weichgekocht".
- Die eigenen Ziele müssen unbedingt – notfalls auch zum Schaden des anderen – durchgesetzt werden.
- Jeder Millimeter Boden, den man selbst gewinnt, bringt einen ein Stück weiter.
- Jedes Nachgeben ist ein Rückschritt.
- Es geht nicht um Annäherung zweier konträrer Standpunkte und auch nicht um den Ausgleich der Interessen.
- Hartes Verhandeln will den Gegner besiegen.

Weiches Verhandeln bezieht die Interessen der Gegenseite mit ein. Ziel ist nicht der eigene Sieg, sondern ein Ergebnis, welches beiden Seiten nutzt oder beiden Seiten akzeptabel ist

- Auch bei härtesten Wortgefechten und auch bei Einsatz fairer oder unfairer Techniken wird immer die Beziehung zum anderen berücksichtigt.
- Eine Konfrontation soll nach Möglichkeit vermieden werden.
- Kommt es aber dennoch zu einer Konfrontation, wird sie nicht mit der Absicht geführt, den anderen zu vernichten oder zu unterwerfen.
- Das weiche Verhandeln hat ein gemeinsames Ergebnis zum Ziel, auch wenn die Gegner aus unterschiedlichen Richtungen kommen.
- Zum Schluß sollen beide Parteien mit dem Ergebnis zufrieden sein. Dies erfordert von beiden Seiten Entgegenkommen. Jede Seite muß der anderen Angebote machen, aber auch Forderungen stellen.

Hartes und weiches Verhandeln unterscheiden sich demnach nicht oder nicht wesentlich in den Strategien, Techniken und Taktiken, sondern in der Einstellung zum Verhandlungspartner und/oder zur Sache.

Wie gesagt: bei einer Konfrontation von hartem und weichem Stil gewinnt immer die harte Seite. Die Partei, die rücksichtslos – auch zum Schaden der Gegenseite – agiert, kann sich besser durchsetzen als diejenige, die immer auch darauf achtet, daß die Gegenseite keinen Schaden nimmt.

Der Ärger der weichen Verhandler besteht im Nachhinein immer darin, daß sie sich getäuscht fühlen. Sie fühlen sich ausgenutzt, in ihrem Vertrauen mißbraucht und betrachten sich als „leichte Beute" der Gegenseite. Es bleibt ihnen zwar der Trost, moralisch überlegen zu sein, aber dieser Trost reicht nicht, den Ärger auszugleichen.

Harte Verhandler triumphieren natürlich nach einer siegreichen Auseinandersetzung, sehen sich selbst oft aber gar nicht als harte Verhandler. Sie rühmen lieber ihre eigene Durchsetzungskraft und rhetorische Kunst. Sie gehen sowieso davon aus, das Recht und die besseren Argumente auf ihrer Seite gehabt zu haben. Der Gegner wird nicht selten verachtet.

Wenn – was gar nicht so oft vorkommt – zwei weiche Verhandler aufeinandertreffen, endet das häufig nach seichtem Herumfeilschen mit einem faulen Kompromiß, der keine Partei zufriedenstellt. Das unbefriedigende Ergebnis führt unweigerlich zur nächsten und nächsten und nächsten Verhandlung.

> Man ist immer darauf bedacht, nur ja alles „offen" auszusprechen, auf keinen Fall irgendwen zu verletzen und so lange zu verhandeln, bis alle zum Ergebnis Ja sagen. Das ist die Mentalität, die in vielen Unternehmen zu den endlosen „Labersitzungen" führt. Man kommt zu keinem Ergebnis, aber die konfliktscheuen Verhandlungspartner bleiben gelassen.

Wenn – was häufig vorkommt – zwei harte Verhandler aufeinanderprallen, dann fliegen die Fetzen. Nicht nur die Kämpfer prügeln sich um Sieg oder Niederlage, sie spalten auch Unbeteiligte in zwei Lager: für oder gegen mich.

Wer nicht für mich ist, ist für meinen Gegner und muß gleich mitbekämpft werden. Dafür ist der Feind meines Feindes mein Freund, ganz egal, wie ich früher einmal zu ihm stand und nach meinem Sieg wieder zu ihm stehen werde.

Diese Haltung führt in sehr wettbewerbsorientierten Unternehmen zu einem unruhigen und streßbeladenen Klima, in dem die Mitarbeiter ständig auf der Lauer liegen müssen, damit sie ja nicht versehentlich auf der falschen Seite stehen, wenn die Bosse wieder einmal um die Macht kämpfen.

Die Unterschiede zwischen hartem und weichem Verhandeln sind beispielsweise auch bei Verhandlungen zwischen Anbieter und Kunde zu beachten.

Die weiche Alternative sollte man klugerweise wählen, wenn es nicht nur darum geht, sich in einem bestimmten Fall durchzusetzen, sondern wenn man den Kunden behalten möchte.

Die harte Alternative – die dann natürlich weich getarnt ist – empfiehlt sich hingegen für Drücker an der Haustür, betrügerische Finanzberater oder den legendären genialen Verkäufer, der dem Bauern eine Melkmaschine verkauft und dafür die letzte Kuh in Zahlung nimmt.

Das klingt extrem, aber machen Sie sich bitte bewußt, daß hartes Verhandeln – egal, ob mit brutalen oder einschmeichelnden Methoden – die Beziehung zwischen Ihnen und dem anderen stört oder vernichtet.

Vergleichen Sie es mit Verhandlungen zwischen Eheleuten. Beim weichen Verhandeln will man zwar eigene Ziele durchsetzen, behält jedoch immer auch die Interessen der „Gegen"-Seite im Auge und will schließlich die Beziehung positiv halten.

Hartes Verhandeln ist der erste Schritt in Richtung Scheidung. Dabei geht es um die Durchsetzung der eigenen Ziele, ganz egal, wie sich die Gegenseite dabei fühlt. Es kann die brutale Variante sein: „Du tust, was ich sage, sonst …" Es kann sich auch um die weinerliche Variante handeln: „Weil ich so schwach bin, mußt du mich glücklich machen."

- Lassen Sie sich nicht von der Lautstärke, Wortwahl oder von anderen Faktoren täuschen.
- Behalten Sie Distanz, und fragen Sie sich kritisch: „Will der andere notfalls auch auf meine Kosten seinen Willen durchsetzen?"
- Wenn ja, dann haben Sie es mit einem harten Verhandler zu tun und müssen notgedrungen mitziehen.
- Wenn nein, dann sollten Sie eventuell nicht durch hartes Verhandeln eine Beziehung gefährden, die zu pflegen sich möglicherweise lohnt.

Ob Sie sich für die harte oder die weiche Alternative entscheiden, hängt natürlich immer auch von der Sache ab. Kämpfen Sie zum Beispiel aktiv gegen Anbieter von Kinderpornografie oder gegen quälerische Tiertransporte, haben Sie vermutlich kein Interesse daran, auf die Interessen der Gegenseite Rücksicht zu nehmen oder mit ihr auf Dauer gute Beziehungen zu pflegen.

Lassen Sie sich nicht von einer moralischen Etikettierung einwickeln, die hartes Verhandeln als „böse" und weiches Verhandeln als „gut" bezeichnet. Weiches Verhandeln kann auch Feigheit tarnen und hartes Verhandeln durchaus der Beweis von Zivilcourage sein.

7.2 Verhandeln nach der Harvard-Methode

Die an der Harvard-Universität entwickelte Verhandlungsmethode gehört zu den sogenannten „weichen" Methoden. Dabei sollen vier Grundsätze dafür sorgen, daß ein fauler Kompromiß oder eine Sieg-Niederlage-Situation vermieden und statt dessen ein Ausgleich der Interessen erreicht wird.

Wenn Sie es mit einem feindseligen Verhandlungsgegner zu tun haben, können Sie nicht nach der Harvard-Methode erfolgreich sein. Auf der anderen Seite zeigt Ihnen die Harvard-Methode auch keine Tricks, wie Sie auf weiche Art Ihren Willen durchsetzen und gleichzeitig die Sympathien der Gegenseite gewinnen.

Für die Harvard-Methode müssen sowohl Sie als auch die andere Seite grundsätzlich die Absicht mitbringen, die Interessen auszugleichen. Beide Seiten müssen darauf verzichten, möglichst viel für sich und möglichst wenig für die Gegenseite herausholen zu wollen.

Auch wenn der gute Wille vorhanden sein mag, besteht immer die Gefahr, daß im Eifer der Verhandlung dann doch wieder Egoismus, Mißverständnisse und Mißtrauen das Klima beherrschen. Deshalb empfiehlt es sich in vielen Fällen, einen neutralen Dritten als Moderator oder Mediator hinzuzuziehen. Der neutrale Dritte hat keine der Parteien zu vertreten und keine Entscheidungen zu treffen. Der neutrale Dritte sorgt lediglich dafür, daß die Grundsätze nach der Harvard-Methode strikt eingehalten werden.

* In der Regel geht man so vor, daß der neutrale Dritte zunächst beiden Parteien gleichzeitig die Grundsätze der Harvard-Methode erklärt und sich von beiden Seiten das Einverständnis holt, nach dieser Methode vorzugehen.
* Danach wird der neutrale Dritte die Verhandlung so steuern, daß die Regeln eingehalten werden und nicht rhetorische oder andere Überlegenheiten doch wieder zu einer Sieg-Niederlage-Situation führen.
* Die Verhandlung selbst mit allen Argumenten und Vorschlägen wird ausschließlich von den betroffenen Parteien geführt.

Die vier Grundsätze der Harvard-Methode sind:

1. Menschen und Sachthemen sind getrennt zu betrachten.

Man muß sich bewußt machen, daß Menschen größtenteils von Emotionen gesteuert sind. Sie reagieren empfindlich auf tatsächliche oder vermeintliche Beeinträchtigungen, Beleidigungen, Angriffe oder Vorwürfe. Vor allem in der gespannten Atmosphäre einer Verhandlung kann es schnell zu emotional bedingten Problemen kommen.

Der eine Verhandler sagt: „Wir konnten unsere Lieferungen nicht rechtzeitig rausbringen, weil die Produktion den Termin überzogen hat." Das ist ein objektiver Tatbestand. Aber unter Umständen sieht die Gegenseite das nicht so. Sie hört vielleicht einen Vorwurf gegen sich als dem Produktionsverantwortlichen heraus. Die Antwort könnte sein: „Das ist doch Unsinn, was Sie da sagen! Sie haben die Termine so unrealistisch ..."
Die Stimmung heizt sich langsam auf, und das vernünftige Erarbeiten eines gemeinsamen Ergebnisses wird unmöglich. Keine Seite kann sich mehr auf das Sachthema konzentrieren, weil keiner sich dieses oder jenes bieten lassen will.

Man muß sich immer wieder vor Augen halten, daß Menschen voneinander abweichende Vorstellungen und Wahrnehmungen haben. Was dem einen noch ganz passabel erscheint, wirkt auf den anderen wie eine Ungeheuerlichkeit. Was der eine für eine gute Problemlösung hält, hält der andere für völlig unbrauchbar.

Im Unternehmen soll entschieden werden, ob zusätzlich zum bisherigen Food-Geschäft auch Non-Food-Produkte angeboten werden sollen. Der eine sieht darin einen wunderbaren Markt für die Zukunft und fühlt sich durch den Erfolg der Kaffeeröster, die dies seit langem betreiben, bestätigt. Dem andere graust es bei der Vorstellung, daß in Zukunft die bisher so appetitlich aufgemachten Filialen wie Kramläden aussehen und womöglich durch Wühltische verunstaltet werden sollen.

Unversehens kommt man zu der Ansicht, daß der jeweils andere nicht richtig denkt, keine Ahnung, dafür aber ein Brett vor dem Kopf hat und zu feige oder zu rückständig ist, die richtige Entscheidung zu treffen. Plötzlich rutschen der einen oder anderen Seite Dinge heraus, die durch Wortwahl oder Tonfall so verärgern, daß aus der Verhandlung ein erbitterter Kampf um Sieg und Niederlage wird.

Verhandlungspartner gehen fast nie tolerant aufeinander zu. Fast immer hat man sich schon lange vorher jeweils auf eine Position versteift. Aus Sturheit, vermeintlicher Charakterfestigkeit oder aus Angst vor den eigenen Anhängern kann man sich nur schwer von der jeweiligen Einstellung wieder trennen.

Vor den Tarifverhandlungen haben die Vertreter der Gewerkschaft angekündigt, daß das „Ende der Bescheidenheit" erreicht ist. Eine Fünf vor dem Komma müsse es schon sein. Die Arbeitgeber haben sich in der Position eingerichtet, daß nur moderate Tarifabschlüsse die Arbeitsplätze sichern können. Mehr als eine Zwei vor dem Komma ist nicht zu machen.
Ohne neutralen Vermittler kann es in einer derartig festgefahrenen Situation nur zu Kampfaktionen kommen. Beide Parteien sind nicht mehr in der Lage, so zu verhandeln, daß es zu einem Interessenausgleich kommt. Jede Seite sieht in der anderen den zu bekämpfenden Widersacher, der Böses will oder die wirtschaftliche Realität nicht begriffen hat.

Die meisten Menschen müssen im Verhandlungsstreß auch einmal „Dampf ablassen". Verhandlungen sind erheblich belastender als eine entspannte Salon-
konversation. Da fällt auch schon mal ein Satz, der nicht auf die Goldwaage
gelegt werden darf, und da wird auch schon mal jemand laut. Aber es darf nicht
dazu kommen, daß die Partei, die sich in solchen Streßsituationen besser im
Griff hat, daraus für sich Kapital schlägt. Fehlverhalten und Empfindlichkeiten
dürfen keine Auswirkungen auf die sachliche Lösung des Problems haben.

2. Die Interessen sind wichtig, nicht die Positionen.

Es geht nicht darum, daß jede Partei auf Kosten der anderen möglichst viel an
Boden gewinnt und eigene Ziele durchsetzt. Es geht auch nicht darum, sich
durch gegenseitiges Geben und Nehmen langsam einem Kompromiß anzunähern.

Statt dessen legen beide Parteien ihre Interessen offen auf den Tisch und bemühen
sich dann gemeinschaftlich darum, diesen Interessen möglichst vollständig zu entsprechen. Dabei steht die Frage, wer welche Interessen hat, nicht im Vorder-
grund. Die Berücksichtigung möglichst aller Wünsche ist das gemeinsame Ziel.

3. Es sind Alternativen zu entwickeln und zu berücksichtigen.

In traditionellen Verhandlungen stehen sich zwei Parteien mit jeweils eigenen
Zielen gegenüber. Man geht dann leicht davon aus, daß irgendwo in der Mitte
der faire Kompromiß liegt, der eine Sieger-Verlierer-Situation verhindert. Diese
Sichtweise ist zu eng. Häufig gibt es noch ganz andere Möglichkeiten, das Pro-
blem zu lösen. Darauf kommen die bereits auf ihre Positionen versteiften Ver-
handler nicht. Wenn jedoch der neutrale Dritte durch kreative Techniken den
Blickwinkel aller Beteiligten erweitert, kommt man häufig doch noch auf Lö-
sungsvarianten, die nicht in der Mitte liegen und aus jedem einen Halb-Sieger-
Verlierer machen. Es endet dann vielmehr damit, daß beide Seiten mehr als die
Hälfte ihrer Interessen erfüllt bekommen.

*4. Es müssen Kriterien zur Qualitätsmessung des Verhandlungsergebnisses
definiert werden.*

Die Einigung auf solche Kriterien ist oft überhaupt der erste Schritt in einem Ei-
nigungsprozess. Wenn die Parteien anhand der gemeinsam definierten Kriterien
erkennen, daß man mit der Gegenseite durchaus vernünftig reden und zu Ergebnissen kommen kann, dann wächst auch die Bereitschaft, am fairen Interessenausgleich mitzuarbeiten.

Solche Kriterien können zum Beispiel sein:
– Es darf nicht mehr als nn kosten.
– Es muß spätestens bis Weihnachten fertig sein.
– Die Corporate Identity darf davon nicht betroffen werden.
– Die Kunden müssen sich damit identifizieren können.

Wenn man gemeinsam die Kriterien vereinbart und die Interessen vollständig offengelegt hat, kann der kreative Prozeß beginnen. Ziel ist: „Wir werden für unser Problem eine Lösung finden, die möglichst viele unserer Forderungen erfüllt und den Kriterien entspricht." So wird die Verhandlung zu einem gemeinsamen Projekt. Die Lust am gegenseitigen Bekämpfen vergeht bei der Lust am sinnvollen Entwickeln.

Aber wie gesagt: Das funktioniert nur, wenn beide Parteien dazu bereit und – unter der Leitung eines neutralen Dritten – fähig sind. Erfahrene Verhandler, die sich aus bisherigen erfolgreichen Verhandlungen kennen, schaffen das eines Tages auch allein.

Was nicht funktioniert, ist der Versuch, aus einer Machtposition heraus dem anderen zu diktieren: „Wir verhandeln heute nach der Harvard-Methode." Dies wäre ja bereits wieder ein erster Versuch der Unterwerfung.

1. Menschen und Sachthemen getrennt betrachten.	2. Die Interessen sind wichtig, nicht die Positionen.
3. Mehr Lösungsalternativen als nur den Kompromiß entwickeln.	4. Qualitätskriterien des Verhandlungsergebnisses gemeinsam definieren.

Abbildung 30: Die 4 Grundsätze der Harvard-Methode

Nach der Harvard-Methode wird heute zunehmend auch bei Scheidungen gearbeitet. Unter der Leitung eines Mediators soll erreicht werden, daß

• Menschen und Sachthemen getrennt werden.

> Unterhaltszahlungen, Möbelverteilungen, Rentenansprüche und nicht zuletzt die Sorge für die Kinder müssen geregelt werden. Diese Themen sind so kompliziert, daß Gefühle wie Rachlust, Schadenfreude, Ärger, Eifersucht etc. dabei wirklich außen vor bleiben sollten.

• die Interessen beider Seiten berücksichtig werden.

> Beide Seiten legen ihre Forderungen auf den Tisch: „Ich will auch bei schulischen Dingen weiterhin mitbestimmen." – „Ich will eine ordentliche Wohnung finanzieren können." – „Ich will …"

- Alternativen entwickelt werden.

    Muß man sich nur um die Höhe der Unterhaltszahlungen streiten und um die An-
    zahl der monatlichen Besuche der Kinder? Gibt es auch andere Möglichkeiten?
    Könnte der eine Partner dem anderen auch ein Darlehen für eine Ausbildung zah-
    len? Könnte man es den Kindern auch selbst überlassen, wann sie wo hingehen
    wollen? Wie haben andere Geschiedene diese Dinge geregelt?

- Kriterien für sinnvolle Regelungen gefunden werden.

    Die Kriterien können sein:
    – Beiden Seiten muß weiterhin ein angemessener Lebensstandard erhalten blei-
    ben.
    – Die Kinder sollen nicht auch noch einen Schulwechsel verkraften müssen.
    – Den Kindern sollen beide Großeltern erhalten bleiben.

7.3 Grundsätze des Verhaltens bei Widerständen

Auch die besten Vorsätze, eine faire Verhandlung nach der Harvard-Methode
oder nach dem Konzept der Kompromißfindung zu führen, können nicht verhindern, daß Unterschiede und konträre Standpunkte zur Sprache kommen.
Wo man sich auf Anhieb einigt, braucht man nicht zu verhandeln.

Sie werden auch immer wieder erleben, daß Sie Vorschläge machen oder Argumente vorbringen, und die Gegenseite stellt sich quer. Ihr Verhandlungspartner
sieht die Sache anders, will etwas anderes, glaubt Ihren Worten nicht, kann sich
nicht durchringen, äußert Einwände und Bedenken. Sie reden mit Engelszungen
oder präsentieren harte Beweise. Ihre Argumente sind Ihrer Meinung nach
überzeugend – aber nein, der andere ist dagegen.

Widerstände, Ablehnung, Einwände, Vorwände, Ausflüchte ... Das zehrt an
den Nerven. Jeder Widerstand birgt die Gefahr, sich trotz aller guten Vorsätze
doch in Wortgefechte zu verstricken. Wir können es einfach nicht gut ertragen,
wenn andere uns ein Nein entgegensetzen, wo wir ein Ja erwarten.

Behalten Sie bitte die Nerven, und orientieren Sie sich an folgenden Grundsät-
zen, wenn Einwände und Widerstände von der Gegenseite das von Ihnen ange-
strebte Ergebnis blockieren:

1. Zeigen Sie dem anderen auch im Streß immer Ihre Wertschätzung.

- Reagieren Sie weder in Worten noch im Ton gereizt, wenn der andere seine
  Zustimmung verweigert. Üben Sie keinen Druck aus, indem Sie Ungeduld
  zeigen.
- Weisen Sie dem anderen niemals nach, daß sein Widerstand falsch ist, auf
  einem Denkfehler oder auf irrigen Vorstellungen beruht. Der andere hat keine Lust mehr, sich mit Ihnen auf ein gemeinsames Verhandlungsergebnis zu
  einigen, wenn Sie ihm „Dummheit" nachgewiesen haben. Selbst wenn er

einsehen muß, daß Sie recht haben, kann er das dann nicht mehr zugeben, ohne sein Gesicht zu verlieren.

2. *Betrachten Sie die Sache aus der Sicht Ihres Verhandlungspartners.*

• Versuchen Sie nicht, den Widerstand der Gegenseite zu brechen oder Einwände zu widerlegen. Lassen Sie sich lieber genau erklären, wieso der andere die Sache *so* sieht.
• Versetzen Sie sich in die Lage Ihres Gegenübers. Was würden *Sie* fühlen, denken, wollen?
• Fragen Sie den anderen, was ihm lieber wäre, was ihn überzeugen würde, was ihm noch an Informationen fehlt.

3. *Bleiben Sie bei Widerständen möglichst dicht an der Sache.*

• Unterstellen Sie dem anderen keine finsteren Absichten oder mangelnde Intelligenz. Lassen Sie sich nicht von Ihrem Ärger über die Einwände und Widerstände dahin bringen, den anderen als „nervende" Persönlichkeit ganz abzulehnen.
• Klären Sie vielmehr, ob die Widerstände von der Gegenseite darauf beruhen, daß Ihre Vorschläge und Angebote an dem vorbeigehen, was der andere erwartet hat. Finden Sie den Grund für die Mißverständnisse heraus.

4. *Zwingen Sie den anderen nicht, gegen seinen Willen Erklärungen abzugeben.*

• Es kann sein, daß der andere ausweichend reagiert, wenn Sie ihn nach den Ursachen für seinen Widerstand fragen. Bohren Sie dann nicht weiter nach.
• Der andere muß das Recht haben, Dinge zu verschweigen, ohne dafür von Ihnen in die Enge getrieben zu werden.

5. *Setzen Sie möglichst kein Ergebnis gegen den Widerstand des anderen durch.*

• Überlegen Sie, ob es nicht besser ist, auf ein für Sie günstiges Verhandlungsergebnis zu verzichten, wenn Sie es doch nur gegen den Widerstand des anderen durchsetzen können. Der andere fühlt sich dann als Verlierer und muß sich rächen, um seine „Ehre" wiederherzustellen. Er kann mit Ihnen dann auch nicht mehr harmonisch zusammenarbeiten.
• Überlegen Sie immer, ob sich der aktuelle Sieg über die Widerstände eines Verhandlungspartners angesichts der möglichen Folgen lohnt.

7.4 Offene und verdeckte Widerstände

Wenn Sie mit Ihren Argumenten bei Ihrem Verhandlungspartner keine Zustimmung finden, sollten Sie versuchen herauszufinden, ob die Einwände und Bedenken offen vorgebracht oder verdeckt gehalten werden.

Im ersten Fall spricht Ihr Verhandlungspartner Sie gezielt auf Details an. Er wird Ihnen sagen, was ihm nicht gefällt oder nicht glaubhaft erscheint, was er selbst dazu meint und warum er nicht zustimmen will. Dann wissen Sie, woran Sie sind, und können auf das eingehen, was einer gemeinsamen Lösung oder einer Einigung im Wege steht.

Gehen Sie davon aus, daß offene Widerstände durchaus schon das „halbe Ja" Ihres Gesprächspartners sein können. Er zeigt durch seine Einwände, daß er mit Ihnen im Gespräch bleiben will. Er sagt, was er von Ihnen noch hören will, was ihm an Informationen, Beweisen und Begründungen noch fehlt. Wenn Sie irrigerweise seine offenen Widerstände aber als Angriff, als Ausdruck von Verweigerung oder gar als Kampfansage mißverstehen, können Sie aus dem halben Ja sehr schnell ein ganzes Nein machen!

Stoßen Sie jedoch auf verdeckte Widerstände, bedeutet das immer ein Nein oder zumindest ein Noch-nicht. Manchmal erkennen Sie verdeckte Widerstände am ausweichenden Blick des anderen. Er mag nicht offen sagen, was er denkt, sucht nach Ausflüchten, windet sich, weicht dem Blickkontakt aus und lügt. Es gibt natürlich auch Menschen, denen es gelingt, mit dem ehrlichsten Gesicht der Welt ihre Ausflüchte vorzubringen. Dann können Sie meistens am Inhalt erkennen, ob es sich um einen offenen Einwand oder um verdeckten Widerstand handelt.

> Typisch ist zum Beispiel der plötzliche Vorschlag, man müsse noch den Vorstand oder den Betriebsrat oder sonstige Leute fragen, von deren Wichtigkeit in dieser Angelegenheit zuvor nicht die Rede gewesen war. Typisch ist auch das ausweichende: „Ach, ich will mir das noch mal in Ruhe überlegen/durchlesen/durch den Kopf gehen lassen."

Bei verdeckten Widerstände können Sie nichts machen. Irgend etwas hält den anderen zurück, Ihnen zuzustimmen oder sich mit Ihnen zu einigen. Und er ist nicht bereit, Ihnen zu sagen, was es ist. Vielleicht hat er beschlossen, Ihre Vorschläge grundsätzlich abzulehnen, und mag Ihnen das aus Feigheit, Harmoniesucht oder aus Angst vor endlosen Debatten nicht sagen. Vielleicht braucht er aber auch nur einen Zeitaufschub und will erst einmal gar nichts mehr von Ihnen hören, weil ihm zu viel durch den Kopf geht. Tatsache ist, daß er momentan keinen Wortwechsel mehr mit Ihnen will.

- Machen Sie nicht den Fehler, unbedingt herausfinden zu wollen, wo das Problem liegt.
- Reden Sie sich auch nicht ein, daß Sie die verdeckten Widerstände ans Tageslicht bringen wollen, um dem anderen zu helfen, ihn zu verstehen und dadurch seine Bedenken zerstreuen zu können. Das stimmt nämlich nicht: natürlich wollen Sie aus ihm herausholen, welche Widerstände ihn zurückhalten, weil Sie sich daran festbeißen wollen! Das spürt der andere. Er weiß genau, daß Sie sich sofort darauf stürzen werden, wenn er Ihnen sagt, was sich wirklich hinter seinen Vorwänden verbirgt. Das will er vermeiden – und besonders dann, wenn er sich Ihnen rhetorisch unterlegen fühlt.

- Wenn Sie bei Ihrem Verhandlungspartner auf verdeckte Widerstände stoßen, sollten Sie sich darauf beschränken, ihm anzubieten: „Möchten Sie noch irgendwelche Informationen von mir?" – „Kann ich noch etwas tun, um Sie zu überzeugen?" – „Gibt es noch offene Fragen auf Ihrer Seite?" Wenn der andere darauf nicht eingeht, dann ist die Verhandlung erst einmal zu Ende.
- Wahren Sie Ihre Würde und die Ihres Verhandlungspartners. Verzichten Sie auf bohrende Nachfragen und andere Aufdringlichkeiten.

7.5 Innere Barrieren erkennen und überwinden

Wenn Ihre Argumente auf Widerstände, Einwände und Bedenken stoßen, müssen Sie natürlich darauf eingehen.

Bei verdeckten Widerständen bleibt oft nur der elegante Rückzug und die Hoffnung, daß der andere sich die Sache noch einmal durch den Kopf gehen läßt und später doch zustimmt.

Bei offenen Widerständen sollten Sie so geschickt agieren, daß nicht unversehens aus dem „halben Ja" ein „ganzes Nein" wird.

Unterscheiden Sie zwischen den sieben typischen Arten von Einwänden, Bedenken und Widerständen:

1. Der ernstgemeinte, berechtigte Einwand

Der ernstgemeinte Einwand oder Widerstand bedeutet, daß Ihr Verhandlungspartner im Grunde nicht gegen eine Einigung mit Ihnen ist, jedoch noch Probleme damit hat und nicht weiß, wie er sie lösen soll. Er erwartet von Ihnen, daß Sie gemeinsam mit ihm an Lösungen arbeiten. Sobald alles geklärt, bereinigt oder so manches durch Alternativen umgangen ist, kann auch die Einigung erfolgen.

> Sie verhandeln mit Ihrem Führungskollegen über die Zusammenlegung zweier bisher getrennter Bereiche. Ihr Kollege stimmt Ihrem Konzept nicht zu, weil er dabei für einige Mitarbeiter soziale Härten befürchtet.
> Das bedeutet für Sie, daß Sie sich zunächst gemeinsam um die Lösung dieses Problems bemühen müssen. Danach kann es mit der eigentlichen Verhandlung weitergehen.

2. Der ernstgemeinte, unberechtigte Einwand

Bei dieser Art des Einwands stellt sich die Situation für Ihren Verhandlungspartner wie im ersten Fall dar. Auf Grund eines Irrtums, einer Fehlinformation etc. sieht er jedoch noch Probleme, wo eigentlich keine sind.

Hier müssen Sie dem anderen taktvoll vermitteln, daß es diese Probleme nicht gibt. Weisen Sie ihm lediglich seinen Irrtum nach, kann es passieren, daß er Ihnen zwar notgedrungen recht gibt, sich jedoch dafür schämt, einen unberechtigten Einwand geäußert zu haben. Um sein Gesicht zu wahren, wird er Sie vielleicht beschuldigen, die Zusammenhänge falsch erklärt oder die Informationen verdreht zu haben. Das lassen Sie nicht auf sich sitzen ... Obwohl einem gemeinsamen Verhandlungsergebnis aus sachlichen Gründen eigentlich nichts im Wege stünde, wurden durch verletzte Gefühle unüberwindliche Barrieren aufgebaut.

- Hüten Sie sich vor Formulierungen wie:
  „Das stimmt nicht, was Sie da sagen."
  „Das sehen Sie falsch."
  „Da machen Sie einen Denkfehler."
  „Das haben Sie mißverstanden."
  „Da irren Sie sich."

Ein empfindlicher Mensch hört dann vielleicht die Botschaft heraus: „Sie sind ein Dummkopf, aber da ich schlauer bin, erkläre ich es noch einmal." Er hat danach keine Lust mehr, sich mit Ihnen zu einem gemeinsamen Verhandlungsergebnis zu einigen. Notfalls tritt der andere die Flucht an, und zwar in Form von verdeckten Widerständen, Vorwänden und Ausflüchten.

3. Provokationen und Abklopfversuche

Ihr Verhandlungspartner interessiert sich oft weniger für die inhaltliche Seite seines Widerstandes, sondern mehr für Ihre Person. Er klopft Ihre Standfestigkeit ab und prüft, ob Sie fachlich und/oder persönlich sattelfest sind:

- Er unterzieht Sie einem kleinen Examen, um herauszufinden, wie gut Sie das Thema beherrschen.
- Er will mit provokanten Äußerungen prüfen, ob Sie sich einschüchtern, aus der Reserve locken oder zu unklugen Reaktionen hinreißen lassen.
- Er präsentiert Ihnen eine harte Ablehnung Ihrer Forderungen, um zu sehen, ob Sie zusammenklappen und Ihre Forderungen in Bitten umwandeln.
- Er versucht durch Testfragen herauszufinden, wie sicher Sie sich in Ihrer Position fühlen, ob Sie einflußreiche Personen auf Ihrer Seite wissen, ob Sie vielleicht etwas in der Hinterhand haben, das Ihnen in der Verhandlung Selbstbewußtsein gibt.

Die Provokationen und Abklopfversuche nutzt Ihr Verhandlungspartner, um auszuloten, wie ernst er Sie und Ihre Forderungen nehmen muß.

> Ein Kunde könnte das bei der Preisverhandlung mit Ihnen machen. Er prüft, ob Sie vermutlich lieber auf das ganze Geschäft verzichten, bevor Sie ihm mit Rabatten entgegenkommen, oder ob Sie seinen Auftrag so händeringend brauchen, daß er auch noch mehr verlangen kann.
> Ihr Chef könnte das bei einer Gehaltsverhandlung mit Ihnen machen, wenn er herausfinden will, ob Sie sich nur mehr Geld wünschen oder ob Sie am Ende wirklich Konsequenzen ziehen.

Ihr Verhandlungspartner will wissen, wie weit er mit Ihnen gehen kann und wie weit Sie vermutlich gehen würden, um Ihre Ziele durchzusetzen. Davon hängt seine Härte und auch seine Taktik bei der weiteren Verhandlung ab.

- Achten Sie immer auf Ihre Körpersprache. Sie sind für den anderen aufschlußreicher als Ihre Worte, weil beim Abklopfen die geäußerten Einwände inhaltlich fast immer unwichtig sind. Der andere beobachtet, ob Sie nervös werden, seinem Blick ausweichen, nach Worten suchen, körperlich zurückweichen, die Arme an die Rippen klemmen, die Hände zurückziehen oder gar die Schultern hängen lassen. Auch die Lautstärke Ihrer Stimme kann erkennen lassen, ob Sie sich getroffen fühlen.

- Haben Sie das Gefühl, der andere klopft Sie gerade auf Ihre Standfestigkeit ab, sollten Sie bewußt darauf achten, daß Sie festen Blickkontakt haben, daß beide Arme auf der Tischplatte liegen, daß die Finger nicht nervös klopfen und daß Sie nicht plötzlich leiser sprechen als zuvor.

- Wenn Ihnen vor Schreck nicht sofort eine Antwort einfällt, dann schauen Sie Ihren Verhandlungspartner interessiert an und sagen: „Wie meinen Sie das genau?" – „Was erwarten Sie jetzt als Antwort von mir?" – „Wie kommen Sie denn darauf?"
Mit solch nichtssagenden Gegenfragen geben Sie erst einmal den Ball zurück und gewinnen Zeit. Außerdem erkennt der andere, daß Sie nicht wie ein Schulkind brav auf alles antworten, was man Sie fragt, und daß Sie sich auch nicht aus der Reserve locken lassen und etwa durch unbedachte Äußerungen den Mund verbrennen.

- Eine andere gute Reaktion auf Provokationen und Abklopfversuche ist auch ein kurzes Auflachen und überhaupt kein inhaltlicher Kommentar. Das Auflachen darf weder zynisch noch verlegen klingen! Sie geben selbstbewußt zu erkennen: „Haha, wir wissen ja beide, was hier gespielt wird." Und dann geht's weiter im Thema.

4. Soufflierte Ablehnung

Die soufflierten Einwände kommen nicht von Ihrem Verhandlungspartner selbst. Vermutlich geht ihm die Sorge durch den Kopf, wie er vor Dritten begründen soll, daß er sich mit Ihnen auf ein bestimmtes Ergebnis geeinigt hat. Auf der anderen Seite mag er Ihnen nicht sagen, daß er diese Bedenken hegt.

Jetzt genügt es nicht mehr, daß Sie Ihren Verhandlungspartner überzeugen – Sie müssen ihn auch mit einprägsamen Argumenten versorgen, die er später vor Dritten vorbringen kann. Noch besser ist es, Sie geben ihm Unterlagen mit.

Gelingt es Ihrem Verhandlungspartner später nicht, die mit Ihnen getroffene Einigung im eigenen Lager zu vetreten, macht er womöglich noch nachträglich einen Rückzieher. Sie fallen aus allen Wolken, weil Sie so sicher waren, ihn überzeugt zu haben. Aber auch er war überzeugt. Er kann nur nicht mehr rekonstruieren, was ihn im einzelnen überzeugt hat. Und das bringt ihn vor Dritten in Schwierigkeiten.

- Soufflierte Einwände erkennen Sie an kleinen Redewendungen wie:
„Unser Bereichsleiter sagte mal ..."
„Man hört immer wieder ..."
„Ich hab' da mal gelesen ..."
„Ich hab' schon mit Frau XY darüber gesprochen. Die sagte ..."

5. Druck aus dem Hinterhalt

Mancher Widerstand ist auch ein Versuch, Sie unter Druck zu setzen. Der andere will Sie noch ein wenig zappeln lassen, vielleicht noch weitere Zugeständnisse aus Ihnen herausholen oder Ihnen Angst vor dem möglichen Scheitern der Verhandlung einjagen. Manchmal steckt auch eine Erpressung dahinter.

> „Sie sollten sich bald entschließen, weil ich sonst nicht für die Konsequenzen garantieren könnte."
> „Sie müssen wissen, ob Sie es sich leisten können, darauf zu beharren."
> „Ich werde morgen mit dem Vorstand nach Wien fliegen. Da kann ich unterwegs schon ansprechen, wie weit ich heute mit Ihnen gekommen bin."
> „Für Sie ist die Sache vielleicht dringender als für mich."
> „Sie wollen sicherlich auch noch in Zukunft mit uns im Geschäft bleiben. Nicht wahr?"

Wenn das passiert, spricht man auch vom „Pokern". Hierfür gibt es keine generellen Empfehlungen. Es hängt im jeweiligen Fall von Ihrer Stärke ab, ob Sie es sich leisten können oder wollen, darauf mit Gegendruck zu reagieren, die Drohung einfach zu überhören oder lieber klein beizugeben.

6. Abwinken

Das Abwinken ist wie ein Vorwand. Der andere weicht aus, hat keinen konkreten Einwand, auf den er von Ihnen eine Erwiderung erwartet, sondern zeigt durch Abbruch des Blickkontakts, durch Abwehrhaltungen wie hochgehaltene Hände oder gedankenverlorenes Blättern in den Unterlagen, daß er im Moment von Ihnen in Ruhe gelassen werden will. Er will über Ihre Argumente erst nachdenken, überlegen, was er dazu sagen soll, und für sich Klarheit schaffen.

- Lassen Sie ihn in Ruhe! Sagen Sie nichts, zeigen Sie keine Ungeduld, und starren Sie ihn auch nicht an, als wollten Sie ihn zum schnellen Entschluß drängen. Wenn er sich von Ihnen unter Druck gesetzt fühlt, könnte er sich hinter irgendeinem Vorwand verschanzen und die Verhandlung abbrechen.
- Holen Sie frischen Kaffee, gehen Sie zur Toilette, oder blättern Sie in Ihren eigenen Unterlagen. Zeigen Sie, daß Sie souverän über der Zeitplanung stehen und keineswegs die Absicht haben, ihn unter Druck zu setzen.
- Jede Verhandlung braucht auch ihre Nachdenkzeiten. Das gilt vor allem dann, wenn Ihre Argumente für den anderen sehr überraschend gekommen sind. Wenn Sie nicht gerade nach der überfallartigen Methode vorgehen, sollten Sie dem anderen die Zeit zum „Verdauen" lassen.

7. Nein aus Besserwisserei

Damit müssen Sie auch immer rechnen. Vor allem, wenn Sie es mit einem Verhandler zu tun haben, der Ihnen in dieser Sache fachlich unterlegen ist, im normalen Berufsleben jedoch meistens mit Personen zu tun hat, bei denen er der
Profi ist.

> Fragen Sie einmal einen Sparkassenberater nach seinen Kunden, die Lehrer sind.
> Sie hören wahrscheinlich als erstes einen schmerzlichen Aufschrei. Das spricht
> weder gegen „die Lehrer" noch gegen „die Banker". Tatsache ist, daß es der Be-
> ruf des Lehrers ist, andere zu belehren. Und das täglich viele Stunden. Kein Wun-
> der, daß viele Lehrer irgendwann die Angewohnheit entwickeln, grundsätzlich
> alles besser wissen zu wollen.
> Ähnlich ist es mit Juristen, Ärzten, Ausbildern im Betrieb und anderen Personen,
> die es einfach nicht gewohnt sind, Ausführungen und Argumente anderer kom-
> mentarlos hinzunehmen, sondern immer noch „eins draufsetzen" zu müssen.

Regen Sie sich darüber nicht auf. Das geht nicht gegen Sie persönlich, das macht
Ihr Verhandlungspartner reflexartig. Und so geht er mit jedem anderen auch
um. Egal, was auch immer er hört, er kann es so nicht akzeptieren, sondern
muß den Fehler oder die Schwachstelle suchen und besserwisserisch korrigie-
ren.

- Ihre Kunst besteht darin, rechtzeitig zu erkennen, wann es nur noch um den
  Triumph des letzten Wortes geht.
- Machen Sie den Mund zu. Ein Besserwisser will nicht, daß Sie das letzte
  Wort haben. Er wird solange gegen Sie argumentieren, solange Sie noch etwas sagen. Ein Besserwisser wird in Verhandlungen auch niemals müde! Jedes Ihrer Wort erfüllt ihn mit neuen Energien, etwas dagegen zu sagen.
  Daraus entsteht ein nutzloses Hin-und-her und womöglich Streit. Wenn es
  einem Besserwisser nun einmal wichtig ist, das letzte Wort zu haben, dann
  lassen Sie ihm den Spaß.
- Wenn der Besserwisser plötzlich merkt, daß Sie zu seinen Ausführungen
  nichts mehr sagen, kann es sein, daß er vielleicht kontrolliert, ob Sie ihm
  auch gut zugehört und ihn begriffen haben. Das geht ebenfalls nicht gegen
  Sie persönlich, sondern liegt ihm im Blut. Bestätigen Sie, daß Sie ganz genau
  verstanden haben, was er meint. Dann wiederholen Sie in nur einem (!) Satz
  noch einmal Ihr Argument. Der Besserwisser kann sich ihm nun widmen.
  Vielleicht stimmt er Ihnen zu. Vielleicht hat er jetzt aber auch endlich ernstgemeinte Einwände, an denen Sie gemeinsam arbeiten können.
- Versuchen Sie niemals, einen Besserwisser zu „besserem Sozialverhalten" zu
  erziehen. Das geht nicht. Er wird Sie allenfalls belehren, warum er auf diesem Gebiet besser Bescheid weiß als Sie. Und schon wachsen bei ihm neue
  Widerstände dagegen, sich mit Ihnen zu einigen. Und – mindestens ebenso
  schlimm – auch Sie bauen Widerstände gegen ihn auf!
- Behalten Sie immer Ihre strategischen Verhandlungsziele im Auge, und ignorieren Sie die nervenden Marotten Ihres Verhandlungspartners.

7.6 Einwände und Bedenken abfedern und erfolgreich behandeln

Wenn Sie in Verhandlungen mit Ihren Vorschlägen, Ideen und Argumenten gegen den Widerstand Ihres Verhandlungspartners argumentieren müssen, dann halten Sie sich an die üblichen Techniken der Verkäufer. Jeder Verkäufer kennt aus der täglichen Praxis die zehn besten Techniken der Einwandbehandlung, und die haben sich nicht nur in Verkaufs-, sondern auch in anderen Verhandlungen bewährt. Und letztlich geht es ja auch in Ihren Verhandlungen darum, daß Ihr Gesprächspartner Ihnen das „abkauft", wozu Sie ihn zu überzeugen versuchen.

Denken Sie grundsätzlich daran, daß jedes Nein zwischen Ihnen und Ihrem Verhandlungspartner Barrieren aufbaut, die nur schwer zu überwinden sind. Mit einem klaren Nein wird eine Position bezogen, die nur ungern wieder aufgegeben wird.

- Sagt Ihr Verhandlungspartner zunächst Nein zu Ihren Argumenten, mag er später vielleicht auch dann nicht mehr davon abrücken, wenn er durch Ihre Argumente längst vom Gegenteil überzeugt ist. Er befürchtet Gesichtsverlust und auch, als „Umfaller" zu gelten, wenn er von seinem vorherigen Nein wieder abrückt.
- Wenn Sie nun beharrlich und rechthaberisch auf ihn einreden, laufen Sie Gefahr, nichts anderes zu erreichen, als daß die Gegenseite sich in ihrer Abwehr immer fester einmauert. Aus diesem Grunde sollten Sie alles vermeiden, was Ihren Verhandlungspartner zu einem Nein bringen könnte.
- Fragen Sie nicht zu früh, ob er Ihnen zustimmt, wenn das „Nein-Risiko" noch hoch ist.
- Stellen Sie Ihre Fragen vor allem in frühen Verhandlungsphasen möglichst so, daß der andere nicht nur die Wahl zwischen Ja und Nein hat, sondern ausführlicher antworten wird.
- Erst ganz zum Schluß, wenn Sie mit hoher Wahrscheinlichkeit ein Ja bekommen, sollten Sie deutlich nach der Zustimmung Ihres Verhandlungspartners fragen.

Umgekehrt sollten Sie Ihre Verhandlungen so führen, daß Sie selbst ebenfalls kein Nein aussprechen. Davon fühlt sich Ihr Verhandlungspartner abgestoßen.

> Wenn er zum Beispiel auf Ihren Vorschlag den Einwand bringt, das sei viel zu teuer, dann dürfen Sie das Nein zwar denken, aber auf keinen Fall aussprechen: „Nein, das stimmt nicht. Mein Vorschlag ist sogar sehr kostengünstig." Mit dieser Antwort bauen Sie eine Barriere auf. Egal, ob Sie später beweisen können, daß Sie recht haben – der andere mauert sich nun in der Position ein: „Ja, es ist zu teuer." Daraus entwickelt sich leicht ein rechthaberisches Hin und Her. Als Ergebnis gibt es dann nur zwei Möglichkeiten:
> 1. Der andere setzt sich mit seinem Standpunkt durch, und Sie sind der Verlierer der Verhandlung. Oder:
> 2. Sie setzen sich mit Ihrem Standpunkt durch, daß es nicht zu teuer ist, und der andere wird zum Verlierer. Dafür wird er Ihnen auf keinen Fall dankbar sein!

Ein kluger Verhandler wird deshalb alles vermeiden, was zu einem Nein von der einen oder der anderen Seite führen könnte. Halten Sie sich dann am meisten im Zaum, wenn der andere auf Ihre Argumente mit Einwänden, Bedenken und sonstigen Widerständen reagiert. Man spricht deshalb bewußt nicht davon, daß Einwände zu widerlegen sind, sondern sie müssen rhetorisch elegant „abgefedert" werden.

Üben Sie sich in den üblichen Verkäufertechniken der Einwandbehandlung.

1. Ja-aber-Technik

Bei der Ja-aber-Technik nehmen Sie den Einwand der Gegenseite auf, verbinden den erwähnten Nachteil jedoch sofort mit einem anderen Aspekt. Daß die Technik als Ja-aber-Technik bezeichnet wird, sollte Sie nicht dazu verführen, sie stets mit dieser Formulierung anzuwenden. Besser klingen meistens Formulierungen wie: „Ja ... allerdings ..." – „Stimmt ... jedoch ..." – „Sie haben recht. Gleichwohl ..."

> „Ja, mein Vorschlag ist nicht gerade billig, allerdings wird sich diese Lösung sehr viel schneller durchsetzen lassen."
> „Richtig, wir werden mit dieser Sache einen großen Aufwand haben. Dennoch sollten wir folgende Vorteile ..."

- Die Ja-aber-Technik soll konsequent die „Nein-Gefahr" bannen und Rechthabereien verhindern. Sie bestätigen Ihrem Verhandlungspartner zunächst, daß er einen berechtigten Einwand vorgebracht hat. Deshalb muß darüber auch nicht gestritten werden. Durch den anschließend von Ihnen vorgebrachten Vorteil kommt das Gespräch in eine andere und für Sie günstigere Richtung.
- Diese Technik können Sie auch dann anwenden, wenn Sie den Einwand der Gegenseite für völlig unberechtigt halten. Dann formulieren Sie zum Beispiel: „Hm hm ... allerdings ..." – „Aha? Auf der anderen Seite ..." – „So habe ich das noch gar nicht gesehen. Gleichwohl ..."
- Halten Sie sich diszipliniert an den Grundsatz, daß es im Interesse der weiteren Verhandlung oft besser ist, offensichtliche Irrtümer der Gegenseite einfach unkommentiert zu lassen. Dann kann sich der andere später durch neue Einsichten leichter davon trennen, als wenn er sich von Ihnen seine „Dummheit" nachweisen lassen mußte.

2. Rückfrage-Technik

Die Rückfrage-Technik verwenden Sie, wenn Sie Zeit gewinnen wollen, wenn Sie den Widerstand der Gegenseite nicht ganz verstehen, wenn Sie vom anderen noch mehr über seine Bedenken hören wollen.

> „Wenn ich Sie recht verstehe, dann meinen Sie ..."
> „Ist es richtig, daß Sie davon ausgehen, daß ...?"
> „Habe ich Sie richtig verstanden, daß Sie ...?"

In der Regel wird der andere nicht einfach nur mit Ja antworten, sondern noch einmal erläutern, warum er Ihnen nicht zustimmt. Das gibt Ihnen Zeit.

Diese Technik können Sie auch sehr gut anwenden, wenn Sie spüren, daß der andere mit seinen Einwänden übertreibt oder überspitzt formuliert hat. Durch Ihre Rückfrage können Sie die Sache schon etwas milder umformulieren. Sehr oft geht dann die Gegenseite auf die mildere Formulierung ein.

> Gegenseite: „Das Zeug ist doch völlig überflüssiger Schrott, reine Kostenschinderei!"
> Sie: „Wenn ich Sie recht verstanden habe, dann halten Sie die Installation im Moment nicht für notwendig?"
> Gegenseite: „Nein. Bis jetzt kommen wir noch gut so zurecht."

Der andere distanziert sich jetzt selbst von der überspitzten Formulierung. Sie können ihn nun vielleicht doch noch dazu bringen, eine neue Installation wenigstens für die Zukunft einzuplanen.

3. Nachteil-und-Vorteil-Technik

Die Nachteil-und-Vorteil-Technik wenden Sie an, wenn Ihr Verhandlungspartner mit seinem Einwand recht hat. Dann sollten Sie gar nicht erst anfangen, sich zu intensiv darüber auszutauschen. Nennen Sie einen vorteilhafteren Aspekt, und bringen Sie ihn dazu, die Sache von einer anderen Seite zu betrachten.

> „Die Belastung für die Mitarbeiter wird in der Tat vor allem am Anfang sehr hoch sein. Auf der anderen Seite können wir nach der Umstellung die Produktion um sieben Prozent steigern. Damit erreichen wir ..." Und jetzt folgt eine verlockende Darstellung von Vorteilen.

4. Nachteil-ist-Vorteil-Technik

Diese Methode verwandelt einen Aspekt, der bisher als Nachteil angesehen wurde, in einen Vorteil. Auf diese Technik kommt man in der Verhandlung meistens nicht spontan. Das muß man vorbereitet haben. Haben Sie bei der Vorbereitung eine Liste der möglichen Einwände angefertigt, dann prüfen Sie bei jedem dieser Einwände, ob der sich in einen Vorteil verwandeln läßt.

In einer Verhandlung sollte diese Technik nur einmal zur Anwendung kommen! Sonst besteht die Gefahr, daß Ihr Verhandlungspartner Sie als „aalglatten Wortverdreher" wahrnimmt oder sich verschaukelt fühlt.

> Gegenseite: „Der Motor ist viel zu laut!"
> Sie: „Das soll so sein. Das ist praktisch das Warngeräusch, daß er läuft."

5. Vorwegnahme-Technik

Die Vorwegnahme-Technik ist eine vorbeugende Maßnahme. Sie wissen, mit welchen inneren Widerständen Ihr Verhandlungspartner ringt. Bevor er jedoch seine Bedenken und Einwände äußert, sprechen Sie diese bereits an und können sie sofort entkräften oder widerlegen.

Der Vorteil dieser Technik besteht darin, vorbeugend zu verhindern, daß sich die Gegenpartei in einen Standpunkt verbeißt oder durch widerlegte Einwände gedemütigt fühlt. Achten Sie bitte darauf, daß Sie die Einwände dem anderen nicht suggestiv unterstellen, sondern ganz neutral in der man-Form aussprechen.

> „Man könnte an dieser Stelle einwenden, daß ... Dazu läßt sich jedoch sagen ..."
> „Man möchte meinen, daß ... Tatsächlich jedoch ..."
> „Manche Leute denken ... Es ist aber in Wirklichkeit wie folgt ..."

6. Relations-Technik

Bei der Relations-Technik stellen Sie das, was der andere einzuwenden hat, in Relation zu etwas anderem und verkleinern das angebliche Übel dadurch.

> Gegenseite: „Das kostet über tausend Mark mehr als die andere Variante!"
> Sie: „Ja. Das sind umgerechnet auf die Laufzeit pro Woche etwa zwölf Pfennig mehr."
> Jetzt wird der andere darüber nachdenken, ob er wirklich wie ein Pfennigfuchser um den Minibetrag feilschen will.

Seien Sie jedoch vorsichtig! Ein schlagfertiger Verhandlungspartner dreht blitzschnell die Sache um und fragt, warum Sie eigentlich so kleinlich sind, die zwölf Pfennig pro Woche unbedingt haben zu wollen!

Man kann nicht nur mit Geldbeträgen, sondern auch mit anderen Maßeinheiten wie Zeit oder Arbeitsbelastung arbeiten.

> Gegenseite: „Meine Leute haben so viel zu tun, dafür haben sie bestimmt keine Zeit."
> Sie: „Das macht höchstens vier bis fünf Minuten pro Tag aus."

Man kann die Relationstechnik natürlich auch umdrehen und Dinge dadurch vergrößern:

> „Sie sparen pro Arbeitsstunde 0,7 Pfennig. Das sind bei 6800 Mitarbeitern im Verlauf von ..."

7. Rückstell-Technik

Bei der Rückstell-Technik hoffen Sie einerseits auf die Vergeßlichkeit des anderen und/oder andererseits auf Ihren Geistesblitz. Sie wenden diese Technik an, wenn Sie im Moment oder grundsätzlich nichts zu dem vorgebrachten Einwand sagen können oder wollen.

Sie dürfen Ihrem Gesprächspartner aber nicht den Eindruck vermitteln, daß Sie der Sache bewußt ausweichen und auf seine Vergeßlichkeit hoffen. Möglicherweise wird er dann mißtrauisch und beharrlich und verhindert jeden weiteren Fortschritt der Verhandlung, bis Sie sich um diesen speziellen Einwand gekümmert haben.

Sagen Sie: „Ich will darauf gleich noch zurückkommen. Ich notiere mir das eben.", und machen Sie ein paar für den anderen unleserliche Notizen auf Ihrem Papier. Danach sorgen Sie dafür, daß sich im Laufe der weiteren Verhandlung das Papier möglichst schnell mit kreuz und quer hingeworfenen Notizen füllt. Irgendwann kommt das Gespräch zum Ende. Sie schauen gedankenverloren auf das Notizenwirrwarr und sagen leicht zögerlich: „Ja, also dann, ich glaube, wir haben, so weit ich sehe, alles besprochen." Wenn Sie Pech haben, fällt dem anderen jetzt ein, welcher seiner Einwände noch offen ist. In den meisten Fällen werden Sie jedoch Glück haben, und der andere hat längst vergessen, was ihn vorher noch bedrückte.

Diese Technik funktioniert leider nicht bei Problemen, die dem anderen sehr unter den Nägeln brennen. Dann wird ihm das Thema notfalls nach Abschluß der Verhandlung wieder einfallen. Kann sein, daß ihm dann bewußt wird, daß Sie ihm einen Streich gespielt haben!

Sie können diese Technik natürlich auch anwenden, wenn Sie auf den Einwand durchaus eingehen wollen, jedoch aus taktischen Gründen das betreffende Problem erst später ansprechen möchten.

8. Ablenk-Technik

Bei der Ablenk-Technik verlassen Sie sich ebenfalls auf das schlechte Gedächtnis des anderen und darauf, daß ihm der vorgebrachte Einwand selbst nicht sehr wichtig ist. Sie können diese Technik gut anwenden, wenn Sie spüren, daß Ihr Verhandlungspartner aus purer Rechthaberei oder Trotz noch ein wenig gegen Sie argumentiert. Im Grunde plagen ihn keine inneren Widerstände mehr, er bringt es nur noch nicht fertig, zu sagen: „Jawohl, Sie haben recht. Ich stimme zu." Lassen Sie ihm Zeit, und referieren Sie noch ein wenig über die Vorzüge des von Ihnen vertretenen Standpunktes. Seine Einwände überhören Sie einfach. Lassen Sie ihn die Bedenken aussprechen. Sagen Sie nichts darauf. Reden Sie weiter über die Vorteile auf Ihrer Seite.

9. Erfahrungs-Technik

Mit der Erfahrungstechnik vermitteln Sie dem anderen die Sicherheit, daß andere mit dem, was Sie vertreten, bereits erfolgreich waren. Gleichzeitig sagen Sie, daß Ihr Verhandlungspartner sich mit seinen noch vorhandenen Widerständen in guter Gesellschaft befindet. Sie werten ihn dadurch auf und bieten ihm Vorbilder, die die gleichen Widerstände erfolgreich überwunden haben. Achten Sie aber darauf, daß die Vorbilder, die Sie nennen, vom anderen auch als solche akzeptiert sind!

> Gegenseite: „Das sieht alles sehr kompliziert aus. Dem kann ich nicht zustimmen."
> Sie: „Die Ansicht, daß es sehr kompliziert ist, hören wir vor allem bei Fachärzten häufiger. Ich will Ihnen gerne einmal erklären, wir wir das bei Frau Dr. XY geregelt haben."
> Gegenseite: „Was Sie da vorschlagen, geht in unserem Unternehmen nicht. Damit kommen wir beim Vorstand niemals durch."
> Sie: „Erfahrungsgemäß stoßen wir bei Vorständen vor allem zu Beginn auf Vorbehalte. Wenn sich jedoch ..."

10. Öffnungs-Technik

Die Öffnungs-Technik wenden Sie an, wenn Sie spüren, daß Ihr Verhandlungs-partner mit inneren Widerständen kämpft, diese allerdings nicht äußert. Das ist schlecht für Sie. Wenn er über seine Zweifel, Bedenken und negativen Einstellungen nichts sagt, dann können Sie die Barrieren auch nicht überwinden. Öffnen Sie unbedingt die Schleusen. Bringen Sie ihn zum Reden.

> „So ganz zufrieden sind Sie noch nicht?"
> „Was darf ich Ihnen noch zeigen/erklären?"
> „Sind damit alle Fragen für Sie beantwortet?"
> „Ich glaube, Sie haben noch ein paar Zweifel. Oder?"

Es gibt Verhandlungspartner, die durch schlagfertige und gerissene Taktiken den Gesprächspartner mundtot machen wollen. Egal, was der andere an Einwänden, Bedenken und Zweifeln vorbringt, sie schmettern blitzschnell etwas zurück. Irgendwann gibt die Gegenseite auf und sagt lieber gar nichts mehr. Jetzt mag der schlagfertige Verhandler vielleicht triumphieren, daß er das letzte Wort behalten hat. Aber was nützt es, wenn beim anderen die Widerstände bestehen bleiben? Wer nichts mehr sagt, ist nicht unbedingt überzeugt und hat noch lange nicht zugestimmt.

Ein guter Verhandlungspartner bemüht sich, die Widerstände der Gegenseite partnerschaftlich zu überwinden und zu einem langfristig überzeugenden Verhandlungsergebnis zu kommen. Ein schlechter Verhandlungspartner zielt auf kurzfristige rhetorische Siege. Verzichten Sie lieber darauf.

7.7 Kreuzfeuergespräche bestehen

Der härteste Widerstand wird Ihnen in den sogenannten „Kreuzfeuergesprächen" entgegengesetzt. Die Technik ist einem Kreuzverhör ähnlich. Sie sitzen zwei oder mehr Personen gegenüber und müssen Rechenschaft über etwas ablegen oder sich befragen lassen. Meistens geht es dabei um ein Ihnen unangenehmes Thema.

> Sie sind mit einem Projekt gescheitert und sollen nun darlegen, warum das passiert ist.
> Sie wollen eine Budgeterweiterung durchsetzen.
> In Ihrem Bereich hat es Unregelmäßigkeiten gegeben, für die Sie verantwortlich gemacht werden.
> Die Personalvertretung vermutet, daß Sie mit einem Änderungsprojekt neben den offiziellen Zielen auch noch andere verfolgen, über die Sie nicht reden wollen.

Die Gegenseite hat sich vermutlich genau abgesprochen und wechselt sich bewußt mit den Fragen und im Ton Ihnen gegenüber ab. Ziel ist, Sie unter Druck zu setzen, zu verwirren, einzuschüchtern und in Streß zu bringen. Dadurch soll erreicht werden, daß Sie sich zu Äußerungen hinreißen lassen, die Ihnen in einer

ruhigeren Situation nicht passiert wären. Die Gegenseite will nicht, daß Sie in
Ruhe überlegen, was Sie sagen möchten. Statt dessen feuern harte Fragen inhaltlich kreuz und quer auf Sie ein. Manchmal sind die Plätze auch so angeord-
net, daß Sie ständig den Kopf wenden müssen, um einmal den einen und dann
wieder den anderen Frager anzuschauen. Man wird Sie auch immer wieder unterbrechen, Ihnen Dinge unterstellen, auf die Sie aber nicht reagieren können,
weil gleich die nächste Frage kommt.

1. Bereiten Sie sich schriftlich vor.

- Schreiben Sie vor der Verhandlung Ihre Argumente und alles, was Sie preis-
  oder zuzugeben bereit sind, auf.
- Lesen Sie diese Notizen sooft durch, bis die Inhalte sitzen.
- Verbannen Sie alle Gedanken an das, was Sie nicht sagen wollen, aus Ihrem
  Bewußtsein. So verhindern Sie, daß es Ihnen versehentlich herausrutscht.
- Vielleicht können Sie in das Gespräch die Notizen mitnehmen. Sorgen Sie
  aber dafür, daß man in Ihren Unterlagen nicht mitlesen kann.
- Wichtig ist, daß Sie sich richtig trimmen und bei Ihren Äußerungen stur bei
  dem bleiben, was Sie sagen wollen. Kein Wort zusätzlich!

2. Bestehen Sie auf phsysischer Distanz.

Lassen Sie nicht zu, daß man Ihnen „auf die Pelle rückt". Es ist beabsichtigte
Taktik der Gegenseite, so dicht an Sie heranzukommen, daß es Ihnen unangenehm wird. Sie sollen sich unwohl fühlen und dadurch noch mehr in Streß geraten. Sie sollen so unter der Nähe leiden, daß Sie schließlich lieber alle Ihre
Geheimnisse ausplaudern, als die Nähe noch länger zu ertragen.

- Rücken Sie ein wenig zurück.
- Ignoriert der andere das Signal, daß Sie mehr Distanz wünschen, und rückt
  einfach hinterher oder beugt sich Ihnen weiter entgegen, dann machen Sie
  eine abwehrende Handbewegung und sagen ganz klar: „Bitte nicht so nahe
  kommen." Wenn das nicht reicht, werden Sie ganz deutlich: „Bitte atmen
  Sie mich nicht an." Das versteht auch der Dickfelligste als klares Signal, daß
  Sie sich diese Manipulation nicht bieten lassen.
- Sitzen Sie mit Ihrem Gesprächspartner an einem Tisch und fühlen sich seit-
  lich bedrängt, stehen Sie auch überraschend auf und bestehen darauf, daß
  man bitte mehr Platz für Sie läßt.

Hilflose oder zurückhaltende Menschen versuchen viel zu lange, diskret auszuweichen, und hoffen, daß die andere Seite merkt, wie unangenehm die Nähe ist.
Die andere Seite nimmt hingegen bewußt oder unbewußt die Hilflosigkeit wahr
und steigert ihre Aufdringlichkeit bis hin zu körperlichen Berührungen wie die
Hand auf den Unterarm legen oder ähnliches.

Gegen diese subtilen Druckmechanismen haben Sie schon halb gewonnen, wenn Sie ganz einfach laut aussprechen, daß Sie diese spezielle Manipulationstechnik durchschaut haben und sie sich nicht bieten lassen wollen.

3. Lassen Sie sich nicht unter Zeitdruck setzen.

Zeitdruck wird ebenfalls gerne ausgeübt, um Sie gefügig und kopflos zu machen. Das eingespielte Team der Gegner feuert viel zu schnell und in sehr kurzen Sätzen abwechselnd die Fragen auf Sie ab. Reflexartig versuchen Sie, in ähnlicher Geschwindigkeit zu antworten. Haben Sie gerade die letzten Worte Ihrer Antwort ausgesprochen, schießt schon eine neue Frage auf Sie zu. Häufig wechseln dabei auch von Frage zu Frage die Themen. Man weiß, daß Ihnen diese Auseinandersetzung sehr unangenehm ist. Alles in Ihnen sehnt sich nach Flucht. Das bewirkt, daß Sie den Zeitstreß selbst verstärken. Um die Sache schnell hinter sich zu bringen, geben Sie auf schnelle Fragen schnelle Antworten. Blitzschnell müssen Sie sich vom Thema einer Frage zum Thema der nächsten umstellen, blitzschnell die richtigen Worte finden ...

Müssen Sie überhaupt nicht!

Sie kommen nicht schneller aus dem Kreuzfeuer heraus, wenn Sie sich der bedrohlichen Geschwindigkeit anpassen. Sie laufen lediglich Gefahr, zu viel zu sagen!

- Achten Sie bewußt darauf, daß Sie entspannt sitzen und sich vielleicht sogar bequem zurücklehnen. Die entspannte Sitzhaltung bremst Ihre Geschwindigkeit. Sie sitzen dann nicht mehr „sprungbereit".
- Bedenken Sie, daß Sie alle Zeit der Welt haben und möglichst viel Zeit mit möglichst wenig Aussagen „absitzen" wollen. Stellen Sie sich ruhig immer einmal ein wenig schwerhörig. „Wie bitte?" – „Das hab ich jetzt nicht verstanden."
- Stressen Sie die Gegenseite damit, daß Sie sich gemütlich die Fragen wiederholen lassen. Damit bringen Sie die anderen aus dem geplanten Rhythmus. Sie können sich nicht mehr so verhalten, wie sie sich vorbereitet haben.
- Lassen Sie sich auch immer wieder die Fragen erklären: „Was meinen Sie damit?" – „Worauf wollen Sie hinaus?" – „Was hat das jetzt damit zu tun?"

4. Stellen Sie sich auf die Good-Boy-Bad-Boy-Taktik ein.

Diese Manipulationstaktik wird in Kreuzfeuergesprächen gerne eingesetzt, um die Zunge zu lösen. Die Gegenseite teilt sich vorher die Rollen ein. Der eine tritt sehr aggressiv auf. Er blickt finster oder verächtlich, beleidigt, höhnt, provoziert und greift immer wieder unfair an. Seine Aufgabe ist es, Sie einzuschüchtern und „hungrig" nach Liebe und Verständnis zu machen.

Wenn der „Bad Boy" Ihnen richtig eingeheizt hat, kommt der „Good Boy". Er lächelt Sie an, spricht in versöhnlichem Ton mit Ihnen und zeigt auch Verständnis für Ihre Lage oder für den Fehler, den Sie zu verantworten haben.

Sie spüren, daß Sie mit Ihren Aussagen beim „Bad Boy" nur auf Aggression oder Unverständnis stoßen. Kein Wunder, daß Sie sich hoffnungsvoll an den anderen wenden. Der nickt Ihnen zu, versteht Sie und läßt Sie reden. Erleichtert plaudern Sie jetzt vielleicht genau das aus, was Sie eigentlich eisern für sich behalten wollten.

- Denken Sie daran, daß der „Böse" und der „Nette" auf einer Seite sind, sich gemeinsam vorbereitet haben und am Ende auch gemeinsam über Sie befinden werden. Es gibt bei Kreuzfeuergesprächen keinen auf der Gegenseite, der es mit Ihnen gut meint!
- Durchkreuzen Sie diese Manipulation. Übersehen und überhören Sie die Gemeinheiten des „Bad Boy", und lächeln Sie ihn immer an. Antworten Sie betont freundlich auf seine Fragen. Reagieren Sie muffig und abweisend auf den „Good Boy". Damit bringen Sie das Konzept der Gegenseite durcheinander.

5. Kommen Sie aus der Defensive.

Das Kreuzfeuergespräch soll Sie in die Enge treiben. Ihr Widerstand soll gebrochen und Ihr Selbstbewußtsein geschwächt werden. Sie sollen immer aus der unterlegenen Haltung der Verteidigung heraus reagieren.

Kommen Sie aus dieser Haltung von Zeit zu Zeit bewußt heraus.

- Beugen Sie sich für die Gegenseite unerwartet vor, sitzen Sie dabei möglichst breit, aufrecht und betont selbstbewußt.
- Ignorieren Sie die Frage, auf deren Antwort die Gegenseite gerade wartet, und stellen Sie selbst eine Frage. Sie muß zwar mit dem Thema, jedoch nicht mit dem zu tun haben, was in den letzten Sätzen besprochen wurde. Bestehen Sie auf einer Antwort, bevor Sie sich wieder befragen lassen.

Sie werden merken, wie es Sie im Streß des Kreuzfeuergesprächs entlastet, wenn Sie in die Rolle des Fragenden schlüpfen. Das wirkt in dieser unangenehmen Situation wie eine befreiende Pause.

8 Harte Verhandlungen und unfaire Techniken

8.1 Wenn der Zweck die Mittel heiligt

Wenn es in Verhandlungen wirklich hart auf hart geht, werden unweigerlich auch unfaire Mittel angewendet. Man mag das moralisch ablehnen oder sich selbst davon ausnehmen – es kommt dennoch vor. Gegen Sie werden unfaire Mittel angewendet, und Sie selbst wenden sie auch an, wenn Sie ein Ziel unbedingt erreichen wollen und mit „vernünftigen" Argumenten nicht weiterkommen.

Faire Taktiken und Techniken in Verhandlungen basieren zum Beispiel auf Überlegungen, in welcher Reihenfolge man bestimmte Dinge sagt oder welche Begründungen man anbringt und welche lieber für sich behält.

Unfaire Taktiken haben das Ziel, den anderen zu täuschen, ihn hereinzulegen, zu verwirren, zu blenden, zu verärgern oder unter Druck zu setzen. Diese Mittel dienen dem Zweck, die eigenen Ziele gegen den Willen des anderen durchzusetzen.

> Strenggenommen gehören auch „pädagogische" Maßnahmen bei Kindern zu den unfairen Taktiken. Haben Sie zum Beispiel Ihrem Kind x-mal erklärt, wie wichtig die Schulausbildung für das spätere Leben ist, so ist noch lange nicht gewährleistet, daß Ihr Kind den vernünftigen Erklärungen folgt. Irgendwann bleibt Ihnen vielleicht nur noch die unfaire Taktik der Erpressung: keine Hausaufgaben, kein Fernsehen.

> Wenn Sie um die Eitelkeit Ihres Erbonkels wissen und gerne in seinem Testament bedacht werden möchten, sind Sie dann wirklich so charakterfest, auf die unfaire Taktik der Schmeichelei zu verzichten? Oder machen Sie ihm nicht vielleicht hin und wieder doch ein paar Komplimente für seine Intelligenz, seine Erfolge, seine sportliche Figur oder was er Ihres Wissens sonst noch gerne hört?

Auf der anderen Seite sind auch Sie sicherlich gelegentlich für eine Schmeichelei empfänglich. Auch Sie lassen sich zum Beispiel vom Vorgesetzten oder von Angehörigen „erpressen". Und auch Sie fallen Täuschungen und Tricks zum Opfer.

Es wäre zwar ideal, wenn wir alle unsere Angelegenheiten und Meinungsverschiedenheiten in fairen und harmonischen Gesprächen oder Verhandlungen regeln könnten. Offensichtlich ist die menschliche Natur mit ihren Egoismen, Eitelkeiten, Dummheiten, Rücksichtslosigkeiten und sonstigen Schwächen aber für dieses Ideal nicht geschaffen.

- Sie sollten die typischen unfairen Taktiken kennen – und auch erkennen, wenn man sie gegen Sie anwendet. Dann können Sie entscheiden, ob Sie sich dagegen zur Wehr setzen wollen oder sie – aus welchen Gründen auch immer – hinnehmen.

- Sie sollten die typischen unfairen Taktiken auch anwenden können. Manchmal heiligt der Zweck ja die Mittel. Doch das müssen Sie im Einzelfall entscheiden. Aber wenn Sie die Taktiken gar nicht kennen oder beherrschen, dann sind Sie in sehr harten Auseinandersetzungen womöglich „zahnlos".

Sie haben in diesem Buch schon über etliche Manipulationstechniken gelesen. Hier lernen Sie noch einige Sonderfälle der unfairen Taktiken kennen. Sie überschneiden sich zum Teil mit den üblichen Manipulationstechniken, stellen jedoch im Bereich des „Hinterhältigen" eine Klasse für sich dar.

Achten Sie immer wieder mal bewußt darauf, wer in Ihrem Umfeld wie, wann, wozu und gegen wen diese Mittel anwendet. Sie sollen keine moralischen Urteile fällen, sondern lieber beobachten, in welchen Situationen diese Taktiken erfolgreich sind. Wann Sie selbst sie anwenden, ist dann Ihre Entscheidung.

8.2 Einlullen

Ziel des Einlullens ist es, den anderen von Ihrer rhetorischen Harmlosigkeit zu überzeugen. Er soll Ihnen entweder nicht zutrauen, daß Sie zu intelligenten Verhandlungstaktiken fähig sind, oder er soll glauben, daß Sie im aktuellen Fall nicht die Absicht haben, rhetorische Mittel anzuwenden. Die Wachsamkeit des anderen wird nachlassen, und er ist leichter manipulierbar.

- Einlullen geschieht durch nettes Geplauder: „Wie war der Urlaub?" – „Was machen die Kinder?" – „Was haben Sie für ein schönes Büro!" Damit werden die Gefühle des anderen angesprochen.
Wie bereits dargestellt, sind unterschiedliche Bereiche des Gehirns für Gefühle und für unser Denken zuständig. Das Einlullen über gefühlsmäßig positiv gefärbte Themen entzieht dem „Denkgehirn" Energie. Hier können Sie durch harmloses Geplauder suggerieren, die Wichtigkeit der anstehenden Verhandlung sei Ihnen gar nicht bewußt. Dann wird der andere Sie unterschätzen und Ihre wahren Tricks nicht bemerken.

- Im nächsten Schritt stellen Sie Gemeinsamkeiten her. Das verhindert Konfrontation. Die Botschaft lautet: „Wir sitzen in einem Boot." – „Leute wie wir beide brauchen sich doch nichts vorzumachen."
Sie können mit einer kumpelhaften Einleitung beginnen:
„Wir sind ja nun beide lange genug im Geschäft und brauchen nicht um den heißen Brei herum zu reden."
„Wir wissen ja beide, wie hier der Hase läuft. Kommen wir gleich auf den Punkt."
„Lassen wir mal alle Strategien und Taktiken beiseite. Im Grunde wollen wir beide ein gutes Ergebnis."
Kernbotschaft dieser kumpelhaften Einleitung ist, daß Sie und Ihr Verhandlungspartner doch viel zu alte Hasen sind, als daß man sich mit rhetorischen

Spielchen abgeben müßte. Der andere soll darauf vertrauen, daß Sie über solchen Taktiken und Techniken stehen. Um so weniger wird er sie dann bemerken, wenn Sie sie anwenden.

- Sie können am Anfang auch erklären, daß Sie beide letztlich das gleiche Ziel haben:
„Uns geht es schließlich beiden nur um das Wohl der Partei/des Unternehmens/des Projektes ...“
„Ich schlage vor, wir verzichten jetzt einmal auf persönliche Ziele und konzentrieren uns ganz darauf, ein gutes Ergebnis im Interesse der Mitarbeiter/der Umwelt/der Forschung/unserer Kinder ...“
Ziel ist es, den anderen dahin zu bringen, daß er sich moralisch verpflichtet fühlt, auf eigene Wünsche zu verzichten und an höhere, edlere oder wichtigere Dinge zu denken. Sie können dann um so erfolgreicher Ihre eigenen Interessen durchsetzen.

Das Einlullen ist eine plumpe Taktik. Trotzdem ist sie vor allem bei jenen Menschen erfolgreich, die selbst hohe ethische Werte vertreten. Sie wirkt auch bei naiven Menschen, die leichter zu täuschen sind, und bei harmoniesüchtigen Personen, die – auch bei Ihnen – unbedingt beliebt sein wollen.

Die Taktik des Einlullens wirkt nicht bei harten Egoisten mit belastbarem Gewissen oder bei wirklich professionellen Verhandlungspartnern. Sie sollte bei Ihnen auch nicht wirken!

8.3 Ermüdung durch Nebenkriegsschauplätze

Nebenkriegsschauplätze können Sie eröffnen, um Ihren Gesprächspartner schon vor der eigentlichen Verhandlung zu ermüden, zu nerven oder in Aufregung zu versetzen. Er wird dann nicht mehr fit sein und kann nicht mehr klar denken, wenn Sie schließlich an das eigentliche Thema herangehen.

Die vier üblichen Varianten, ermüdende Nebenkriegsschauplätze zu eröffnen, sind:

1. Begriffsdefinitionen

Aus den Ausführungen Ihres Gesprächspartners greifen Sie einen beliebigen Begriff heraus und provozieren mit der leicht aggressiv gestellten Frage: „Was verstehen Sie überhaupt unter ... (z. B. Qualität, Neutralität, Wachstum, Kunde, Kosten)?“ Ganz egal, was der andere nun als Erläuterung bringt – Sie schütteln den Kopf und sagen, daß seine Vorstellung falsch ist.

Die Kunst besteht nun darin, daß Sie nicht erklären, warum Sie das angeblich für falsch halten. Der andere soll seine ganze Konzentration darauf verwenden, den Begriff zu definieren.

2. Angeblicher Fehler

Sie greifen ein für dieses Gespräch völlig unwichtiges Nebenthema heraus und fangen damit eine Rechthaberei an. Die Taktik muß dann wieder dahin gehen, daß der andere in dieser oder jener Sache falsch liegt. Sie weisen jedoch nicht nach, was daran falsch ist (Sie wissen sowieso, daß es gar nicht falsch war), sondern lassen den anderen begründen, wieso er doch recht hatte. Dazu schütteln Sie immer nur den Kopf und sagen: „Nein, das ist falsch." oder: „Nein, stimmt nicht."

Sie können es auch noch anders machen: Sie präsentieren selbst einen sachlichen Fehler. Der andere greift sofort korrigierend ein. Sie stellen sich stur und kapieren einfach nicht, warum Ihre Aussage falsch sein soll. Sie begründen nicht, warum Sie recht haben (Sie wissen sowieso, daß Sie Unsinn von sich gegeben haben!), sondern weigern sich einfach, eine Korrektur zu akzeptieren. Soll der andere sich die Mühe machen, es Ihnen wie einem Grundschüler in zig Varianten zu erläutern.

Diese Technik funktioniert wunderbar bei Menschen, die vom Typ her rechthaberisch und/oder pedantisch sind. Damit kann man auch die letzte Energie aus ihnen herausholen. Neigen Sie allerdings selbst zu einer solchen Schwäche, sollten Sie von dieser Technik die Finger lassen. Am Ende reden Sie sich selbst in Rage und sind erschöpfter als der andere!

3. Kompetenzzweifel

Bevor Sie sich auf das eigentliche Verhandlungsthema einlassen, verlangen Sie erst einmal vom anderen, daß er Ihnen seine Kompetenz auf diesem Gebiet nachweist. Zweifeln Sie sein Wissen, seine Erfahrungen, seine Reife und seinen Durchblick an. Soll er Ihnen doch erläutern, was er sich wo und wie an Fachwissen und praktischen Erkenntnissen erworben hat. Schütteln Sie immer nur den Kopf, und verweisen Sie darauf, daß das ja wohl nicht reicht.

Auf keinen Fall weisen Sie nach, was Sie kompetenter macht!

4. Angriff auf das Umfeld

Bringen Sie den anderen dazu, sich vor Ihnen für Dinge zu rechtfertigen, die seine Firma/Partei/Kirche/Abteilung etc. angeblich oder tatsächlich „verbockt" hat.

> Müssen Sie mit einer Führungskraft eines Mineralölkonzerns verhandeln, dann bringen Sie den letzten Umweltskandal (egal, wie lange der schon zurückliegt) auf den Tisch.
> Wenn Sie mit einem Vertreter der Kirche zu verhandeln haben, dann zerren Sie einen der Pastoren-Sex-Skandale herbei.
> Haben Sie mit einem Politiker zu tun, erinnern Sie an die Steuerhinterziehungen der Parteiführung.

Ihre Kernbotschaft soll sein: „Sie gehören zu einem Haufen zweifelhafter Schurken." Der andere gerät dadurch in eine Zwickmühle: Wenn er sich jetzt nicht deutlich hinter sein Unternehmen, seine Organisation oder Partei stellt und diese vor Ihnen nicht wieder „reinwäscht", dann können Sie ihm auch noch den Vorwurf machen, nicht loyal zu denen zu stehen, die er heute vertreten soll. Wenn er sich jedoch bemüht, die eigene Seite positiv darzustellen, dann kämpft er mit dem Rücken zur Wand, weil er ja nicht abstreiten kann, daß Sie nur die Wahrheit gesagt haben.

Wichtig ist bei diesen vier fiesen Taktiken, daß Sie den anderen immer nur durch kurze Bemerkungen zum Reden bringen. Sie sollten Ihre rhetorischen und geistigen Kräfte unbedingt schonen. Argumentieren Sie nicht gegen das, was der andere sagt. Feuern Sie ihn nur immer wieder an, oder schütteln Sie nur den Kopf, und sagen Sie Dinge wie: „Verstehe ich nicht." „Glaube ich nicht." – „Wieso sagen Sie das?" – „Können Sie das beweisen?" – „Das stimmt doch nicht." – „So kann man das aber nicht sagen." – „Wie kommen Sie auf diese Meinung?" „Das müssen Sie mir schon genauer erklären." Das wird den anderen – hoffentlich – anregen, sich leerzureden. Erst wenn er völlig erschöpft ist, führen Sie das Gespräch auf das eigentliche Verhandlungsthema zurück. Da Sie bisher kaum etwas gesagt haben, sind Sie nun topfit!

8.4 Scheinbare Zweifel

Scheinargumente dienen in der Regel dem Aushorchen der Gegenseite. Hierbei wird das menschliche Grundbedürfnis, vom anderen verstanden zu werden, ausgenutzt. Ihr Gesprächspartner möchte Sie von seinem Standpunkt überzeugen. Er hat sich vorher überlegt, wie er Ihnen seine Ansicht vermitteln will. Sie gehen jedoch nicht sachlich auf den Inhalt ein, sondern kontern mit Zweifeln.

Der andere wird sich nun bemühen, seinen Standpunkt noch einmal von einer anderen Seite aufzurollen. Wieder schmettern Sie ihn ab: „Das kann doch wohl nicht sein." – „Ich kann mir das so nicht vorstellen." – „Das hört sich aber gar nicht nachvollziehbar an." ... In seinem Bemühen, Sie doch noch zu überzeugen, wird der andere eine dritte Variante der Erklärung versuchen und danach noch eine vierte und fünfte ...

Mit scheinbaren Zweifeln erreichen Sie, daß Ihr Gesprächspartner seine geplante Argumentationsstrategie und sein vorbereitetes Verhandlungskonzept aufgibt. Sie bringen ihn dazu, seinen Standpunkt immer wieder neu darzulegen. Er wird schließlich auch mit jenen Argumenten herausrücken, die er eigentlich ganz – oder zumindest am Anfang – für sich behalten wollte.

Sie hingegen steuern nichts zum Thema bei. Wenn Sie die Gegenseite genügend „ausgehorcht" haben, können Sie ganz strategisch nach Ihrem Verhandlungskonzept vorgehen. Der andere kann nichts mehr vor Ihnen verbergen. Bei seinem Versuch, Ihre Widerstände zu überwinden, hat er schon alles preisgegeben.

Bei der Taktik der scheinbaren Zweifel argumentieren Sie nicht inhaltlich mit eigenen Ansichten gegen die Äußerungen der Gegenseite. Sie kontern lediglich mit Äußerungen, in denen Sie Ihre Zweifel bekunden.

> Ihr Verhandlungspartner will Ihre Zustimmung zu einem Anti-Mobbing-Projekt im Unternehmen.
> Sie: „Ich kann mir nicht vorstellen, daß unsere Mitarbeiter sich alle so sehr hassen." – „Das glaube ich nicht, daß sich die Leute jetzt plötzlich zerfleischen." – „Man kann doch nicht alle Probleme mit einem Projekt lösen." – „Das kann man doch nicht sagen, daß unsere Führungskräfte alle blind für solche Probleme sind." – „Man wird nie erreichen, daß sich alle heiß und innig lieben." – „Aber es ist ganz natürlich, daß zwischen Menschen immer wieder Konflikte auftreten."
> Ihr Verhandlungspartner will Ihre Zustimmung zu einer Sonderprämie für seine Projektmitarbeiter.
> Sie: „Man kann solch qualifizierte Menschen doch nicht nur über Geld motivieren." – „Ich kann mir nicht vorstellen, daß die sich nur für eine Prämie so engagieren." – „Es kann doch nicht sein, daß die Mitarbeiter die Lust verlieren, wenn sie keine Prämie bekommen." – „Ich sehe nicht, wieso der Projekterfolg von einer solchen Prämie abhängen soll."

Scheinbare Zweifel zeichnen sich fast immer durch unqualifizierte Pauschalierungen aus. Sie sind „dumm". Das macht gar nichts. Bei Ihrem Gesprächspartner soll nichts anderes als die Botschaft ankommen, daß Sie noch nicht überzeugt sind und mehr zum Thema hören müssen, bevor Sie zustimmen.

Diese Technik können Sie ebenfalls anwenden, wenn Sie innerlich zu seinem Anliegen schon längst Ja gesagt haben, aber sicher sein wollen, daß er wirklich alles auf den Tisch gelegt hat, bevor Sie Ihre Zustimmung auch aussprechen.

Am Ende können Sie sagen: „Ach so! Ja. Da haben Sie wohl recht." Und jetzt beginnen Sie wie geplant damit, eine gemeinsame Lösung auszuhandeln. Ihr Vorteil besteht darin, daß Sie alles, der andere aber nichts über die jeweilige Gegenseite weiß.

8.5 Angriffe gegen die eigene Person

Angriffe auf die eigene Person sind so gemein, daß man sie nicht empfehlen kann. Leider kommen sie sehr häufig zum Einsatz, vor allem in Endstadien von Konflikten, bei offenen Feindschaften und bei solchen Personen, die nichts unversucht lassen. Rechnen Sie damit, Opfer solcher Angriffe zu werden. Verzichten Sie selbst jedoch auf diese Technik. Sie verscherzen sich damit – völlig zu Recht – für immer die Sympathien anderer. Wenn Sie bei Ihrem Gesprächspartner auf diese Taktik stoßen, können Sie davon ausgehen, daß dem anderen jedes Mittel recht ist. Sie haben es mit einem Menschen zu tun, der Ihnen bewußt schaden will. Seien Sie auf der Hut.

Eheberater und Scheidungsanwälte kennen diese Taktik aus dem Endstadium kriegerischer Scheidungen, wenn man nicht nur getrennt werden, sondern dem anderen auch noch möglichst viel Schaden zufügen will.

Auch beim sog. „Mobbing" sind Angriffe auf die eigene Person bekannt.

Die Taktik funktioniert so, daß man den anderen bewußt ins Unrecht setzt, um daraus für sich Kapital zu schlagen.

> Das bedeutet zum Beispiel, daß Sie Ihren Gesprächspartner auf eine Weise provozieren, daß weder der Betroffene noch unbeteiligte Dritte etwas Greifbares gegen Sie in der Hand haben.
>
> Gleichzeitig bringen Sie den Betroffenen so sehr gegen Ihre Person in Rage, daß er die Nerven verliert und Sie attackiert. Er schreit Sie an, beschimpft Sie oder fällt sonstwie aus der Rolle. Damit ist er der Bösewicht, der sich durch seinen Kontrollverlust auch noch blamiert hat.
>
> Sie machen ganz unschuldig große Augen und bitten darum, doch möglichst sachlich zu bleiben, Sie nicht zu unterbrechen, Sie nicht zu beleidigen etc.

In den meisten Fällen funktioniert diese Taktik ganz einfach durch zynisches Grinsen oder sonstige abfällige Mimik. Der „Grinser" sagt nichts, was man ihm hinterher zum Vorwurf machen könnte. Aber der „Angegrinste" leidet darunter. Er wird nervös und irgendwann ausfällig. Damit ist der „Grinser" am Ziel.

Eine andere Variante ist das konsequente Vermeiden des persönlichen Blickkontaktes. Man schaut immer am anderen vorbei, über ihn hinweg oder in die eigenen Unterlagen. Auch das reizt den anderen schließlich bis zur Weißglut.

Bei Verhandlungen in größeren Gruppen terrorisiert man durch endlose Monologe. Der Monologisierende weiß, daß man auf der anderen Seite darauf brennt, einzelne Dinge anzusprechen, aber er redet einfach weiter und wechselt auch noch das Thema. Wenn die Gegenseite es schließlich nicht mehr aushält und endlich antworten will, dann schießt der Monologisierer zurück: „Lassen Sie mich bitte ausreden!" Und schon ist sein Opfer der Schuldige, weil es sich ja nicht gehört, andere Menschen zu unterbrechen. – Gehört es sich eigentlich, andere mit Monologen zu quälen?

Auch durch ständige Anträge zur Geschäftsordnung oder sonstige Formalien kann man bei Verhandlungen in größeren Gruppen terrorisieren.

Egal, wie es gemacht wird – immer steht die Taktik dahinter, scheinbar völlig unbeabsichtigt als „Widerling" aufzutreten, und damit den anderen so in Rage zu bringen, daß der die Nerven verliert und etwas tut, was „sich nicht gehört". Danach wird der andere so verwirrt oder peinlich berührt oder emotional aufgebracht sein, daß er in den Händen des „Widerlings" weich wie Wachs wird.

Aber – würden Sie eine solche Technik jemals anwenden?

8.6 Der Trick mit der Ethik

Auch der Trick mit der Ethik gehört zu den äußerst bösartigen Taktiken und sollte tabu sein. Wenn man Ihnen damit kommt, stellen Sie sich taub, oder lassen Sie sich die Bosheit noch einmal wiederholen und auch erklären. Meistens wird sie dem Gegner dann selbst peinlich.

Bei dieser Taktik wird nicht auf Argumente eingegangen, sondern die Person des anderen angegriffen. Das kann in folgenden Varianten geschehen:

1. Den Charakter, Lebenswandel oder Lebensstil angreifen

Man weiß etwas über den anderen und bringt es auf den Tisch.

> „Wie soll ich Ihnen glauben? Sie sind schon viermal geschieden und haben wahrscheinlich bei jeder neuen Hochzeit ewige Liebe geschworen."
> „Bei der letzten Sitzung haben Sie sich auch wieder cholerisch aufgeführt."
> „Porsche, Segelboot ... Sie sind doch sowieso nur rein materialistisch eingestellt."

2. Die Meinung oder das Verhalten in die Nähe von Feindbildern rücken

Man wirft dem anderen vor, genau so zu sein, wie die Menschen, die man verachtet.

> „Sie haben ja wirklich eine schöne Beamtenmentalität!"
> „Ihre Methoden kennen wir von der Stasi/den Nazis."

3. An frühere Äußerungen erinnern

Man weigert sich, dem anderen die Fähigkeit zu neuen Erkenntnissen oder zur persönlichen Entwicklung zuzugestehen, und hält ihm statt dessen seine „Jugendsünden" vor.

> „Aber damals haben Sie noch ganz wacker mitdemonstriert."
> „Was Sie jetzt sagen, widerspricht aber völlig dem, was wir im vergangenen Herbst von Ihnen gehört haben."

Diese Taktik wirkt besonders vernichtend vor Zeugen und in Abwesenheit des Angegriffenen. Sie wird deshalb zum Beispiel gerne von Politikern vor der Presse zur Diffamierung von Gegnern verwendet. Es ist eine menschenverachtende Taktik. Sie sollten sie nicht anwenden, jedoch genau hinhören, wenn damit gearbeitet wird. Wer sich dieser Methoden bedient, ist auf jeden Fall ein mit Vorsicht zu genießender Verhandlungspartner.

8.7 Die Schmeichelfalle

Die Taktik, einem anderen zu schmeicheln, um ihn damit positiv einzustimmen, ist wahrhaftig nicht neu, aber immer wieder wirkungsvoll. Dabei gibt es unterschiedliche Varianten:

1. Komplimente

Sie drücken Ihrem Gesprächspartner gegenüber aus, wofür Sie ihn bewundern oder worum Sie ihn beneiden oder was Sie nur mit ihm und mit sonst keinem besprechen würden. Sie können ihn auch für seine Leistungen oder Intelligenz loben ...

Übertreiben Sie nicht, und hören Sie sofort damit auf, wenn Sie spüren, daß der andere sich dabei vor Verlegenheit windet. Die meisten Menschen möchten zwar bewundert werden, können jedoch mit Komplimenten nicht besonders gut umgehen. Sie sagen dann Dinge wie: „Aber nein, das ist gar nicht meine eigene Leistung gewesen." – „Ach, da hatte ich nur Glück."

Bringen Sie Ihren Gesprächspartner niemals durch Komplimente dazu, sich aus Verlegenheit selbst erniedrigen zu müssen!

2. Selbstaufwertung

Man kann einem anderen Menschen auch damit schmeicheln, daß man sich selbst aufwertet. Sagen Sie dem anderen, was für ein wichtiger Mensch Sie sind. Prahlen Sie ruhig ein wenig mit Ihrem Status und mit Ihrer Bedeutsamkeit. Das gibt dem anderen das Gefühl, daß sich wichtige Menschen mit ihm befassen.

Vor allem Frauen tun sich mit dieser Form der Schmeichelei oft schwer. Sie klammern sich an alte Erziehungslehren, wonach man doch „bescheiden" sein müsse und sich nicht selber loben darf. Das ist falsch!

Wenn Sie aus falscher Bescheidenheit Ihr Licht unter den Scheffel stellen, kommt bei Ihrem Gesprächspartner im Unterbewußtsein die Botschaft an: „Mit Ihnen befassen sich die Wichtigen nicht. Dafür sind Sie viel zu unbedeutsam. Zu Ihnen kommen nur kleine Leute wie ich." Das mag zwar bescheiden sein, erniedrigt jedoch auch Ihren Gesprächspartner.

3. Belehren lassen

Viele Menschen belehren liebend gerne andere. Das gibt ihnen ein Gefühl der Überlegenheit. Machen Sie Ihrem Gesprächspartner die Freude. Bereiten Sie sich auf eine Frage außerhalb des zu verhandelnden Themas vor. Sie müssen sicher sein, daß der andere etwas dazu sagen kann.

> Gleich in der ersten Kontaktphase können Sie zum Beispiel Dinge fragen wie:
> „Sie haben schon einmal Urlaub in Brasilien gemacht. Wir wollen da demnächst auch hin. Muß man sich dafür auch gesundheitlich vorbereiten?"
> „Sie können mir doch sicherlich ein paar Tips für ... geben."
> „Sie fahren einen Saab. Können Sie mir dazu ...?"
> „Sind Ihre Kinder auch so vom Internet fasziniert? Wie gehen Sie damit um?"
> „Meine Tochter will unbedingt den Jagdschein machen, aber ich weiß nicht so recht. Sie sind doch auch Jäger, nicht wahr? Würden Sie ...?"

Wenn es Ihnen gelingt, mit Ihrer Frage eines der Lieblingsthemen Ihres Gesprächspartners zu treffen, können Sie fast sicher sein, daß er Sie in sein Herz schließt. Machen Sie sich gerne auch Notizen zu den tollen Tips, die er Ihnen gibt.

Durch die Belehrung nimmt der andere Sie als einen interessanten und interessierten Menschen wahr. Er findet Sie sympathisch, weil Sie ihm die Chance geben, sein überlegenes Wissen auszubreiten. Wichtig ist, daß das Thema, über das Sie sich belehren lassen, nicht mit der Verhandlung in Zusammenhang steht. Sie wollen schließlich als gleichwertiger Partner auftreten und nicht als Ahnungsloser!

Literatur

Berckhan, Barbara: Die etwas gelassenere Art, sich durchzusetzen. Kösel, München 1995

Goleman, Daniel: Emotionale Intelligenz. Hanser, München, Wien 1996

Kellner, Hedwig: Konferenzen, Sitzungen, Workshops effizient gestalten. Hanser, München, Wien 1995

Kellner, Hedwig: Reden, zeigen, überzeugen – Von der Kunst der gelungenen Präsentation. Hanser, München, Wien 1998

Kirschner, Josef: Manipulieren – aber richtig. Die acht Gesetze der Menschenbeeinflussung. Knaur, München 1974

Kirschner, Josef: So wehrt man sich gegen Manipulation. Droemer Knaur, München 1984

Küchle, Erwin: Menschenkenntnis für Manager – Der Schlüssel zum anderen. Ullstein, Berlin 1996

Schulz von Thun, Friedemann: Miteinander reden. Teil 1: Störungen und Klärungen. rororo, Reinbek 1994

Schulz von Thun, Friedemann: Miteinander reden. Teil 2: Stile, Werte und Persönlichkeitsentwicklung. rororo, Reinbek 1996

Seiwert, Lothar J., und Friedbert Gay: Das 1x1 der Persönlichkeit. Gabal, Offenbach 1996

Die Autorin

Hedwig Kellner, Jahrgang 1952, ist als Unternehmensberaterin und Managementtrainerin in deutschen und internationalen Unternehmen verschiedener Branchen tätig. Ihr Spezialgebiet ist die Projektarbeit mit allen Aspekten der strategischen Planung bis hin zum täglichen Umgang mit Engpässen, Widerständen und Konflikten.

Hedwig Kellner lebt bei Hamburg. Von ihr sind im Carl Hanser Verlag bereits erschienen:

„Die Kunst, DV-Projekte zum Erfolg zu führen",
„Konferenzen, Sitzungen, Workshops effizient gestalten",
„Projekte konfliktfrei führen",
„Reden, zeigen, überzeugen – Von der Kunst der gelungenen Präsentation",
„Konflikte verstehen, verhindern, lösen – Konfliktmanagement für Führungskräfte".

Stichwortverzeichnis